EDITORA DO CONHECIMENTO

Auxiliando a humanidade a encontrar a Verdade

O Castelo Encantado

J. W. Rochester

O Castelo Encantado

Obra psicografada por
Vera Ivanovna Kryzhanovskaia

Título do original:
Zakoldovannyi Zamok
© 2001 – Conhecimento Editorial Ltda.

O CASTELO ENCANTADO
J. W. Rochester – Vera Ivanovna Kryzhanovskaia

Todos os direitos desta edição reservados à
CONHECIMENTO EDITORIAL LTDA.
Rua Prof. Paulo Chaves, 276 – CEP 13485-150
Limeira – SP - Fone: 19 3451-5440
home page: www.edconhecimento.com.br
e-mail: conhecimento@edconhecimento.com.br

Tradução: Victor Selin
Revisão:
Margareth Rose Fonseca Carvalho
Antonio Rolando Lopes Jr.
Projeto gráfico: Sérgio F. Carvalho
Ilustrações: Cláudio Gianfardoni
Banco de imagens

Diagramação, impressão e acabamento

Primeira Leitura

contato@primeiraleitura.net

Dados Internacionais de Catalogação na Publicação (CIP)
(Câmara Brasileira do Livro, SP, Brasil)

Rochester, John Wilmot, Conde de (Espírito)
O Castelo Encantado / Conde J. W. Rochester ; obra psicografada por Vera Ivanovna Kryzhanovskaia ; tradução de Victor Selin – 4ª. edição –, Limeira, SP: Editora do Conhecimento, 2007.

Título original: *Zakoldovannyi Zamok*
ISBN 978-85-7618-121-7

1. Psicografia 2. Romance inglês I. Kryzhanovskaia, Vera Ivanovna 1861-1924. II Título.

07-2125   CDD – 133.93

Índice para catálogo sistemático:
1. Psicografia : Espiritismo 133.93
2. Romances mediúnicos : Espiritismo 133.93

J. W. Rochester

O Castelo Encantado

Obra psicografada por
Vera Ivanovna Kryzhanovskaia

4ª Edição — 2007

EDITORA DO
CONHECIMENTO

Editora do Conhecimento
Obras de J. W. Rochester, psicografadas por Vera Ivanovna Kryzhanovskaia

- O Castelo Encantado - 2001
- Num Outro Mundo - 2001
- Dolores - 2001
- O Terrível Fantasma (Trilogia - Livro 1) - 2001
- No Castelo Escocês (Trilogia - Livro 2) - 2001
- Do Reino das Trevas (Trilogia - Livro 3) - 2002
- Os Luciferianos (Bilogia: Os Servidores do Mal - Livro 1) - 2002
- Os Templários (Bilogia: Os Servidores do Mal - Livro 2) - 2002
- Ksenia - 2003
- A Filha do Feiticeiro - 2003
- O Paraíso sem Adão - 2003
- A Teia - 2003
- O Chanceler de Ferro do Antigo Egito - 2004
- No Planeta Vizinho - 2004
- O Faraó Mernerphtah - 2005
- A Vingança do Judeu - 2005
- Episódio da Vida de Tibério - 2005
- Herculanum - 2007
- Hatasu - História de uma rainha - 2007
- Abadia dos Beneditinos - 2007
- In Hoc Signo Vinces - 2010
- Nahema - Lenda de feitiçaria - 2011
- Narrativas Ocultas - 2011
- Mercado de Casamentos - 2011
- Numa Noite de Natal - 2016

Obs: A data após o título se refere à nossa primeira edição.

ВЕРА
КРЫЖАНОВСКАЯ
РОЧЕСТЕР

ЗАКОЛДОВАННЫЙ
ЗАМОК

Nossa sincera gratidão ao amigo Antonio Rolando Lopes Júnior, cuja abnegação e persistência possibilitaram a produção desta obra.

Os editores

Prefácio

A literatura de Rochester fascina. Cada novo lançamento é sempre precedido de grande expectativa, na qual seu fiel público busca encontrar o inconfundível e admirado estilo do autor. Conquistando leitores brasileiros desde o início do século, quando foi editado o primeiro livro na língua portuguesa, o certo é que inúmeros leitores tiveram seu primeiro contato com a Doutrina Espírita através das obras do estimado Conde, cujas páginas cativam pela temática rica e diversificada.

Iniciando pelas crônicas bíblicas e percorrendo as antigas civilizações, com ênfase no Antigo Egito e no Império Romano, Rochester consegue dar vida e brilho aos acontecimentos históricos, revelando-os sob novo prisma, além dos que conhecemos nas páginas dos livros de História, e dos quais ele próprio pôde participar por mais de uma vez.

Os relatos da Idade Média focalizam conflitos religiosos e sociais, lendas medievais unidas ao místico, criando uma espécie de terror gótico. Muitos outros enredos se passam na Rússia imperial do século XIX, época e local da encarnação da médium Vera Kryzhanovskaia, e na qual a sociedade é habilmente descrita em meio aos conflitos políticos e sociais.

As obras ocultistas e de ficção também arrebatam grande parte dos leitores e nelas podemos encontrar desde enredos ricos em magia e em ciências ocultas até odisséias espaciais, onde o real funde-se com o imaginário, num interessante convite ao desconhecido.

Rochester não segue regras literárias bem definidas e suas obras não se enquadram nos moldes da literatura convencional, e, por isso, seu estilo não é facilmente rotulado. De forma geral, o autor promove a fusão da literatura clássica e culta com a linguagem popular, do romantismo com o realismo e a tragédia, do épico com o macabro.

Sobre seus personagens, Rochester consegue defini-los com exímia competência, da escolha dos nomes às suas características físicas e seus perfis culturais e psicológicos, enfatizando o discurso lírico, revelando-lhes o interior, seus ideais, suas virtudes e fraquezas morais, o que lhes dão certa transparência. Assim, eles parecem ter vida própria, como personagens da vida real e não existem por acaso, tendo seu grau de importância no contexto da narrativa.

Da mesma forma, encontramos uma impressionante riqueza de detalhes na descrição ambiental. Essas minúcias criam uma realidade na imaginação do leitor que é importante no contexto da narrativa, cuja sequência de acontecimentos dão fluidez à leitura, conseguindo prender-lhe a atenção.

A inovação e o inesperado são características marcantes no autor, que atraem e fascinam o público. Numa constante renovação de ideias, suas novelas surpreendem pelos acontecimentos inimagináveis e inusitados, dando a elas uma sequência imprevisível. Contrariando o óbvio, suas epopeias nem sempre são "contos de fadas". Embora encontremos perfis de heroínas com pureza virginal, bem como heróis corajosos, sedutores, românticos e belos, Rochester revela-lhes também seus defeitos, ambições, vaidades e maldades, decepcionando, algumas vezes, a expectativa do leitor.

Indo além do ordinário, Rochester levanta "o véu de Ísis" e aborda em seus livros fatos ricos em magia, enigmas e rituais, onde o ceticismo cede lugar ao exótico e ao místico num constante confronto com o racional. Transformando o sobrenatural e inexplicável em fatos concretos, o autor consegue dar ao texto naturalidade e precisão, transmitindo uma sensação de realidade absoluta.

Por essas e outras, Rochester arrebanha simpatizantes e admiradores, embora alguns critiquem suas obras, por vezes, repletas de ficcionismo e fantasias. Mas, basta uma leitura mais apurada para perceber-se nas entrelinhas o quão rica são suas narrativas em valor moral, revelando o efeito nocivo dos baixos sentimentos que levam aos crimes, às iras e aos combates em vão — os insolúveis laços materiais e espirituais que ligam pessoas que se odeiam e que se amam, bem como as leis da reencarnação e de causa e efeito.

O Castelo Encantado não é diferente. Nesta nova obra, podem ser encontrados todos os ingredientes que a tornam simplesmente magnífica. A história se passa na França, no século XIX, em meio à frívola e depravada nobreza da época e segue

J. W. Rochester

um estilo de suspense gótico. Aqui, podemos comprovar as inevitáveis leis cármicas, reunindo novamente nas ruínas do antigo castelo dos Bordele os mesmos protagonistas de uma misteriosa e terrífica trama ocorrida há séculos atrás...

Embora o enredo possa surpreender o leitor pelo conteúdo extraordinário, o fato é que desde a mais remota antiguidade podemos encontrar semelhantes fatos sobrenaturais, bem como vários Beranges, Alices, Mushkas e Renoirs, em queda e ascensão, de vida em vida, resgatando débitos e em busca do conhecimento, do aperfeiçoamento e do crescimento moral, para no futuro atingir a maturidade espiritual, que fará de todos nós um dia seres angélicos!

Sem dúvida, terá o leitor a oportunidade de conhecer mais uma obra-prima de Rochester. Boa leitura!

Antonio Rolando Lopes Junior

NA Rua Lill, próxima à Rua dos Santos Padres, em Paris, existia um luxuoso palacete, cercado por lindo jardim. As tempestades de revoluções e a febre de construções da época não chegaram a atingir o belo prédio de estrutura totalmente principesca. Suntuoso e, ao mesmo tempo, sóbrio, nada devia aos palácios que sobreviveram no subúrbio Saint-Germain, todos pertencentes à mais refinada aristocracia francesa.

Num lindo dia de maio, os portões de ferro daquele luxuoso hotel abriram-se para a requintada sociedade parisiense. Longa fila de carruagens estacionava junto à entrada principal, sobre a qual refulgia um pequeno brasão. Das carruagens desembarcavam elegantes senhoras, militares graduados e civis de altos cargos. Conversando animadamente, eles subiam pela imponente escadaria, coberta de tapetes e decorada com flores e estátuas. Os curiosos que paravam diante do prédio, logo ficavam sabendo, pelos criados, que ali festejava-se o casamento do sobrinho, e único herdeiro, do Barão Ernest de Bordele com sua pupila Alice de Ruvre.

Os noivos encontravam-se no hall do luxuoso hotel e recebiam, sorridentes, os cumprimentos dos convidados, retribuindo-lhes com frases amáveis. Era um casal encantador, afirmavam todos os convidados ao Barão, que mostrava-se extremamente feliz com o enlace que unia o filho único de seu irmão à filha de um velho amigo.

O jovem casal realmente fazia jus a todos aqueles cumprimentos. O Marquês Berange de Bregam-Bordele era um belo homem de trinta e dois anos, alto, elegante, de feições corretas. Os cabelos louros e cheios emolduravam seu rosto anguloso; a barba e o bigode, mais escuros, destacavam os lábios púrpura e bem delineados; os olhos grandes e escuros eram ocultos pelas lentes de um "pince-nez", e somente a palidez momentânea e a expressão de fadiga rebaixavam a aparência daquele rosto agradável. O Marquês estava impecavelmente trajado. Em cada gesto seu, em cada olhar, transparecia uma imponente tranquilidade e autoconfiança que, todavia, eram amenizadas pela amabilidade e elegância de seus modos.

A jovem Marquesa era uma criatura encantadora de apenas dezoito anos. Olhos vivos e de tonalidade cinza-metálico, emoldurados por longas sobrancelhas negras, refletiam no rosto o frescor de sua idade. Mas a boca pequena e rosada, no entanto, sustentava, naquele momento, uma expressão séria e altiva. Ela era de estatura média, mas a elegância de seu porte fazia com que parecesse maior.

Como um todo, a Marquesa ainda era uma criança, que, no entanto, prometia desenvolver-se e transformar-se numa bela mulher. Naquela hora, especialmente, ela encantava a todos com sua amabilidade, sua pureza virginal e um recato que transparecia em todo seu ser.

Quando acabaram os cumprimentos, a sociedade presente dividiu-se em grupos. O Marquês juntou-se aos rapazes, enquanto a noiva afastava-se para o nicho da janela junto com uma jovem, sua amiga. Esta última, uma mulher alta e bela, sentou-se, então, num pequeno sofá, puxou Alice para perto de si e, dirigindo-lhe um olhar maroto, disse brincando:

— Chega! Pare com esse ar de inacessível! Ainda na igreja, durante a cerimônia, fiquei apreciando o seu ar trágico e solene. Ou Berange não lhe agrada mais? Ele, realmente, não é nada mau.

— Aquele momento foi tão solene e as palavras de monsenhor Cerne tão tocantes que, confesso, fiquei muito abalada — disse Alice, deixando sem resposta a pergunta irônica da amiga.

— Oh! Tudo que monsenhor Cerne falou sobre as obrigações de esposa, as delícias da vida em família e a felicidade da união, baseada no amor mútuo; tudo isso é muito bom, mas não se deve levar muito a sério esse discurso meloso. Acontece que a vida conjugal está longe de ser um romance e os maridos nem de longe são Amadis.[1] Ao contrário, eles dão muita dor de cabeça às suas esposas, que são obrigadas a sofrer caladas.

Naquele instante, alguém se aproximou e interrompeu a conversa. Quando elas ficaram a sós novamente, a jovem amiga, aproveitando o momento, sussurrou para Alice:

— Agora você já pode se retirar, Alice, pois os convidados

---

1 Amadis - Protótipo do "cavaleiro andante", fiel à sua dama e aos preceitos da cavalaria.

logo irão embora. Vamos ao seu quarto. Enquanto você troca de roupa, podemos conversar melhor.

🙞

Quinze minutos mais tarde, a Marquesa já estava no seu quarto de solteira. Enquanto a camareira ajudava-lhe a retirar o véu, a grinalda de flores e o pesado vestido de seda, de longa cauda, ela olhou para o relógio e disse:

— Temos ainda mais de duas horas para pegar o trem. Antonieta! Dê-me o "pegnoir" e deixe-nos a sós. Daqui a uma hora venha trocar-me. Mas, por enquanto, termine de fazer as malas.

Enquanto Alice vestia o "pegnoir" de cambraia e calçava os chinelos de pelúcia, sua amiga sentou-se no divã e ficou pensativa. Marion Laverdi era uma mulher muito bonita, alta, esbelta, de cabelos cheios e negros, olhos grandes e ousados, do tipo italiano, e boca púrpura que sustentava um sorriso desafiador. Ela estudou com Alice de Ruvre no colégio do Mosteiro Sacré-Coeur. Sendo mais velha que a amiga, já estava casada há cerca de quatro anos. O senhor Laverdi, deputado e rico latifundiário, era muito mais velho do que ela. O casal levava uma vida cheia de prazeres, mas correta. A amizade, que aproximou as amigas no mosteiro, apesar da diferença de idade, conservara-se e elas continuavam leais uma à outra.

— Agora, me conte — disse a senhora Laverdi, assim que a camareira saiu do quarto. — Aquela infeliz viagem para visitar minha tia nos distanciou por seis semanas. No dia de seu noivado, você estava muito mais encantada com Berange e, quando volto, encontro você completamente mudada. Isso me chamou tanto a atenção, que até perguntei se ele não lhe agradava mais? O que ele fez para desiludi-la tanto? Afinal, você o conhece há muito tempo.

Alice sentou-se ao lado da amiga e com um gesto nervoso afastou as mechas de cabelo que caíram sobre a testa.

— Sua intuição, Marion, não a enganou. É verdade, tive uma desilusão e temo ter feito a escolha errada. Por isso, durante a cerimônia, à medida que os laços que nos uniam tornavam-se irreversíveis, o meu coração enchia-se, cada vez mais, de tristeza e receio.

— Afinal, o que aconteceu?

— Nada de especial. Mas, dentro de mim nasceu a certeza de que ele estava casando-se comigo apenas para ceder aos desejos do tio, que queria fazê-lo criar juízo e pôr um fim à sua vida de solteiro, excessivamente longa para o último dos Bordele. Reconheço que Berange me agrada muito e fiquei muito feliz quando ele me pediu em casamento. Mesmo após o noivado, ele ainda continuava encantador, meigo e ardoroso, mas, aos poucos, tudo foi mudando. Pode-se dizer que ele tirou a máscara. Ficou indiferente, sempre se ausentando, alegando negócios inadiáveis e, quando ficava comigo, demonstrava-se claramente nervoso. Por fim, em seu comportamento transparecia algo ofensivo. Eu devia ter desmanchado o noivado, e tive vontade de fazê-lo em várias ocasiões, mas temia escândalos e mexericos. Além disso, não queria causar desgosto ao meu tutor, a quem devo tanto e que estava tão feliz com o nosso casamento.

— Compreendo os seus sentimentos, mas dá para conciliar tudo isso. Berange é um belo rapaz. Ele a fará esquecer essas pequenas desilusões — observou Marion com um sorriso sem graça. Alice enrubesceu e cerrou o cenho.

— Realmente, ele não é feio, mas é volúvel e muito preocupado consigo mesmo. Mas, está muito enganado se pensa que vou pajeá-lo e atrelar-me à sua "biga triunfal".

— Naturalmente, no início você vai sentir-se meio deslocada. A vida familiar tem seus espinhos; é bastante envenenada por esposas que traíram seus maridos e por atrizes e cantoras, além de outras mulheres do mesmo nível — disse, sarcasticamente, Marion.

— Oh! Esse tipo de mulheres! Se eu pudesse saber que é esse o motivo!

— Como você é ingênua! Você duvida, mas eu tenho certeza que ele tem alguma ligação desse tipo.

— Então, você sabia de alguma coisa e nunca me disse nada? Isso foi péssimo de sua parte, Marion! Apesar de tudo, eu desmancharia o noivado! — exclamou Alice com os olhos brilhando. Marion Laverdi balançou a cabeça.

— Tá-tá-tá! Você está se exaltando demais! Separação, escândalo, uma tremenda tempestade, só por causa de ninharias. Não vai me dizer que acredita que hoje em dia ainda existem fiéis trovadores. Sou mais velha do que você, estou casada há quatro anos e, por isso, tenho mais experiência. Pode acreditar: todos os maridos são parecidos. E não pense que o meu é uma exceção. Que nada! No primeiro ano, sofri demais quando soube que as reuniões marcadas com os eleitores eram, simplesmente, uma fachada; que as viagens de negócios eram realizadas na companhia de uma certa dama safada, que usava brilhantes melhores que os meus; e que o meu querido esposo reservava compartimentos inteiros no trem só para os dois, enquanto fazia questão por cada conta que pagava na costureira, me acusando de esbanjamento.

— E você suportou tudo isso sem protestar, Marion?

— Para não provocar um escândalo público era preciso

calar. Eu preferi a paz.

— E o Conde Nerval? — observou Alice, com ar de reprovação. Marion jogou a cabeça para trás e seus olhos semicerrados brilharam maliciosamente.

— O que você acha? Eu também quero usar brilhantes e ser amada. Roger me adora. Ele é um cavalheiro, na verdadeira acepção da palavra, e nunca comprometeria uma mulher casada. Estou sendo um pouco descuidada, ao confessar-lhe a minha "felicidade", mas conto com sua discrição. Quando conhecer o Conde, você vai gostar dele.

— É verdade! Eu nunca o vi em sua casa, Marion.

— Repito: o Roger é muito discreto. No último inverno, ele fez uma longa viagem de negócios para tratar de assuntos da família. Mas, nesse outono, você terá a oportunidade de conhecê-lo. Laverdi, meu marido, vai convidá-lo para caçar. Ficaremos muito mais próximas agora, pois nós duas seremos vizinhas, graças à feliz ideia do seu tutor de comprar a propriedade Bordele e presenteá-la ao Marquês.

— É uma propriedade de herança — disse Alice. —Ela foi perdida nos tempos da Revolução e o Barão sempre quis reavê--la. O lugar é bonito?

— Muito poético, Alice! Uma linda vila junto ao sopé de um penhasco, encimado por gigantescas ruínas, que, dizem, são encantadas. No vale também existem ruínas de um mosteiro, destruído durante a Revolução. Assim, você vai viver numa região de fantasmas. Mas, na minha casa, com certeza, vai retornar à realidade e se divertir bastante. Receberemos muitos convidados, inclusive, o meu favorito, o teutão.

— Quem é esse? — perguntou Alice com surpresa.

— Um belo marinheiro, irmão caçula da minha tutora alemã. Ele acabou de retornar de uma viagem de volta ao mundo e vai ficar seis meses de férias. Gunter é um rapaz encantador. Louro, alto, esbelto, olhos azuis que brilham como estrelas. Além disso, é discreto como uma moça. Sempre imaginei casá-lo com você, pois ele também sonha com o tempo dos trovadores. Agora você poderá flertar com Gunter só para provar ao senhor Marquês que não morre de amores por ele e que não tem opiniões retrógradas sobre a fidelidade. Os maridos nunca são discretos, mas querem nos impor uma fidelidade canina. Felizmente, o tempo da tirania já passou. Vou ser sua madrinha. Vou visitá-la frequentemente na companhia de Gunter e vamos passear pelas ruínas onde, dizem, vivia alguém parecido com o Barba Azul. A sombra desse mau cavaleiro aparece no castelo junto com a Dama de Branco, que teria sido sua vítima.

— Ah! Uma dama de branco! Que felicidade para o Berange! Ele vai poder cortejar a linda proprietária do castelo, senão morreria de tédio entre todas aquelas ruínas, a começar pelas da própria liberdade — observou a Marquesa com amargura. Marion soltou uma sonora gargalhada.

— É verdade! A perda da liberdade, mesmo fictícia, provoca uma terrível reação nos nossos pobres maridos. Eles cometem muitas besteiras só para provar a si mesmos que não foram acorrentados como cães. Aliás, eles têm algo em comum com esses pobres quadrúpedes: os cães ficam irados quando perdem os dentes, e os homens, quando perdem o seu "status". Mas, devo avisá-la de mais uma coisa. Não pense que o seu Berange terá somente a Dama de Branco para cortejar. Perto de sua propriedade existe uma estância de águas minerais frequentada por muitas damas.

— Estância de águas minerais perto de Bordele? Nunca ouvi falar disso!

— Ela existe há apenas dois anos — disse alegremente Marion. — E deve sua existência a um tal senhor Bertrand, que descobriu perto de Bordele uma fonte de águas quentes que são, se não me engano, ferruginosas. Esse homem abriu, imediatamente, uma empresa para explorar o negócio, que ele próprio dirige. Construiu ali um cassino, um teatro, termas e, aparentemente, o negócio vai bem.

A chegada da camareira que entrou para vestir Alice, interrompeu a conversa. Pouco depois, Marion Laverdi despediu-se, carinhosamente, da amiga, fazendo-a prometer escrever-lhe com frequência.

Aproveitando a oportunidade, o Marquês retirou-se para o quarto temporariamente reservado para ele, pois o local destinado aos noivos só ficaria pronto no outono. Sem chamar o mordomo, Berange tirou o fraque, jogando-o sobre o sofá, enquanto a gravata branca era arremessada ao chão. Em seguida, após andar pelo quarto, sentou-se à escrivaninha, retirou da gaveta uma folha de papel de correio, perfumada, e escreveu rapidamente as seguintes linhas:

"Querida Mushka:
Está tudo acabado! Hoje coloquei o laço no meu pescoço! Em vez de passar horas maravilhosas ao seu lado, devo viajar e desempenhar o papel de marido carinhoso, diante daquela que me foi impingida pelo orgulho familiar do meu tio.
Mas a nossa separação não será muito longa. Assim que chegar lá, vou alugar uma casa para você em Bordele, onde as

pessoas vão visitar as águas, e irei sempre vê-la. O local fica somente a duas horas de distância da vila e minha bicicleta[2] poderá me levar rapidamente até você. Estou com uma enxaqueca infernal. Quase não dormi e a detestável cerimônia de hoje aumentou ainda mais a dor. Me sinto todo quebrado, mas não me queixo, pois isso é uma recordação da nossa noite de despedida. Aquelas maravilhosas horas valem um pouco de sacrifício! Então, minha adorada, Mushka, até o breve encontro!

Milhares de beijos.

Seu Berange de Bordele"

Após concluir a carta, o Marquês tocou a sineta. Imediatamente, entrou no quarto um jovem de fisionomia agitada, vestido de cavalariço inglês.

— Jack! Leve, imediatamente, esta carta ao endereço da Avenida Gaussman e depois vá direto à estação de trem — ordenou o Marquês. — Diga também ao Justino que venha daqui a uma hora ajudar a me vestir. Agora quero descansar um pouco.

Ficando só, o Marquês acendeu um charuto e deitou-se no divã. Estava exausto, mas de muito bom humor, pois cantarolava o tempo todo uma alegre canção. Nem percebeu que cometera um erro imperdoável. O bom senso e a consciência não lhe despertavam para a atitude canalha que tivera ao escrever aquela carta para a cortesã no mesmo dia em que, voluntariamente, comprometia-se para sempre com uma mulher pura e inocente, jurando-lhe amor e fidelidade diante do altar.

Mas, o Marquês não pensava em nada daquilo. Sendo um verdadeiro protótipo da sociedade devassa do fim do século, estava inteiramente impregnado pela devassidão moral que o cercava. Ele perdera qualquer noção do bem e do mal, só reconhecendo uma lei, a do próprio prazer. O casamento não o constrangia, assim como todo o resto; isso ele tinha decidido há muito tempo. A solene cerimônia religiosa parecia-lhe simplesmente tediosa e as palavras sagradas do padre escapavam-lhe por entre

2 Ninguém sabe, com certeza, a quem se deve a invenção da bicicleta. Uma das primeiras matrizes de que se tem notícias foi produzida pelo barão alemão Karl von Drais. Introduzida na Inglaterra, em 1818, era feita quase completamente de madeira e considerada o grande passatempo na sociedade modista. Mas, foi o francês Pierre Lallement quem registrou a primeira patente deste veículo, em 1866, que mais parecia um velocípede. Com o tempo, a bicicleta foi aperfeiçoando e apareceram os pedais que se comunicavam com a roda dianteira, que era enorme. Depois, vieram as armações de metal nos modelos mais caros; daí o apelido de "cavalo de aço". Ao ser lançada, a "verdadeira" bicicleta distoava dos outros meios de transporte puxados a cavalo, como carruagens e cabriolés, mas ressaltava-se como modismo e era muito apreciada por aristocratas como o Marquês de Bordele, que precisava locomover-se rapidamente e a sós por entre as alamedas.

J. W. Rochester

os ouvidos. Depois, mal retornando da igreja, ele — com a mesma mão que pusera a aliança na esposa — marcou a sua primeira traição.

Minutos depois, o Marquês bocejou e jogou fora o charuto. Sentia-se fatigado após a orgia noturna. Pelo menos uma soneca ajudaria a recuperar um pouco as energias, mas aguardava um amigo e, logo depois, precisava vestir-se para assumir novamente o papel de noivo.

Como era falsa aquela amabilidade forçada que teria de demonstrar por aquela menina tola e romântica! Assim refletindo, o Marquês espreguiçou-se e bocejou alto. Em seguida, ouvindo passos no quarto vizinho, mudou rapidamente de posição e, com ar pensativo e preocupado, encostou-se no espaldar do divã.

No quarto, entrou um rapaz jovem e esbelto da mesma idade de Berange. Jogando o chapéu na cadeira, ele disse rindo:

— Mas, que diabos! O que significa esse ar desesperado? Sua esposa é encantadora; talvez seja um pouco aérea e sonhadora, mas isso também tem o seu encanto. É uma mudança radical, depois de tantas damas tão corpóreas e experientes!

— Diga o que disser, mas acabei de pôr um laço no meu pescoço! — suspirou Berange.

— E daí? Arrependimento tardio! Na igreja você tinha um ar tão másculo e até distraído, que eu não só o achei absolutamente tranquilo como até apostei com Gaston que você estava pensando na Mushka.

— Então, perdeu a aposta, pois eu estava ocupado com pensamentos mais importantes. Mas, falando em Mushka, você fez o que lhe pedi?

— Naturalmente! Vim para a igreja direto da casa dela. Mal cheguei a tempo de levar a minha esposa ao casamento. Ela já estava ficando fora de si, aguardando a minha volta da "longa reunião com o tabelião".

Ambos riram alto. Em seguida, Berange perguntou:

— E, então? Como a minha Mushka o recebeu?

— Ela estava de "pegnoir" rosa, cheio de bordados, pelo qual você deve ter pago muito caro. Seus cabelos estavam soltos e ela se encontrava em terrível desespero. No início, as jóias e os doces acalmaram-na um pouco, mas depois o desespero apossou-se dela novamente. Ela me confessou que se não fosse o velho monstro — o seu tio — e o casamento que ele lhe arranjara, você teria se casado com ela. Depois começou o choro, rios de lágrimas, e uma torrente de ofensas e maldições endereçados à sua esposa.

Berange, numa explosão de riso, jogou-se no espaldar do divã.

— Essa não! Essa Mushka é muito ingênua — disse ele finalmente, enxugando os olhos. — Não sou tão imbecil a ponto de me casar, quando podemos simplesmente nos amar, um ao outro. Mas, que diabos! Fazer de Mushka a Marquesa de Bordele! Há-há-há... O que precisamos dizer a uma linda mulher para acalmar o seu ciúme!... Até lhe prometi que me separaria, assim que a situação o permitisse.

— E ela acreditou nisso?

— Como na Bíblia!

— Bem, isso depõe contra a sua perspicácia! Sua Mushka realmente é adorável. Ela tem charme e até entendo a sua atração por ela; mas é terrivelmente cobiçosa e, se você não segurar firme o próprio bolso, ela vai engoli-lo.

— Ah! Vou pensar nisso. Mas, não posso passar sem ela e estou pensando em arranjar-lhe um lugar perto da minha vila, em Bordele.

Jules Herbert balançou a cabeça e começou a enrolar o bigode.

— Seria muito imprudente de sua parte e poderia trazer-lhe grandes problemas. Veja bem, mulheres como Mushka adoram provocar as esposas e lembrá-las dos direitos sobre os corações dos seus maridos, somente para promover escândalos familiares e obrigar os coitados a defender a sua própria independência. Assim, quando eles estão fartos das brigas domésticas, elas aproveitam e tiram-lhes mais dinheiro.

— Puxa! Você é bastante esperto! — disse Berange, oferecendo um charuto ao amigo.

— Mas, que diabos! Não é à toa que sou casado há seis anos e tenho dois filhos. Sou bem experiente na vida de casado. Prova disso é a minha harmoniosa vida com a esposa.

— Apesar da Zhênia e da bela viuvinha, sem contar a presidente! — apartou, ironicamente, o Marquês.

— Exato! Apesar disso tudo, o que comprova a praticidade do meu método. E lhe digo mais: antes de tudo, cuido da paz na família; todos os espinhos da vida de casado devem ser, cuidadosamente, escondidos. Com mulheres como Mushka é preciso ser enérgico e incutir-lhes na cabeça que não esqueçam o seu lugar e aproveitem o conforto e as nossas atenções, na sombra. Caso contrário, elas tornam-se impertinentes. Deve-se sempre lembrá-las que essas ligações são temporárias e que uma Mushka[3] será sempre uma Mushka, pois elas "pousam" onde melhor lhes provêm, como observou espirituosamente Moupassant.[4] No final, elas sempre nos traem com o vizinho, com o cabeleireiro ou

3 Mushka - Significa "mosquinha", em russo.
4 Gui de Moupassant - Escritor francês (1850-1891).

J. W. Rochester

com alguém do mesmo tipo. Ah, não! O importante é estar de bem com as nossas legítimas esposas. O primeiro ano da vida conjugal é a base do futuro, pois, a maioria das moças quando se casam são geralmente bobas e desconfiadas. Arrancadas do seu meio, e sem qualquer ocupação, elas, involuntariamente, afeiçoam-se ao marido. Quando o casamento não foi por amor, o primeiro ano é o mais apropriado momento psicológico para fazê-las apaixonar-se e adquirir a absoluta confiança. Mais tarde, o excesso de sentimentos concentra-se na criança, que exige da mulher muita dedicação. Elas, então, passam a vigiar menos o marido e exigir menos a sua presença. No meu casamento, até o nascimento do primeiro filho, fui de uma virtude e uma fidelidade irrepreensíveis; naturalmente, só na aparência. Por isso, a minha esposa acredita cegamente em mim e arranca os olhos de qualquer amiga que pensar em me caluniar, naturalmente por inveja da nossa felicidade conjugal. Não esqueça: doze meses de lua-de--mel sem uma única nuvem! Se a sua Mushka resolver lhe amar demais e isso chegar aos ouvidos de sua mulher, vai desmoronar toda a estrutura.

Berange ouviu tudo em silêncio, mordiscando o bigode.

— Pode ser que você esteja certo e que fiz bobagem, convidando Mushka a Bordele. Mas, quê fazer? O que está feito, está feito e levá-la ao desespero será ainda mais perigoso. Em todo caso, tomarei providências para que a minha mulher nunca saiba da proximidade da rival.

— Isso seria muito sensato! Uma desilusão prematura deixaria rastros indeléveis e geraria um incontrolável desejo de pagar-lhe na mesma moeda, enfeitando a sua testa com chifres e presenteando-o com herdeiros de sangue misto. Mas, está na hora de me retirar, que a minha mulher me espera.

— Então, até logo! Quero agradecer-lhe, Jules, por esses conselhos úteis. Espero que venha visitar-nos na temporada de caça.

— Com certeza! Agora, permita-me desejar-lhe felicidades e adeus.

Berange já havia terminado de se vestir e guardava diversos berloques em sua frasqueira, quando a porta do quarto abriu-se e ali entrou o seu tio.

O Barão Ernest de Bordele era um senhor bonito, alto, de aparência séria e respeitável. Tinha grande semelhança com o sobrinho; possuía a mesma figura esbelta, forte e os mesmos traços característicos: nariz levemente aquilino, boca expressiva de *bon vivant* com dentes fortes, sobrancelhas largas e cabelos cheios, que coroavam uma testa alta e teimosa. No rapaz, esses traços estavam, naturalmente, menos delineados. No geral, ambos tinham a aparência da velha estirpe dos "cavaleiros andantes",[5] dos quais eram os últimos representantes.

Sobre o passado da família Bordele, podemos relatar que pertenciam à nobreza muito antiga. No século XI, ela dividiu--se em dois ramos: na Picardia e em Sverni. Os barões, ricos e poderosos, desempenhavam papéis muito importantes naquelas regiões, mas no século XV a sua família, repentinamente, apagou-se e o baronato passou para o primo Bregan, que adotou o nome das propriedades.

Carlos VIII, após a brilhante, mas infeliz, expedição à Itália, concedeu o título de Marquês aos proprietários das terras Bordele. Os novos marqueses participaram de todas as guerras seguintes. Um deles foi morto em Lavin, outro no tempo da Liga, no cerco de Paris, por Henrique IV. A Revolução Francesa encontrou-os ainda fortes e ricos, mas o movimento popular obrigou-os a emigrar, assim como a muitos outros, retornando à França somente na época da Restauração.

Ludovico XVIII, que gostava muito do Marquês de Bordele, devolveu-lhe parte de suas terras e o palacete na Rua Lill, que fora protegido da rapinagem e da venda graças à dedicação de um fiel criado. Mas, para grande desapontamento do Marquês, foi impossível reaver o ninho de origem dos barões Bordele, porque aquela propriedade tinha sido comprada por um dos barões do Império.

Depois daquele tempo, nada aconteceu de excepcional. Os legitimistas Bordele mantiveram-se afastados durante a República e o Segundo Império. Entretanto, a invasão de estrangeiros encontrou-os numa posição honrosa. Os dois irmãos lutaram bravamente com o inimigo. Um serviu no exército de Psar, o outro, nas fortificações de Paris. O pai do nosso herói, Marquês François Berange, foi morto num dos ataques de surpresa, deixando uma viúva e três filhos, dois dos quais morreram durante o cerco. A Marquesa, abatida por todas aquelas desgraças, também faleceu em seguida.

A guerra e a invasão dos prussos quase faliu o Marquês. Seu irmão, viúvo e rico, não tinha filhos e dedicou-se de corpo e alma à educação do único sobrinho e recuperação de suas posses.

---

5 "cavaleiros andantes" - Guerreiros de armadura pesada que existiam na Europa Central e Ocidental durante a Idade Média feudal. Em tempo de paz, viajavam participando de torneios e eram sempre acompanhados de, no mínimo, um escudeiro. Pertenciam à Ordem dos Cavaleiros, à qual eram ordenados somente após realizarem algum ato de bravura. Um "cavaleiro andante" seguia rígidas normas morais: coragem, fidelidade ao dever e nobreza em relação às mulheres. No texto, subentende-se por "cavaleiro andante" uma pessoa nobre e dedicada.

Com mão enérgica, reuniu o que restou da herança do irmão. Com grande dificuldade e sacrifício, conseguiu finalmente juntar uma fortuna, que permitia a Berange levar uma vida compatível com a sua posição social.

O jovem Marquês não escolheu para si nenhuma carreira especial. Inicialmente, serviu como voluntário na África, depois testou suas forças no campo da diplomacia e, por fim, preferiu ficar somente com a própria liberdade. Levava uma vida de prazeres, praticava esportes e, secretamente, tomava parte de todas as loucuras de seus amigos. O tio considerava-o um "bon vivant", mas direito e honesto o suficiente para ser um perfeito marido, assim que passasse o primeiro ímpeto da juventude.

Alice era filha única de um falecido amigo e companheiro de armas do Barão, o Visconde de Ruvre, que o nomeou tutor de sua filha. Bordele afeiçoou-se profundamente à menina e amava-a como um pai. Apesar de Alice Ruvre ter posses bem discretas, o Barão designou-a ao sobrinho e, por esse motivo, nunca insistira no casamento deste último.

O Barão aproximou-se de Berange com ar alegre e animado e, apertando-lhe a mão, disse carinhosamente:

— Meu rapaz, vim aqui tratar de um pequeno negócio, mas antes, permita-me cumprimentá-lo mais uma vez. Ao unir você com Alice, estou absolutamente convencido de que fiz a sua felicidade. Você nem poderia sonhar com uma esposa mais digna. Por isso, não esqueça: ao entregar-lhe a filha de um velho amigo meu, passo para você a responsabilidade pela felicidade dela.

— Tio, como pode duvidar do meu ardente desejo de fazer a felicidade de Alice? Acredite, tenho a maior admiração pelas suas qualidades. Além disso, estou cansado da vida desregrada de solteiro e anseio pela vida familiar — respondeu Berange com sentimento.

— Suas palavras me alegram muito. Permaneça sempre fiel a esses bons sentimentos. Você já tem trinta e dois anos. Está na hora de criar juízo e pensar no cumprimento sério das obrigações de cidadão e pai de família. Você é o último dos Bordele e, por isso, deve sempre lembrar que um grande nome e uma grande fortuna obrigam a grandes deveres. Bem, agora vamos falar de algo mais ameno. Permita-me oferecer-lhe esta carteira. Ela contém setenta e cinco mil francos. Talvez este dinheiro lhe sirva para liquidar algumas dívidas da vida de solteiro ou largar uma amante.

— Oh, tio! Como posso lhe agradecer? — murmurou Berange, beijando o Barão. — O senhor simplesmente me cobre de presentes, tanto dinheiro após a propriedade Bordele, que foi um presente digno de um rei!

— Mas, você não é o meu único herdeiro? Considero como feliz presságio que a morte do Barão Forestier tivesse me permitido reaver o antigo berço da nossa família. Lá, vocês formarão um novo ramo da família e o antigo tronco vai florir novamente. Além disso, tenho um plano em relação a Bordele, que lhe contarei quando visitá-los em agosto. Mas, agora vamos indo! Está na hora de vocês partirem!

Berange guardou, apressadamente, a carteira e seguiu o tio. Momentos mais tarde, eles juntaram-se a Alice, que os aguardava no hall, junto com uma dama de meia-idade, a governanta do Barão.

A jovem estava encantadora em seu vestido simples de tecido azul-escuro e um chapéu largo, enfeitado por plumas negras. Ela segurava nas mãos uma pequena bolsa de pelúcia e um grande buquê. Tudo aquilo dava-lhe um ar muito solene. A despedida foi rápida.

Dez minutos depois, uma luxuosa carruagem já os levava, rapidamente, para a estação e para uma nova vida. Somente agora o Marquês observava a esposa, que em silêncio encafurnara-se num canto da carruagem, olhando distraidamente a rua. Ele ficou espantado com a expressão fria, amarga e preocupada do rosto infantil de Alice. Sendo um "bon vivant" e sem qualquer princípio, Berange, graças à sua prática de enganar as mulheres, tornou-se não só um ótimo ator, como também um profundo especialista em corações femininos. Um caos de sentimentos contraditórios refletia-se tão claramente no rosto de Alice, que o Marquês, involuntariamente, perguntou-se se não chegaram até os seus ouvidos alguns mexericos idiotas. Mas, a vaidade imediatamente soprou-lhe que se aquilo acontecera, então, seriam suficientes algumas palavras doces e carinhosas para tudo consertar.

Naquele instante, Alice voltou a cabeça. Ao encontrar o olhar frio e zombador dirigido a ela, através das lentes do "pince-nez" do noivo, um sentimento pesado e triste apertou o seu coração. As dúvidas quanto à sinceridade do Marquês, e quanto à felicidade de sua vida conjugal, já haviam se imiscuído no coração da jovem. Mas, naquele momento, seu instinto feminino lhe sussurrava que o homem com quem estava amarrada para sempre, era completamente indiferente a ela.

O sorriso frívolo, que percebera nos lábios do marido, ofendeu-a, e Alice teve vontade de pular da carruagem e fugir para bem longe dele. Todos aqueles pensamentos e sentimentos duraram somente alguns segundos. Berange já pensava em

J. W. Rochester

romper o silêncio, que ficara pesado para ambos, quando a carruagem parou junto à estação.

O casal desembarcou e o Marquês entregou ao criado as frasqueiras, os bilhetes e os outros objetos menores. Em seguida, tomando a esposa pelo braço, conduziu-a ao compartimento do vagão, previamente reservado para eles. Passando pela sala da primeira classe, Berange notou o seu cavalariço Jack, parado e à espera, junto aos portões de saída. Instalando a esposa no compartimento, ele explicou-lhe que precisava dar algumas ordens importantes e saiu rapidamente do vagão.

Sem ele se dar conta disso, Alice aproximou-se da janela e passou a seguir o marido com os olhos. Apesar da multidão, que andava pela plataforma, ela viu quando o Marquês aproximou-se do cavalariço, agarrou uma carta e colocou-a rapidamente no bolso do sobretudo, pois naquele instante soou o último apito do trem e ele teve de voltar quase correndo para o compartimento.

Ganhando cada vez mais velocidade, o trem levava-os para longe de Paris. Alice tirou o chapéu; depois, nervosa e cansada, encostou-se nas almofadas. Berange achou que havia chegado o momento ideal para "quebrar o gelo" e começar a desempenhar o papel de marido carinhoso. Sentando ao lado da jovem, ele abraçou-a pela cintura, puxou-a para perto de si e beijou-a nos lábios.

— Finalmente, minha querida, você me pertence para sempre! Finalmente nos livramos dos chatos convidados e ficamos a sós! — sussurrou ele com voz trêmula, involuntariamente admirando a pele aveludada de Alice, tão transparente que dava para ver o sangue fluindo.

A face imóvel da jovem refletia os mais diferentes sentimentos. De repente, ela tapou o rosto com as mãos e desandou a chorar. Apesar do tom apaixonado, dos olhares carinhosos e beijos ardentes, Alice sentia, instintivamente, que Berange não era nem um pouco como deveria ser uma pessoa sinceramente apaixonada, e que todos os seus carinhos e afagos não provinham do coração. A tensão nervosa das últimas semanas e a forte emoção da cerimônia nupcial encontraram, finalmente, uma saída numa corrente de lágrimas.

Por instantes, um sentimento de piedade encheu o coração de Berange. Será que aquela inocente criança sentia que ele não estava apaixonado por ela? Nesse caso, era preciso urgentemente convencê-la do contrário. Isso seria necessário para o futuro tranquilo de suas vidas! Então, ele fez o possível para consolar a esposa. Por fim, conseguiu secar as lágrimas de Alice e provocar um sorriso em seus lábios rosados. Bastante satisfeito, Berange deu-lhe de beber um pouco de vinho que trazia na frasqueira, serviu-lhe balas e presenteou-a com um lindo frasco de sais aromáticos.

— Minha querida! Essas emoções desgastaram-na demais e desarranjaram-lhe os nervos. Vocês, mulheres levam muito as coisas pelo coração! Bem, graças a Deus, você se acalmou. Agora precisa descansar e dormir um pouco. Ah, espere! Vou preparar--lhe uma cama neste divã e deitarei no outro. Assim, poderemos dormir, pois eu também estou terrivelmente cansado.

Apesar dos protestos de Alice, que não tinha nenhuma vontade de dormir, Berange acabou por fazê-la deitar-se, colocando sob a cabeça dela a sua manta, cobrindo-a com a outra manta e fechando os seus olhos com um beijo.

— Durma, minha querida! Isso lhe fará bem — murmurou ele.

Em seguida, deitou-se no outro divã e, como realmente morria de cansaço, adormeceu imediata e profundamente. Alice fechou os olhos, mas a forte excitação a impedia de dormir. Os acontecimentos do dia, a solenidade do casamento, a conversa com Marion e a cena que acabara de acontecer entre ela e Berange, agitavam-se em sua mente por mais que tentasse pôr uma ordem nas próprias ideias.

Berange começou a roncar alto e aquele ruído estranho, junto com o barulho do trem, começou a irritar a jovem. Ela abriu os olhos, levantou-se num cotovelo e olhou para o marido. Como estava pálido e desgastado! Ela nunca havia notado aquelas olheiras escuras, pois sempre ficavam ocultas pelos vidros do "pince-nez". Até a expressão de seu rosto parecia-lhe diferente da que estava acostumada. Alice começou a estudar, com curiosidade, os traços do rosto do marido, mas ele, como se estivesse sentindo o seu olhar, fez um rápido movimento e voltou-se para a parede. Alice deitou-se novamente, mas o sono não vinha. O forte ressonar do Marquês a irritava e, aos poucos, ela foi tomada por uma sensação de terrível solidão. Não foi assim que ela sonhara passar as primeiras horas de sua nova vida! Lágrimas surgiram novamente em seus olhos. Não encontrando o lenço para enxugá-las, ela abaixou-se e começou a procurá-lo entre os divãs. De repente, viu no tapete uma carta cor-de-rosa e duas folhas de papel dobradas. Aquilo, evidentemente, havia caído do bolso do sobretudo de Berange, que ele usou para cobrir as pernas, pois havia deixado a sua manta para ela.

— Epa! Parece a carta que o cavalariço entregou a ele na estação! — murmurou ela.

Movida pela irresistível curiosidade, Alice abriu a carta e leu o seguinte:

J. W. Rochester

"Meu querido, eu agradeço, mil vezes agradeço, a sua carta! Ela me confortou, provando que mesmo na hora da cerimônia fatal você não esqueceu de sua pobre Mushka. Oh! Como vou suportar essa separação? Temo que o ciúme vá me matar, pois sei que você, sendo a verdadeira encarnação do dever e da honestidade, irá se sentir na obrigação de demonstrar amor por essa mulher, que a vontade de seu tio lhe impôs. Essa prostituta imagina que tem direitos sobre você! Sim, ela tem direitos, mas somente aqueles que lhe concede a lei. Mas, os direitos do seu coração pertencem somente a mim, e não vou deixá-los para ela. Quero chegar, o mais rapidamente possível, para perto de você. Somente perto de você consigo ficar um pouco mais tranquila".

Alice ficou estarrecida. Com os olhos arregalados, ela olhava a carta que caíra de suas mãos. Em seguida, com gestos rápidos e nervosos, desdobrou os dois outros papéis. Um deles era a conta de um restaurante da moda com a data do dia anterior. No cardápio do jantar, champanhe e muito mais — tudo comprovava que a festa fora de primeira. Desse modo, a palidez e o cansaço de Berange tinham uma explicação bem diferente. O outro papel era a conta do joalheiro para um colar de esmeraldas, pelo qual foram pagos quinze mil francos.

Com o rosto em fogo e olhar faiscante, a jovem jogou-se no encosto do divã e, com uma expressão mista de horror e desprezo, olhou no rosto pálido do Marquês, que continuava a dormir tranquilamente. Então, era assim o homem com quem estava amarrada por toda a vida! Aquele era o tal senhor que agora tinha sobre ela todos os direitos!

De repente, ela lembrou da noite anterior que passara sozinha em meditação e orações, pedindo fervorosamente a Deus para abençoar a hora solene que se aproximava e para nunca deixá-la sem ajuda. Prometera ser sempre uma esposa honesta e dedicada e cumprir, criteriosamente, todas as obrigações que estava por assumir. Enquanto isso, ele passava aquelas mesmas horas numa orgia! Vindo direto dos braços da amante, imundo de corpo e alma, ele aproximara-se corajosamente do altar e pronunciara um falso juramento. O juramento — tão importante e sagrado para ela — era para ele mera formalidade. E a palidez, que ela atribuía à emoção do momento solene, era simplesmente o resultado de uma noite passada na farra.

Tremendo com todo o corpo, Alice tapou o rosto com as mãos. Que futuro a esperava naquelas condições? Uma surda tempestade levantava-se em seu espírito. Sob a influência da ira e do orgulho ferido, a sua mente reunia milhares de planos de vingança e as mais ousadas decisões de romper aqueles recentes laços. Entretanto, a própria força da excitação esgotou-a e o bom senso e a boa disciplina acabaram vencendo.

O que iria conseguir com o escândalo e a separação? Além disso, era duvidoso que o Marquês concordasse, pois, se tinha se casado com ela, então, tivera bons motivos para aquilo. Se ela não podia livrar-se de Berange, para quê envenenaria ainda mais a situação? O melhor seria suportar, verificar como tudo iria se arranjar e, somente depois, agir de acordo com a situação.

Com um leve sorriso, cheio de indescritível desprezo, Alice abaixou-se, pegou a carta de Mushka, as contas incriminadoras, e guardou-as na sua bolsa.

— Vou guardá-las, minhas preciosas e irrefutáveis provas da baixeza do homem "honesto" e da "verdadeira encarnação do dever" — murmurou ela com amargor. — Agora sei o quanto você vale, Marquês de Bordele! Portanto, adeus ao amor e a todas as ilusões! Tentaremos enfrentar, corajosamente, a bruta e dura realidade que chamam de vida conjugal.

Apesar das decisões sensatas e do esforço para acalmar-se um pouco, Alice não conseguia dormir e já era noite. Ela estava demasiadamente excitada e seus nervos foram exigidos demais. Por fim, após longas e difíceis horas de insônia, a jovem adormeceu, mas o sono não foi capaz de recuperar-lhe as forças. Terríveis sonhos e pesadelos perseguiam-na. Num momento, ela estava num campo de batalha. De todos os lados soavam tiros, o ar estava cheio de gritos de combatentes e gemidos de feridos e moribundos. Ela própria caía num negro precipício sem fundo.

De repente, a cena mudava. Ela encontrava-se, agora, numa floresta fechada e em noite escura. Corria sem rumo, fugindo do perigo, do qual não conseguia se dar conta. De repente, aparecia numa clareira, perto de um casebre, cercado de cavaleiros armados. A luz avermelhada das tochas iluminava o rosto malévolo e pálido de um homem embrulhado numa capa negra. Cobrindo os latidos da matilha de cães, ele gritava estridentemente: "Queimem esse covil para que as ratazanas saiam para fora!" Alice sentia um terrível ódio e uma profunda ira fervia dentro dela. Ela jogava-se sob as patas do cavalo e, no mesmo instante, sentia uma dor aguda. O homem de rosto malévolo debruçava-se sobre ela e, então, Alice percebia que ele usava um traje medieval de veludo vermelho. Seus olhos eram exatamente iguais aos de Berange. As lentes brilhantes do "pince-nez", como lâminas de espadas, transpassavam-na dolorosamente. Alice soltou um forte grito e... acordou.

— Meu Deus! O que você tem, minha querida? Provavelmente, teve um sonho ruim? Até pensei que você havia desmaiado, pois há mais de quinze minutos tento de tudo para acordá-la —

J. W. Rochester

disse o Marquês, ajudando Alice a levantar-se.

— Sim, tive um pesadelo, respondeu a jovem.

— Você está com uma aparência cansada. Vou dar-lhe um pouco de vinho. Depois vamos comer alguma coisa, pois estamos chegando numa estação, onde haverá uma grande parada e que tem um ótimo "buffet" — disse Berange alegremente, demonstrando a mais carinhosa solidariedade com a esposa.

O coração de Alice apertou-se dolorosamente e ela passou a mão pela bolsa de pelúcia, onde estavam guardados os documentos incriminadores. Agora ela sabia, o quanto havia de sinceridade naquela fingida delicadeza.

Mas, a necessidade de manter um diálogo, depois a refeição e, por fim, a chegada à estação, destino de sua viagem, aquilo tudo, no final das contas, distraiu e acalmou um pouco a jovem mulher. Graças à sua juventude e à falta de experiência de vida, voltara-lhe até um pouco da costumeira alegria. Sorrindo, ela acomodou-se com curiosidade no luxuoso cabriolé que os aguardava. Lembrando os sábios conselhos do amigo Jules Herbert, Berange tentava ser atencioso e conversador. Ele havia dormido bem e aquilo, somado ao lindo dia, fazia-o sentir-se muito melhor.

Mesmo que a viagem de cabriolé durasse cerca de três horas, o tempo transcorreria rapidamente, pois a estrada era ótima e extremamente pitoresca. O Marquês chamava a atenção da esposa para os locais vistosos, dizendo-lhe os nomes dos castelos e aldeias que passavam.

— Como você conhece bem essas paragens! Provavelmente, esteve aqui muitas vezes? — perguntou Alice.

— Possuo terras no loteamento vizinho. Estive por aqui uma única vez, há uns dez anos atrás. Vim com o tio que, naquele tempo, já sonhava em adquirir Bordele. Mas, o negócio acabou não saindo. Nós, entretanto, passamos aqui mais de três semanas na casa de Laverdi, o pai do deputado, que era amigo do tio. Eu cacei bastante, andei por toda a parte e, como vê, lembro bem de tudo. Por exemplo, essa estrada à esquerda, leva à cidade Bordele. Não dá para vê-la daqui, porque está oculta pela floresta.

Alice ficou mais animada. O ar puro realmente fazia-lhe bem e, além disso, ela gostava da natureza e apreciava suas belezas. De repente, ela soltou um grito de admiração e curvou-se para a frente. Ali, a estrada alcançava o seu ponto mais alto e, diante dos viajantes, descortinava-se uma linda paisagem — um amplo vale, com um verde jardim, e um pequeno córrego, esgueirando-se caprichosamente como se fosse uma fita de prata. Na outra extremidade do vale, erguia-se, quase verticalmente, um grande rochedo vulcânico, coberto de rica vegetação e encimado por grandiosas ruínas. Por entre as árvores e arbustos, apareciam grossas paredes e restos da muralha destruída. A silhueta sombria e maciça da torre dentada, enegrecida pelo tempo, destacava-se sobre todas as ruínas.

Na encosta do rochedo, via-se uma linda vila e uma estrada rodeada de álamos, que levava até lá. A floresta escura cingia o horizonte.

— Lá está o seu novo lar, querida Alice! Vejo com satisfação que o local lhe agrada — disse o Marquês, indicando a vila com um sorriso.

— O lugar é realmente encantador. Mas, é uma pena que o antigo castelo esteja destruído. Ele deve ter sido uma construção extraordinária, erguendo-se sobre o vale como uma nuvem ameaçadora. Provavelmente, foi destruído durante a Revolução — cogitou Alice.

— Não, sua destruição aconteceu no início do século XVI, quando uma terrível explosão transformou o imponente castelo nas ruínas que você vê. A catástrofe aconteceu durante uma tempestade. Entretanto, parece que o próprio castelão, querendo vingar-se do seu senhor, que seduzira a sua esposa, explodiu o paiol. O incêndio, que se seguiu, transformou o castelo em ruínas. O tio pode lhe contar melhor todos os detalhes, pois ele se interessa muito por todas essas estranhas histórias.

— Desde, então, ninguém mais morou em Bordele? — perguntou a jovem, cujo olhar parecia grudado nas ruínas.

— Pelo contrário! Um antepassado nosso construiu um outro castelo, junto ao rochedo, e do qual nada restou. Ele foi queimado e nivelado ao chão no ano de 93. Quanto à vila, ela foi construída pelo general Barão Forestier, que se aposentou. Essa terra foi vendida a ele como propriedade nacional.

Enquanto conversavam, o cabriolé entrou numa rua marginada por álamos e logo parou diante da vila.

A governanta de meia-idade e o administrador receberam, respeitosamente, os jovens senhores. Desejando-lhes muitas felicidades, eles conduziram o Marquês e a esposa a um grande terraço, onde já os aguardava uma mesa posta.

Berange fez as honras da refeição, enquanto Alice, triste e pensativa, ficou totalmente absorta na contemplação das ruínas. A torre antiga, coberta de musgo e de hera-brava, deixou-a muito impressionada. Parecia-lhe que conhecia aquela torre há muito tempo.

J. W. Rochester

Berange estava muito alegre. Durante a sobremesa, ele levantou um copo de vinho e exclamou bem alto:

— À sua saúde, senhora Bordele, e à saúde de nossos bons vizinhos, todos os cavaleiros e damas do velho castelo!

No mesmo instante, ouviu-se um terrível estalido parecido com uma explosão, seguido do ruído de pedras caindo. Alice empalideceu terrivelmente e pulou da cadeira. A governanta benzeu-se com devoção. Berange ficou calado e confuso por instantes, mas foi o primeiro a recuperar-se.

— Êpa! — disse ele rindo. — Dá até para imaginar que os senhores cavaleiros responderam ao meu brinde.

— Oh! Não zombe disso, senhor Marquês! As ruínas são mal-assombradas. À noite, na Torre do Diabo, ouvem-se gemidos — disse a governanta.

— Sei disso, Suzanna! As assombrações são obrigatórias nas ruínas do velho castelo. Não quero ofendê-los, mas o barulho que acabamos de ouvir tem origem absolutamente terrena: acabou de ruir uma parte da velha muralha.

— Mas por que ela ruiu exatamente no instante em que você invocou os velhos cavaleiros? — observou Alice. — Você é tão cético que ri, praticamente, de tudo.

— O que fazer, minha querida? O século XIX se destaca pelo seu ceticismo e eu... sou produto dele — respondeu o Marquês, zombador.

Após a refeição, o jovem casal conheceu em detalhes a vila e depois retornou novamente ao terraço.

— Agora, vamos visitar as ruínas. Quero vê-las de perto. Estou especialmente interessada na Torre do Diabo — disse Alice, praticamente enfeitiçada pelas ruínas do castelo.

O Marquês ficou nitidamente embaraçado. Olhando para o relógio, ele respondeu que lamentava muito não poder acompanhá-la, pois precisava sair imediatamente.

— Acontece, minha querida, que o proprietário e fundador da estância de águas minerais, perto de Bordele, é meu amigo e colega de escola. Um parente dele pediu-me para entregar-lhe uma carta e um recado muito importante. Preciso cumprir a minha promessa e transmitir tudo isso a Carl Bertrand. Já vou ordenar para desempacotarem a minha bicicleta. Agora são apenas três horas; creio que às seis horas estarei de volta para o jantar. Enquanto isso, você pode ir examinar as ruínas. Suzanna pode lhe servir de guia. Ela, sem dúvida, conhece todas as lendas e será um cicerone melhor informado do que eu.

Sem esperar resposta, o Marquês beijou a esposa e saiu

rapidamente do quarto. Alice empalideceu e baixou a cabeça. No primeiro dia de casados, seu marido a deixava sozinha e corria para visitar pessoas estranhas. Entretanto, a presença do criado e da governanta ajudou-a a recompor-se.

— Fico-lhes muito grata. Não quero tirá-los do trabalho — disse ela, recusando a ajuda da governanta. — Posso dar um passeio sozinha pelas ruínas. Mas, antes vou vestir um traje mais leve, pois hoje faz muito calor. Por favor, mandem a Antonieta para os meus aposentos.

Meia hora mais tarde, Alice, trajando um leve vestido de musselina, deixou a vila e dirigiu-se, rapidamente, para o topo do rochedo. Logo, ela deixou para trás a grade que cercava o jardim. Em vez das alamedas cobertas com areia e luxuosos canteiros de flores, ela agora andava por entre densos arbustos, grossas raízes e bosques de árvores, cujos galhos verdes formavam uma abóboda impenetrável sobre a estreita, e quase imperceptível trilha que, serpenteando caprichosamente, levava às ruínas.

O largo fosso, que outrora rodeava o castelo, ainda estava visível, como também as duas pequenas torres que guardavam a ponte levadiça. Sem qualquer esforço, a jovem passou pelo fosso, aterrado quase completamente, e coberto por folhas secas, e entrou num paço calçado com grandes placas de pedra e atulhado de montes de pedras menores.

Naquele local, Alice parou e tentou orientar-se. Grande parte do castelo era uma aglomeração disforme de edificações arrasadas pela força da explosão. Somente a Torre do Diabo e parte da ala habitacional ainda ostentavam, orgulhosamente, as paredes de dez pés de espessura, que nem a força da pólvora conseguira abalar.

A jovem mulher dirigiu-se, exatamente, para aquela parte do castelo. Com a leveza de uma gazela, ela subiu nos montes de entulho, pulou agilmente sobre fendas profundas e, segurando-se nos arbustos que cresciam em profusão em todo lugar, chegou finalmente à torre. Na entrada, havia uma porta estreita e baixa e, dentro, uma escada ainda resistente. Sem vacilar, Alice subiu pelos degraus. Olhou com curiosidade as altas e redondas salas de aparência sombria, iluminadas por estreitas janelas seteiras, e chegou ao topo da torre, sem encontrar qualquer obstáculo.

Resfolegando e cansada, Alice recostou-se na endentação maciça da parede e vislumbrou com admiração a maravilhosa paisagem que se descortinava diante dela. De repente, ela estre-

J. W. Rochester

meceu e seu olhar cravou-se na estrada que saía da vila. Nela, surgira Berange em sua bicicleta. Ele estava, especialmente, bem vestido: sapatos laqueados cor de tijolo e pantalonas largas. O paletó leve estava jogado sobre a camisa de seda, cingida na cintura por uma larga cinta. Na cabeça, portava um pequeno chapéu.

O rosto do Marquês expressava a mais despreocupada alegria. Supostamente, ele esquecera por completo a jovem esposa abandonada, cujo olhar atento seguia-o, naquele instante, com uma expressão mista de amargura e desprezo. Voltando-se, rapidamente, Alice começou a descer às pressas, sem pensar no perigo que a ameaçava, pois a escada íngreme e estreita não tinha corrimão. Uma certo sentimento, pesado e mau, crescia dentro dela contra aquele homem desavergonhado, que a afastava com tão grosseira desfaçatez e, provavelmente, queria arrumar para si uma vida à parte, com suas amantes e companheiros de farra.

Absorta em pensamentos, Alice andava sem rumo, sem perceber que aprofundava-se, cada vez mais, nas ruínas. De repente, estremeceu e estancou. Atrás de um grande monte de pedras, ela notou uma porta, na qual ainda estava pendurada uma enegrecida e enferrujada corrente.

A porta levava a uma grande sala, relativamente bem conservada, pois somente uma pequena parte dela estava atulhada de pedras, que ocultavam a saída do lado oposto. Tomada por um estranho e inexplicável sentimento, Alice parou na soleira da porta. Seu coração disparou. Um estranho peso apertou seu peito, impedindo-a de respirar. Encostando-se na parede, ela passou a examinar a sala.

As paredes estavam cobertas de fuligem, indicando que naquele local houvera muito fogo. Pareceu a Alice que conhecia aquele lugar; que já havia visto em sonho ou numa visão obscura aquelas altas e estreitas janelas e aquela gigantesca lareira, encimada pelo que restou do brasão dos Bordele e pela coroa de Barão. Só que na sua visão, as portas estavam cobertas por pesadas cortinas e na lareira ardia um fogo brilhante.

De repente, a jovem sentiu um terrível cansaço. Sentou-se numa pedra e ficou profundamente pensativa. A destruição ao seu redor, os restos da antiga glória, tudo demonstrava a inutilidade das coisas humanas e predispunha à melancolia.

— Ah! Se essas antigas paredes pudessem falar, que histórias elas me contariam! — murmurou a jovem. — Os dramas jamais conhecidos e, provavelmente, terríveis que desenrolaram-se sob esse teto nos tempos em que os cruéis e selvagens senhores possuíam o direito de vida e de morte sobre seus infelizes vassalos! Em compensação, que festanças foram dadas aqui!

A imaginação excitada da jovem começou, aos poucos, a povoar aquela sala e com tanto realismo, que pareceu-lhe ouvir o tilintar das esporas dos cavaleiros e o farfalhar dos pesados vestidos das damas.

Alice estremeceu e passou a mão na testa. Será que todos aqueles Bordele, invocados pela sua imaginação, pareciam com o último descendente de sua raça? Naturalmente, eles eram severos e cruéis, mas seriam também tão insignificantes e perjuros como o seu marido, que a tratava com tão ofensiva indiferença e que a traíra ao pé do altar? Como seria a sua vida? O futuro erguia-se diante dela, como um sombrio e ameaçador enigma.

Com um profundo suspiro, Alice encostou a testa na parede fria. Naquele instante, ela sentiu um desânimo interior, que antecede uma grande luta moral, quando a pessoa avalia, instintivamente, a carga que terá de suportar e o corpo, então, estremece diante da provação que a espera.

A sensação de frio e umidade, arrancou a Marquesa dos tristes pensamentos. Ela, então, levantou-se e percebeu que já anoitecia. Saindo rapidamente da sala, olhou para o relógio. Já eram quase oito horas da noite.

— Meu Deus! Como o tempo passou rápido! Berange já deve ter voltado há duas horas atrás e, sem dúvida, está à minha procura — murmurou ela, apressando-se.

Mas, debalde Alice procurou o caminho de volta. Os montes de entulho, as arcas góticas, as seteiras, tudo era tão semelhante no entardecer, que ela não conseguia orientar-se. Por fim, ela saiu pela saliência de uma parede de colossal espessura. À sua direita, elevava-se mais uma ala habitacional, que atingia o próprio cume do rochedo. Lá, via-se um pequeno balcão com balaústre de pedra.

— Deus do Céu! Como vou encontrar o caminho de casa? — exclamou involuntariamente Alice, tomada de medo e preocupação.

Mas, qual não foi a sua surpresa, quando, às suas costas, uma voz sonora disse:

— Senhora, permita-me ser seu guia. Conheço perfeitamente essas ruínas.

A jovem voltou-se rapidamente e olhou com curiosidade o homem, que pareceu surgir da fenda na parede. Era jovem, bonito, alto e esbelto, trajado de negro. Seu rosto fino e de traços retos estava terrivelmente pálido. Aquela palidez destacava-se ainda mais graças à barba negra e aos cabelos da mesma cor. Seus olhos grandes e escuros, de brilho estranho, escrutavam Alice.

— Agradeço a amável oferta — respondeu, gentilmente, a

Marquesa. — Confesso que o senhor me assustou, aparecendo tão repentinamente. Aqui tudo fala do passado, que eu quase pensei estar vendo algum dos antigos proprietários do castelo.

O desconhecido sorriu.

— Será que a senhora tem medo de assombrações?

— Oh, não!

— Nesse caso, permita-me ajudá-la a descer da muralha.

O desconhecido estendeu a mão a Alice, uma mão fina e clara, enfeitada por um anel com grande brilhante. Em seguida, com uma desenvoltura que atestava grande familiaridade com as ruínas, ele levou a Marquesa até a ponte levadiça. Quando Alice saiu na trilha que conduzia diretamente à vila, o desconhecido fez uma reverência em silêncio e, como uma sombra, desapareceu por entre as árvores da floresta.

— Que pessoa estranha! Ele não se apresentou e nem me deu tempo de agradecer-lhe — murmurou Alice, dirigindo-se rapidamente para casa.

Para sua extrema surpresa, ela soube que Berange ainda não havia retornado. Vacilando, entre a preocupação e a ira, Alice sentou-se na pequena sala-de-visitas, onde já estavam acesas as luzes, e tentou ler alguma coisa.

Nos aposentos da criadagem também reinava preocupação e insatisfação. A cozinheira jurava por todos os deuses que, encomendar o jantar para às seis horas e não voltar para casa até às nove da noite, era positivamente desfaçatez.

— O peru com trufas, os bolinhos, e tudo, tudo vai estragar! E depois, a culpa é da cozinheira! — repetia a boa mulher, irada.

A governanta, que andava pela sala-de-jantar, olhando de vez em quando para a estrada, também foi até a cozinha.

— Mas por onde andará o senhor Marquês? A Marquesa também está triste e amuada. O que surpreende é que se casaram ontem e hoje o marido já está sumido o dia inteiro. Ah, não! No meu tempo isso não acontecia — observou ela, balançando a cabeça.

— Logo se vê que a senhora nunca esteve em Paris. Isso lá é comum acontecer — objetou Antonieta. — O nosso Marquês só faz o papel de homem honesto para agradar ao tio que tem ideias do século passado e que deve deixar-lhe a herança. Mas, às escondidas, ele leva uma vida bem devassa.

— Como você sabe tudo isso?

— Pelo cavalariço Jack. Ele está apaixonado por mim e me conta tudo o que eu quiser — respondeu, dengosamente, a camareira. — Ele contou que o nosso Marquês, já há alguns meses, está de caso com uma dama. Isso é, não uma dama, mas uma atriz, que não é nem de ópera e nem de balé. Ela canta canções num bar, levanta as pernas acima da cabeça e dança seminua. Jack a chama de sem-vergonha, mas o Marquês é louco por ela. Na véspera do casamento, eles fizeram uma tremenda farra juntos. E ontem, ao retornar da igreja, o Marquês enviou-lhe uma carta pelo Jack que também trouxe-lhe a resposta.

A governanta levantou-se toda pálida.

— Isso é horrível! Casar e depois trair a esposa tão desavergonhadamente, é uma ignomínia! Mas, como o Jack, que me pareceu um jovem tão honesto, assume tais incumbências?

— Mas, Deus do Céu! O que ele pode fazer? Ele serve ao Marquês e deve obedecê-lo. Além disso, a "coquete" também lhe dá boas gratificações. Em Paris, hoje, é moda ter uma amante e uma esposa — revelou Antonieta.

— Será que essa vadia é tão bela a ponto de o Marquês preferi-la em vez da jovem e encantadora esposa?

— Jack diz que ela é bonita. Mas, o importante nesse caso não é a beleza, mas a sensualidade. Lajua d'Arson é diabolicamente sensual. Ela canta para o Marquês, acompanhando-se ao violão e dança diante dele a dança do ventre melhor do que as turcas na exposição do ano passado.

Suzanna se benzeu.

— Meu Deus! Que horror! A sua famosa Paris é uma verdadeira Babilônia, onde se testa a paciência Divina. Só não consigo entender uma coisa: para quê o Marquês se casou?

Antonieta deu de ombros.

— Ele simplesmente queria arrumar-se e criar uma família. Agora pode ficar tranquilo, porque ninguém vai exigir que ele se case. Além disso, quando quiser escapulir de alguém, não vai mais ser perseguido e pode, tranquilamente, se esconder no ninho conjugal.

A forte campainha interrompeu a conversa da camareira. Instantes depois, ouviu-se a voz do criado que gritava:

— Celestina, sirva rápido a sopa! O Marquês voltou e deseja jantar.

Mesmo lembrando bem dos arredores, Berange encontrou dificuldade em orientar-se. Em dez anos, Bordele transformara-se numa cidade. O pequeno e abandonado bosque virou um belo jardim e, onde antes havia hortas e plantações, passava agora uma bela estrada com luxuosas vilas construídas às suas margens. A estrada pavimentada levava à estância de águas minerais que era, por si só, uma pequena cidade. Ali surgiram

J. W. Rochester

um grande hotel, com belo teatro e fino restaurante, um pavilhão do círculo de ciclistas, um clube de amantes de esportes de remo e um hipódromo com tribunas. Pelas avenidas, fora do parque, distribuíam-se diversas edificações e um bar-café denominado "Eldorado". Era destinado a frequentadores que desprezavam discrição. Resumindo: o parisiense que fosse obrigado a passar a sua lua-de-mel naquele cantinho provincial, não teria dificuldade em encontrar diversão por ali.

Um prestativo morador local indicou o caminho a Berange e logo o Marquês estacionou a bicicleta ao lado de uma luxuosa casa de três andares, diante da qual abria-se um lindo canteiro de flores. Naquele momento, alguns trabalhadores instalavam um chafariz no centro do canteiro. Um senhor em traje cáqui e chapéu de palha, parado e com as mãos nas costas, observava o trabalho.

— Olá, Carl! — gritou o Marquês, descendo da bicicleta.

O senhor em traje cáqui voltou-se rapidamente. Era um homem ainda jovem, alto, com um rosto largo e corado, olhos pequenos, espertos e maliciosos, que pareciam zombar de qualquer coisa que estivessem observando.

— Bordele! Mas, que surpresa agradável! — exclamou ele, recebendo o Marquês de braços abertos.

Os homens se abraçaram com afeição. Depois, Bertrand prosseguiu:

— Venha, Berange! Vamos tomar uma garrafa de velho vinho e bater um bom papo. Faz dois anos que não o vejo e quero saber o que o traz aqui. Não se preocupe com o seu "cavalo de aço", pois vou mandar vigiá-lo.

Tomando o Marquês pelo braço, ele levou-o para um amplo terraço, cheio de mesas e cadeiras. Ainda havia pouco público. Os amigos sentaram-se num canto e pediram alguns salgados.

— Agora, conte-me que bons ventos o trouxeram para cá? — perguntou Bertrand. — Já faz dois anos que não nos vemos. Os negócios me prenderam completamente aqui.

— Dizem que você fez fortuna por aqui. Correm rumores que a sua empresa cresceu muito e que seu sucesso com as "damas" supera até o sucesso de sua empresa — revelou Berange.

Um sorriso cínico e presunçoso iluminou o rosto largo de Bertrand.

— Bem, não posso me queixar. As damas são muito benevolentes comigo. Mas, vamos deixar isso para lá; são velhas histórias. Você ainda não respondeu à minha pergunta: o que o traz a Bordele?

Sem responder a pergunta, o Marquês, com um gesto trágico,

estendeu uma mão em frente ao nariz do amigo, e com a outra apontou para a aliança brilhando em seu dedo.

— Ah, infeliz! Então, para você está tudo acabado? Veio para cá sepultar a própria liberdade! — exclamou Bertrand, compadecido. — Mas, com a sua experiência, como foi cair nessa armadilha?

— Você também caiu nela. No meu caso, eu queria finalmente me arrumar e livrar-me de ataques indiscretos, e isso tem lá suas vantagens.

— Bem, com quem você se casou?

— Com a pupila preferida do meu tio, Alice de Ruvre.

— Naturalmente, deve ser uma noiva rica! E ela, é bonita? — interrogou Bertrand.

— Sim, muito bonita e muito inocente. Mas, quase não tem posses; somente cem mil francos. Aliás, isso para mim, poderia ser até uma vantagem. Esposas que não trazem dotes têm as asas cortadas e ficam em completa dependência do marido. Infelizmente, o meu tio que adora essa menina, deixou em nome dela quinhentos mil francos no contrato nupcial.

— Ah! A sua esposa, naturalmente, instalou-se na vila?

— Sim. Chegamos hoje pela manhã — respondeu o Marquês.

— E você foi deixar a pequenina sozinha? Ela deve estar desesperada, pois, certamente, está apaixonadíssima por você.

— Infelizmente! — disse Berange, tentando ocultar o ar de satisfação com um gesto, demonstrando como estava cansado daquilo. — Mas, vamos deixar isso prá lá, pois, não tem importância. Agora, gostaria de pedir-lhe um favor. Além de querer muito encontrá-lo, vim pedir sua ajuda para arranjar um lugar para uma jovem cantora.

Por instantes, Bertrand olhou-o surpreso e depois soltou uma gargalhada:

— Há-há-há! Pelo jeito você não perde tempo e tem pressa de se consolar. Claro que estou à sua disposição. Mas, por que todo esse mistério? Mais cedo ou mais tarde, vou ficar sabendo o nome da beldade que chegará para consolá-lo.

— Naturalmente, isso não é segredo; seu nome é Lajua d'Arson.

Bertrand começou a esfregar a testa tentando, provavelmente, lembrar algo.

— Espere aí! Não é aquela que ganhou o apelido de "Mushka, a Alegria dos Rapazes"?

— É bem provável, pois ela se chama Mushka. Só que eu não sabia do apelido — respondeu Berange, rindo.

— É aquela mulher que estava implicada no caso Dabulier.

Lembra-se do caixa da casa bancária "Rosemblum e Cia." que roubou trezentos mil francos e foi condenado a dez anos de trabalhos forçados na Caledônia?

— Sim, é ela mesma. Mas, nesse caso, a pobre mulher demostrou uma dedicação exemplar. Ela acompanhou o seu amante a Caiena — enfatizou Berange.

— Acredita que ela foi capaz disso! O pobre Dabulier cometeu muitas bobagens por ela. Além disso, mesmo que tenha sido provado que ele não poderia ter gasto os trezentos mil francos, o dinheiro nunca foi encontrado. Passaram a suspeitar de Mushka como comparsa, ainda mais porque, na época, ela também estava implicada na história suja do colar roubado do joalheiro Bertier. Mas, ela conseguiu, habilmente, justificar-se. Oh! Essa mulher é esperta! Cuidado, Marquês, senão ela vai complicar você também.

— Complicar a mim? Que bobagem! Não sou como o Dabulier e só posso assaltar o meu próprio caixa. Além do mais, tudo isso são boatos, meu caro Bertrand, só calúnias. Mushka é a mulher ideal. Possui um coração que faria as honras de qualquer dama da sociedade. Ela permaneceu fiel a Dabulier até o fim e voltou de Caiena somente após a sua morte. Ela não suportou os trabalhos forçados, pois pertencia à alta sociedade.

— Sim, e tinha hábitos muito feios. Mas, isso não vem ao caso. Então, você quer instalar aqui a Mushka Lajua. E não receia que sua mulher fique sabendo?

— Quanto a isso, não há o menor perigo. Vou providenciar para que ninguém conte a ela. Além disso, Alice é bastante boba para sequer suspeitar da verdade. Pobrezinha! Como poderia suportar comparar-se a Mushka? Esta é inteligente como o demônio e possui um talento encantador.

— Que bem me lembro, ela não tem uma grande voz.

— É verdade. Mas, que arte! Que fogo! Ela, realmente, é capaz de derreter até o gelo.

— Principalmente se lhe pagarem bem por isso, não é Berange?

— Pare de zombar, Carl! Estou lhe dizendo: essa mulher tem coração. Agora, diga-me, onde posso instalá-la?

— Por aqui. Na ala esquerda existe uma casa desocupada com três quartos e entrada separada, o que será bem conveniente para você.

— Exato! Então, posso ver a casa?

— Sem dúvida. Vamos!

Bertrand levou o amigo para um pequeno jardim cercado por uma espessa cerca natural de lírios e jasmins, que saía direto na estrada. A sacada de vidro conduzia a uma pequena e agradável sala de visitas mobiliada com móveis de cor azul-clara. Ao lado da sala havia um dormitório revestido de tecido cor-de-rosa. A cama e o toalete eram no estilo Luis XV. Um pequeno refeitório completava a casa.

— Perfeito! Exatamente o que eu preciso. O preço também é bom. Permita-me acertar o pagamento agora — disse Berange, puxando a carteira. — Entretanto — acrescentou —, você poderia fazer aqui umas pequenas mudanças? Por exemplo, mandar retirar esse velho piano, que não me inspira nenhuma confiança, substituí-lo por um piano de cauda e mandar colocar flores. As jardineiras, eu mesmo compro.

— Naturalmente que sim!

— Então, posso mandar agora um telegrama para ela?

— Escreva! Eu mesmo o enviarei.

O Marquês destacou uma folha do seu caderninho de notas e escreveu o seguinte:

"Está tudo arranjado. Hotel das Águas Minerais. Procurar Carl Bertrand, diretor do estabelecimento B."

— Agora diga-me, Carl, existem por aqui lojas, onde eu possa comprar berloques que as delicadas mulheres tanto apreciam? Preciso mostrar a Mushka que penso nela. Isso acalmará o seu ciúme.

— Sem dúvida, temos por aqui todo tipo de loja. Se quiser, posso servir-lhe de cicerone.

Alugaram, então, um fiacre. Berange e o amigo passaram em algumas lojas, onde o primeiro comprou duas luxuosas jardineiras, um vaso de bronze dourado para flores e uma grande caixa com sabonetes, perfumes, água de toalete etc. Ele também quis comprar alguns vestidos, mas como a moda de Bordele não inspirava confiança, limitou-se a seis pares de luvas e uma dúzia de lenços de seda, embalados em luxuosa caixa com incrustações de madrepérola.

— Agora só falta comprar balas para colocar no criado-mudo, pois Mushka gosta de regalar-se à noite — disse o cansado Marquês. — Meu caro, Carl! — acrescentou. — Poderia mandar entregar essas coisas no hotel? Preciso me apressar com a bicicleta.

— Certo! Agora já são oito e meia da noite. Não vai ser fácil arranjar desculpas para a esposa.

— Nada mais fácil! Digo que a bicicleta quebrou e ela ainda vai sentir pena de mim — respondeu o Marquês, rindo e dirigindo-se até a bicicleta. Bertrand viu-o afastar-se e balançou a cabeça.

J. W. Rochester

— Mas, o que é isso? Será que ele está me enganando ou ficou tão abobado que acredita na dedicação e no amor daquela cortesã? Mas, que desfaçatez dela manter o velho apelido, de tão triste renome! Entretanto, soa melhor do que Rebecca Itselson. Gostaria de saber como isso vai acabar, quando o tio dele souber da verdade. Preciso dar uma olhada na Marquesa. Se ela não for feia, posso ajudá-la a suportar a solidão e dividir com Berange o seu fardo matrimonial.

A preocupação e irritação de Alice atingiram o apogeu, quando, finalmente, Berange chegou. Ele estava terrivelmente cansado e suado, mas de muito bom humor.

— Perdoe-me, querida, por fazê-la esperar tanto! — exclamou ele, beijando delicadamente a jovem. — Tive um acidente inesperado e desagradável. A bicicleta quebrou perto de Bordele. E contou com ínfimos detalhes o acidente; o seu esforço para encontrar um mecânico; e como conseguira sair da dificuldade com a ajuda do seu amigo Bertrand.

Alice acreditou nele. Só que logo ela viria a conhecer e dar o devido valor ao talento de improvisação do seu marido. Realmente, Berange havia atingido a arte de mentir sem confundir--se na infinidade de detalhes complicados, a tal ponto que ele próprio já não sabia onde começava a mentira e onde terminava a verdade. Sentimental e frívolo, ele facilmente traía as mulheres que conquistava, fosse ela cortesã ou esposa de alguém, trocando uma pela outra e, impiedosamente, abandonando a amante quando lhe aparecia uma nova ligação amorosa.

Ele considerou a confiança infantil da jovem esposa como de extrema inocência, e decidira agir de acordo com aquela certeza, pois estava totalmente convencido de que ela jamais poderia competir com uma mente fina como a dele.

Por toda a noite e na manhã seguinte, o Marquês foi encantador. Cercou a esposa de atenções e amabilidades. Para lhe dar prazer, visitou com ela as ruínas e contou-lhe tudo que pôde lembrar de sua crônica familiar. Em sua simplicidade inocente, Alice começou a convencer-se que estava encarando tudo muito sombriamente e que, apesar da frivolidade, Berange a amava e que no fim tudo iria se acertar.

Mas, sua desilusão foi bastante rápida. Faltando uma hora para o almoço, o Marquês declarou que precisava ir a Bordele cumprimentar Bertrand que aniversariava naquele dia.

— Me perdoe, querida Alice, mas, muito provavelmente vou ser obrigado a almoçar com ele. Volto pelas dez horas. Por favor, mande preparar-me o jantar.

Na verdade, Berange pretendia aparecer no clube dos ciclistas, onde naquele dia havia uma reunião; depois comparecer à estréia de uma cantora de quem Bertrand falara-lhe e, por fim, dar uma última olhada no apartamento de Mushka, que, pelos seus cálculos, deveria chegar no dia seguinte.

Quando Alice ficou só, foi tomada por um sentimento de tristeza tal como se fosse uma prisioneira naquele lugar. Ela mal tocou na comida durante o almoço e, se não fosse o orgulho e a vergonha diante dos criados, choraria lágrimas amargas. Devorada pela solidão e uma raiva surda, ela passeou um pouco pelo jardim e depois decidiu visitar as ruínas da abadia, que se localizavam do outro lado do velho castelo e que ela ainda não tinha visto.

— Tomara que encontre o amável guia de ontem. Ele poderia me contar as lendas da abadia e do castelo — murmurou ela, vestindo o chapéu e as luvas.

Após informar-se sobre o caminho, a Marquesa dirigiu-se para as ruínas da abadia. Não encontrou em lugar algum o desconhecido do dia anterior, mas o movimento ao ar livre fez bem a ela e a acalmou.

Numa pequena elevação, coberta pela floresta, encontravam-se as ruínas do mosteiro dos Beneditinos, fundado no século XI por um dos senhores Bordele, após seu retorno da guerra. A antiga moradia dos veneráveis frades sofreu bem mais do que o castelo. Das alas residenciais do mosteiro restaram somente as arcas e parte da parede do refeitório. A igreja monasterial conservou-se melhor que as outras edificações. Mesmo tendo perdido o telhado, ela ainda erguia orgulhosamente em direção ao céu suas antigas paredes, hoje cobertas de musgo e hera.

Os entulhos das ruínas faziam montes muito pequenos. Grande parte das pedras e tijolos foi aproveitada pelos camponeses das adjacências para construção de suas próprias casas, pois eles achavam aquele material mais apropriado para transporte do que as enormes pedras do castelo.

Cansada da rápida caminhada, Alice sentou-se dentro do cercado da igreja, à sombra de uma arcada ainda conservada e, pensativa, examinou os arredores. Lá devia existir um jardim. Quantas gerações de monges rezaram e meditaram ali, trabalhando no jardim ou passeando sob as arcadas da longa galeria! Quantos corações partidos encontraram refúgio naquele local!

44   J. W. Rochester

Quantos corações palpitantes, de membros mais jovens de famílias, bateram forte sob o hábito negro, ao qual eram condenados com frequência pela severa política feudal para reduzir o número de herdeiros dos bens da família.

De repente, a jovem estremeceu e levantou-se rapidamente. Na cavidade da parede em que estava encostada, Alice notou um nicho semicircular, no fundo do qual via-se uma lápide de pedra com inscrições quase totalmente cobertas pela vegetação. Ficando de joelhos, ela começou a arrancar febrilmente a grama alta e o pequeno arbusto que cobria a lápide. Logo diante dela apareceu a imagem de um cavaleiro de joelhos e com as mãos juntadas, em posição de oração. Mas, o que particularmente excitara a curiosidade da jovem foi a longa inscrição na parte inferior da lápide. Com um canivete, Alice limpou cuidadosamente as cavidades das letras do musgo que as preenchia e enxugou a pedra com o lenço. Entretanto, apesar dos esforços, não conseguiu decifrar a antiga e levemente apagada inscrição.

— Se me permite, senhora, posso ler essa antiga inscrição que tanto a interessou.

A voz sonora que proferiu essas palavras, pareceu conhecida a Alice. Ela virou-se rapidamente e viu diante de si o desconhecido do dia anterior, cumprimentando-a gentilmente com uma reverência.

— Ficar-lhe-ei muito grata por isso. Realmente, a Providência sempre traz o senhor nos momentos propícios para me ajudar nas dificuldades — respondeu alegremente a jovem.

— Tem razão, senhora! O acaso não existe, mas a Providência frequentemente arranja estranhos encontros — disse o desconhecido num tom solene, que surpreendeu muito a Alice.

Em seguida, sem aguardar resposta, ele inclinou-se e leu:

"Aqui jaz o nobre senhor Gill de Savari, fatalmente morto em julho do ano de .... Quem quer que você seja, visitante, reze pela vítima e pelo assassino. Que o nosso Senhor Jesus Cristo dê, ao primeiro, paz e bem-aventurança e que, em Sua Misericórdia infinita, livre o segundo da condenação eterna!"

Tomada de tristeza e emoção, cuja causa ela própria não conseguia explicar, Alice persignou-se.

— Só Deus sabe, que terrível e sangrento drama desenrolou-se aqui nos longínquos tempos do domínio da força bruta e da violência — disse ela com um suspiro.

No rosto do desconhecido apareceu uma expressão indescritível e seus olhos se imobilizaram, cravando-se na jovem mulher e fazendo-a estremecer involuntariamente.

— Sim, senhora de Bordele! Outrora, terríveis e sangrentos dramas tiveram lugar por aqui. Gill de Savari, uma inocente vítima da calúnia desonesta e ciúme animalesco, não é a única vítima que repousa sob o teto desta abadia, e a senhora...

O desconhecido calou-se e, respirando pesadamente, passou a mão pela testa.

Tudo aquilo provocara em Alice uma tão má impressão, que obscureceu por instantes a sua curiosidade. Querendo mudar de assunto, ela perguntou quase sem querer:

— O senhor me conhece?

— Tenho a honra de falar com a Marquesa de Bordele — disse o desconhecido, após um instante de silêncio. — Permita-me, consertar o erro imperdoável e me apresentar. Sou Lui Renoir, proprietário de terras e seu vizinho.

Alice acalmou-se imediatamente e até riu por dentro sobre o terror sobrenatural que aquele homem lhe incutira. Passaram, então a conversar sobre a abadia e juntos examinaram as ruínas da igreja. Em seguida, Alice disse que estava na hora de voltar para casa, pois a vila ficava bem distante do local onde se encontravam.

— Aqui existe um caminho direto, exatamente o mesmo que outrora levava daqui ao castelo. Se me permitir, Marquesa, posso mostrá-lo.

— Fico agradecida. E também em dívida com o senhor. Vou vir aqui frequentemente. O senhor nem imagina como essas ruínas do longínquo passado me atraem.

Renoir mostrou o seu sorriso enigmático.

— Talvez essa atração não seja outra coisa senão uma vaga lembrança. Quem de nós sabe que laços nos ligam ao passado e por que um determinado lugar provoca em nosso espírito sentimentos inexplicáveis?

Sem esperar resposta, ele foi em frente atravessando o campo coberto de arbustos. A Marquesa logo notou, com surpresa, que ali realmente existia uma estrada pavimentada, que atualmente estava coberta de mato e arbustos. À medida que eles subiam pelo íngreme declive da elevação, a estrada ficava cada vez mais visível.

Alice foi novamente dominada por uma irresistível curiosidade. Obviamente, Renoir conhecia perfeitamente aquelas paragens. Com um sorriso, ela, então, perguntou-lhe:

— Parece que o senhor conhece todas as lendas locais. Poderia me dizer por que chamam aquela antiga torre de Torre do Diabo?

— Ela merece inteiramente essa designação. Esses antigos muros presenciaram muitos negócios escusos, incutidos pelo demônio ao seu digno pupilo — respondeu Renoir, lançando às ruínas um olhar cheio de ódio.

Percebendo o susto e embaraço de Alice, ele acrescentou:

— Marquesa, a senhora já deve ter ouvido falar de Gill de Laval,[6] o terrível senhor de Tifoge. Bem, aqui vivia um certo Barão de Bordele. Ele cometeu crimes semelhantes aos de Gill, mas não sofreu aqui na Terra o justo castigo. Mas, isso não importa. A Justiça Divina é muito mais severa que a humana e acorrentou a alma do criminoso ao local de seus crimes. Junto com o seu comparsa, o alquimista, ele vaga em volta dos tesouros que enterrou e guarda-os encontrando-se com suas vítimas. Estas também são atraídas pelo local de seus sofrimentos. Eles vagam por aqui, sorvendo aromas do passado, cheios de lágrimas e sangue e, ardendo de vingança, aguardam ávidos o momento de aniquilar o seu algoz.

— O Senhor disse: a vingança é Minha! — observou a Marquesa.

Naquele instante, eles aproximaram-se das ruínas e ela novamente foi tomada por um terror sobrenatural. Parecia-lhe que a qualquer instante, de algum canto escuro, iria aparecer ou o barão-feiticeiro ou o rosto maléfico do alquimista, ou ainda a sombra ensanguentada de alguma vítima.

— Mas o Senhor permite que alguém seja seu instrumento — respondeu Renoir com ar sombrio. Em seguida, mudando de assunto, acrescentou: — Veja, Marquesa! Atrás desse monte de entulho existe uma entrada para um corredor aberto na parede. Ele está perfeitamente conservado e é iluminado pelas frestas das seteiras, apesar de elas estarem literalmente cobertas de mato. A senhora está vendo aquele corredor largo? Siga sem medo por ele e vai sair na torre perto da ponte levadiça. Depois, atravessando o fosso, a senhora estará em casa em alguns minutos.

Sem esperar resposta, ele fez uma profunda reverência e desapareceu atrás da saliência da parede.

— Mas, que pessoa estranha esse Renoir! Às vezes ele me parece ruim da cabeça — murmurou a jovem, parando indecisa junto à entrada do estreito e sombrio corredor.

Mas, Alice era uma mulher orgulhosa, valente, e imediatamente dominou o próprio medo.

6 Gill de Laval (Gilles Retz) - Marechal francês, autor de inúmeros crimes cometidos contra crianças e que tiveram grande repercussão naquele país. Foi executado na cidade de Nantes (1400-1440).

— Que nada! Se acontecer algo, sempre posso voltar atrás — exclamou, entrando corajosamente sob a abóbada de pedra.

Nada aconteceu com a Marquesa. Como o seu estranho guia tinha dito, ela saíra sem obstáculos na pequena torre e, de lá, na conhecida trilha que levava à vila.

Emocionada, absorta em pensamentos sobre o encontro com o desconhecido e a trágica lenda relatada por ele, a jovem foi ao seu dormitório para trocar o leve vestido de musselina, que ficara um pouco danificado devido às pedras e raízes. Ela aproximou-se do toucador e já pretendia tocar a sineta para chamar Antonieta quando notou a cigarreira do Marquês, seu lenço e alguns papéis amassados. Provavelmente, na pressa de sair, o Marquês esquecera todos aqueles objetos.

— Não seriam estes papéis mais provas irrefutáveis da fidelidade do meu marido? — disse a jovem num sussurro zombador, abrindo e desamassando os papéis.

Ela não se enganou. Aqueles papéis eram os comprovantes de compra de jardineiras, flores, perfumes, doces etc. e também o recibo de Bertrand do aluguel do apartamento. O rosto de Alice enrubesceu. Em seus aposentos não havia nenhuma flor e ele nunca pensara em trazer-lhe uma caixa de bombons. Um sentimento de indescritível amargura, quase de ódio, encheu o espírito da moça.

—Pelo jeito, o Marquês já encontrou uma amante por aqui. Ou talvez ele esteja instalando por aqui, com todo esse cuidado, a sua antiga e adorada Mushka? Nesse caso, por que ele foi se casar, se a sua escolha não foi por amor? — refletiu a Marquesa, que, com mão trêmula, dobrou novamente aqueles papéis incriminadores e enfiou-os no bolso.

Ela até esqueceu a intenção de trocar de roupa e, cabisbaixa, foi para o dormitório onde mandou que trouxessem a mala de viagem que pretendia abrir sozinha. Ela escondeu os papéis e ficou pensativa. Mas, para sua grande surpresa, seus pensamentos foram interrompidos pela chegada de Berange, apesar do relógio marcar ainda oito e meia da noite.

O Marquês voltou de péssimo humor. Declarou que estava com uma enxaqueca infernal e que ia dormir imediatamente, pedindo para acordá-lo às nove horas para o chá e o jantar. Em seguida, foi para o dormitório. Quando alguns minutos mais tarde Alice entrou lá, encontrou o marido preocupado e irritado procurando algo no tapete. O traje do dia anterior estava jogado na cadeira com os bolsos revirados, mostrando que fora exaustivamente revistado.

J. W. Rochester

— O que está procurando? — perguntou Alice num tom impassível.

O Marquês endireitou-se rapidamente e olhou com suspeita no rosto pálido da esposa.

— Procuro contas e recibos das lojas. Goribort tem uma parente que mora nas redondezas. Ele me incumbiu de comprar para ela alguns berloques, luvas, meias, perfumes e alugar um apartamento no hotel das águas minerais, pois ela está doente. Preciso enviar-lhe essas contas que são de um valor bastante elevado, para que ele me devolva o dinheiro pelo próximo correio. Não sei onde perdi esses papéis.

Ele inventou aquela deslavada mentira sem pestanejar, pensando no caso daqueles papéis terem ido parar nas mãos da esposa. Tudo aquilo fora dito com tal empáfia que, por instantes, Alice quase vacilou. Mas, não! Ela já havia encontrado a carta da cortesã e outras contas, provando claramente que o Marquês gostava de presentear as suas amigas! Ela, então, deu-lhe as costas friamente e saiu do quarto.

Com ar sombrio e pensativo, ela começou a desarrumar a mala de viagem, retirando de lá seus pequenos e valiosos pertences e lembranças que não confiava às mãos das criadas. Entre os objetos havia também um grande e volumoso caderno, encapado em veludo lilás, que tinha uma inscrição em baixo relevo e com letras douradas: "Meu diário".

Aquele caderno fora presenteado por seu tutor quando ela completou catorze anos. Ele sugeriu-lhe que anotasse ali todos os acontecimentos de sua vida.

"No turbilhão dos acontecimentos da vida tudo se esquece tão rapidamente, que é muito útil anotar aquilo que nos impressionou. Com o passar dos anos será muito interessante e instrutivo reviver o passado e analisar o trajeto pelo qual se desenvolvia e amadurecia a nossa alma", disse o Barão naquela ocasião. Alice, entretanto, decidiu começar a fazer anotações somente a partir do dia em que saísse do colégio interno.

Então, ela abriu o caderno e releu as suas impressões da vida cotidiana e dos seus sonhos de noiva. Um sorriso amargo deslizou por seus lábios.

— Entrei há pouco nesse importante caminho e vou anotar cuidadosamente todas as peripécias da minha vida conjugal. Se, em dois dias de casada, tive tantas surpresas imagine o que acontecerá num ano inteiro? Nestas páginas, vou descrever com todo o esplendor a imagem do homem de quem me tornei esposa.

Primeiramente, ela enumerou todos os documentos incriminadores e colocou-os dentro do caderno; depois começou a escrever. Essa ocupação absorveu-a tanto que o relógio badalou meia-noite quando ela, enfim, largou a pena e trancou o caderno em sua escrivaninha.

— Quando Marion chegar, vou ler-lhe parte dessas memórias. Ela é bem experiente e casada há quatro anos. Pode ser que me aconselhe como devo me portar — murmurou Alice, levantando-se da escrivaninha.

Na porta do dormitório, ela encontrou Berange, que acabara de acordar.

— Minha querida! Pedi para me acordarem às dez horas — disse ele com recriminação. — Agora, já passou da meia-noite. Perdi a noite toda.

— Eu estava ocupada, desarrumando as malas e esqueci completamente do seu pedido. Mas o chá e o jantar estão prontos — respondeu a moça com indiferença, dirigindo-se ao refeitório.

O jantar transcorreu em absoluto silêncio. Por várias vezes, o Marquês procurou o olhar da esposa, mas o brilho dos olhos frios e claros dela causava-lhe uma má impressão. Finalmente, ele pegou o jornal e passou a folheá-lo, bebericando o chá de uma pequena xícara.

Encostada na mesa, Alice olhava para o marido lembrando as virtudes que ela, como toda jovem, imaginava no eleito do seu coração. Repentinamente, todos os seus sonhos foram destruídos e não aos poucos no transcorrer de uma longa vida em comum. Foram destruídos de uma vez, e impiedosamente, por aquele mesmo marido que, cinicamente, escancarava diante do horrorizado olhar da esposa, toda a sua inconsistência moral, toda a brutalidade de seus sentimentos. Sem qualquer constrangimento, ele demostrava que procurava, não uma mulher, mas uma fêmea. E trocara um ser íntegro e inocente por uma frequentadora de cabarés, que passava de mãos em mãos, como uma moeda falsa e que somente denigria o sexo que representava. E aquele homem a sustentava e ainda a mantinha perto de si. Então, quanto valia aquele coração, que se aquecia somente na presença daquela repugnante criatura?

O coração da moça apertou-se e lágrimas chegaram-lhe à garganta, mas ela as reprimiu corajosamente. Quando o relógio bateu uma hora da madrugada, Alice levantou-se, pediu desculpas a Berange por deixá-lo sozinho e já se preparava para sair da sala, quando ouviu-se um canto ao longe. Alice foi rapidamente até a janela e abriu-a. Agora podia-se ouvir uma voz sonora e harmônica que cantava uma velha canção francesa, acompanhada por um alaúde ou uma harpa. No profundo silêncio da noite ouvia-se nitidamente cada modulação da delicada e melancólica melodia.

Alice ouvia, como se estivesse encantada. Aquela antiga ária, simples e triste, harmonizava tão bem com seu estado de espírito que as lágrimas reprimidas por tanto tempo, jorraram de seus olhos. Ela esticou-se para fora, tentando vislumbrar na escuridão da noite o misterioso trovador.

— Que animal está rosnando por aí a essa hora da noite? — exclamou o Marquês, num tom irritado. — Se ele continuar berrando assim durante a noite toda, vou me enforcar.

Após ouvir por instantes, acrescentou:

— A voz é boa. Se ele cantasse algo mais alegre, dava prá aguentar, mas essas velhas e fúnebres árias são simplesmente insuportáveis. Mas, minha querida, está chorando? Essa canção melosa a deixa nervosa? É preciso achar esse trovador e impedir a repetição da serenata. A voz parece vir das ruínas.

— Não, Berange! Se o meu pedido tem algum valor para você, então peço para não atrapalhar o cantor, quem quer que ele seja. Além disso, gosto muito dessa canção. Por isso, peço-lhe para deixar o cantor em paz.

A manhã do dia seguinte, o Marquês dedicou para visitar a sua nova propriedade. Voltou para casa de muito bom humor e tomou o desjejum com grande apetite. O restante do tempo, até a hora de ir encontrar Mushka na estação, ele decidiu dedicar à esposa, mas Alice permaneceu fria. Berange, ofendido com o fato de não receber o devido valor por suas amabilidades, decidiu sair imediatamente.

Então, montou na bicicleta e foi direto visitar Bertrand, encontrando-o preocupado e de péssimo humor. Inicialmente, ele não quis revelar o motivo de sua irritação por mais que o Marquês insistisse. Mas, depois de uma garrafa de vinho velho, que o deixou mais alegre, Carl confidenciou ao amigo que a fonte da sua abastança era uma velha idiota, proprietária de uma fábrica de sabão e outros imóveis. Aquela senhora apaixonara-se loucamente por ele e estava disposta a tudo para ficar com o seu amor.

— Tudo estaria bem se essa bruxa velha não fosse ciumenta como um tigre. Ela tem ciúmes até da minha mulher e me apronta milhares de problemas. Agora você pode entender como é difícil para mim o amor dessa venerável anciã.

— Nesse caso, já que a sua fortuna está garantida, por que não a manda para o inferno?

— Por enquanto, não posso fazer isso. Ela deve passar para

o meu nome a propriedade da vila, que possui nesse local. Talvez você tenha notado a casinha branca, ao estilo italiano, à esquerda da estrada?

— Uma linda vila — afirmou Berange.

— Então, quando eu for o proprietário daquela vila vou me livrar da velha. Mas, o problema agora é o seguinte: ela acabou de voltar de Paris, onde tem um grande processo e, naturalmente, quer me ver hoje. Esse é o motivo do meu mau humor.

— Quem gosta de escorregar de trenó montanha abaixo, precisa gostar de levar o trenó montanha acima — respondeu Berange, rindo.

Para se distrair um pouco, os amigos saíram para um passeio. Depois, Bertrand levou Berange à sua casa e apresentou-o à esposa. Clarissa Bertrand era loira, magrinha e bastante bonita. Somente a palidez fazia decair um pouco a sua aparência. Ela usava um luxuoso vestido claro e uma flor nos cabelos. Clarissa recebeu o bonito e aristocrático amigo do marido com especial requinte e passou, imediatamente, a flertar com Berange sem se constranger com a presença do marido. Este, aliás, parecia muito preocupado com outras coisas e não tinha nenhum ciúme dela.

Após o almoço, quando eles foram para o terraço tomar café, o criado veio entregar uma carta a Bertrand. Ele leu-a com ar de desdém e enfiou-a no bolso. Depois, aproveitando o momento em que Clarissa deixou a sala, e soprou para Berange:

— É uma carta da venerável anciã. Devo ir vê-la imediatamente. Me faça um favor, fique aqui e distraia Clarissa para ela não me espionar. Vai ter bastante tempo para isso, pois são apenas seis horas e Mushka chega somente às oito.

O Marquês, que agora compreendia toda a carga do jugo matrimonial, concordou. Ele, entretanto, teria preferido deixar a sua esposa sozinha, mas nunca com um homem para consolá-la.

Com a partida de Bertrand, que alegou negócios inadiáveis e urgentes, Clarissa assumiu uma atitude de deprimida, tornou-se nervosa e visivelmente irritada. Para afastá-la da tristeza, o Marquês lançou mão das mais rebuscadas amabilidades e, por fim, convidou-a para dar um pequeno passeio. Aquilo tudo o divertia muito, pois tinha ouvido falar que Clarissa estava longe de ser Cornélia[7] e que por cada infidelidade do seu Carl ela lhe pagava na mesma moeda.

O passeio prolongou-se. Mesmo assumindo um ar de tristeza, Clarissa ficou muito animada e sentindo-se atraída pelo Marquês. Apesar de seu marido descender de boa família e ser filho de deputado, ele tinha um sobrenome burguês. A própria senhora Bertrand, apesar da aparência frágil, possuía um temperamento

---

7 Cornélia - Alusão à mulher que é traída e conformada.

J. W. Rochester

puramente "andaluz" [8] e os admiradores que a induziam ao pecado pertenciam todos ao mundo teatral. Mas, eis que, de repente, aparecera-lhe um verdadeiro aristocrata. Além de tudo, um belo rapaz que a tratava com indisfarçável interesse.

Ela, então, com uma comovente confiança, começou a contar-lhe sobre os problemas provocados pela frivolidade de Carl, que a traía, a deixava sozinha e de como ela sofria e definhava lentamente naquela solidão espiritual. Eles aproximaram-se do arvoredo. Lá, junto à fonte, havia um banco de pedra coberto de musgo, que praticamente convidava ao descanso. Como a jovem mulher parecia cansada, Berange sugeriu-lhe que sentasse para descansar. À medida que a tentação ruborizava sua face e a fazia parecer sedutora, o interesse de Berange aumentava. Clarissa encostou a cabeça no tronco da árvore e duas lágrimas correram por suas faces. Levantando os olhos para o seu acompanhante, ela sussurrou com jeito de pombinha:

— Oh! Se o senhor soubesse como sou infeliz!

O Marquês olhava-a comovido. Ele gostava de loiras, mas por um terrível acaso sua esposa era morena. Não se sabe se ele havia notado isso antes ou se simplesmente reservou para si uma desculpa perante Deus para procurar em outro lugar um consolo para o erro do destino, por a esposa não ser de seu agrado.

Ele agarrou as mãos da senhora Bertrand e, apertando-as carinhosamente nos lábios, murmurou:

— Pobre e encantadora mulher! Se a senhora me permitisse consolá-la!

Clarissa bem que gostaria de ter conseguido resistir, mas sua tentativa de libertar as mãos foi tão fraca que Berange, tendo adquirido a arte infernal de aproveitar os vacilos de suas vítimas, tomou-a ousadamente pela cintura. A jovem mulher pôs a cabeça em seu ombro e sussurrou:

— Sim, eu permito!

Clarissa foi feliz nessa frase. Naquele momento ela realmente estava linda e graciosa. Não se sabe o quanto o Marquês estava realmente interessado, mas ele a beijou com paixão esquecendo completamente que precisava encontrar Mushka, pela qual estava loucamente apaixonado.

De repente, ele lembrou-se e isso esfriou consideravelmente o seu ímpeto. O Marquês olhou para o relógio. Faltava vinte minutos para as oito horas. Ele mal conseguiria chegar a tempo na estação.

— Ah, minha senhora! Estou desesperado! Preciso voltar para casa, pois faz duas horas que minha esposa me espera

---

8 "andaluz" - Alusão à mulher de temperamento volúvel, "cigano".

para almoçar. Infelizmente, por mais que eu queira ficar, estou comprometido.

Clarissa olhou-o com embaraço.

— Entendo. A Marquesa não vai gostar. Mas... quando nos veremos novamente?

— Quando a senhora quiser! Depende da senhora indicar a hora e o lugar — respondeu amavelmente Berange, oferecendo-lhe o braço.

Assim que chegaram ao jardim, o Marquês, imediatamente, despediu-se de Clarissa. Em seguida, pegou a primeira carruagem de aluguel que passava e correu para a estação, onde chegou na mesma hora que o trem.

Na estação, ele logo localizou Mushka. Ela vinha em sua direção vestindo um coquete traje de viagem e segurando nas mãos um buquê de rosas. Diante do grande público presente, eles se cumprimentaram com certa cerimônia. Em seguida, Mushka disse com displicência:

— Querido! Cuide, por favor, da minha bagagem.

Enquanto o Marquês dava ao encarregado as ordens necessárias, Mushka saiu para o saguão, conversando com uma jovem mulher que parecia acompanhá-la. Quando Berange aproximou-se delas, Mushka levou-o para um canto e disse, indicando a acompanhante com os olhos:

— Ouça, querido, eu trouxe comigo uma amiga. Depois lhe conto a sua triste história. Agora, ajude-me a instalá-la em algum lugar.

— Com prazer! Apresente-me a ela e depois subam na carruagem. Irei atrás de vocês.

Casimira era uma morena alta, de formas voluptuosas. Apesar de sua "triste história", citada por Lajua d'Arson, ela parecia bastante alegre. Quando chegaram ao hotel, o Marquês alugou um quarto para a amiga de sua amante. Em seguida, levou Mushka ao apartamento preparado para ela.

— Aqui, minha divindade, é o nosso abrigo de paz, onde vou ser feliz e esquecer o tédio da minha vida — disse ele amavelmente. Mushka bateu carinhosamente em sua face.

— Venha, venha me visitar com bastante frequência, querido! Percebi que você emagreceu nesses dias. Percebe-se que o casamento não lhe trouxe felicidade. Parece que a sua linda Marquesa deve ser bem idiota. Essas mocinhas-estudantes são, em geral, muito tediosas; até para falar com elas é preciso tratá-las como se fossem aposentadas. Elas não entendem o amor e a paixão, como nós os entendemos.

J. W. Rochester

De repente, os olhos de Mushka cravaram-se em Berange e neles acendeu-se um brilho malévolo. Seus lábios apertaram-se enquanto a voz soou surda quando ela perguntou:

— De quem são esses cabelos em seu ombro? A cabeça de quem encostou aí?

Com a ponta dos dedos ela pegou e levantou no ar alguns cabelos louros que haviam aderido à roupa dele.

"Diabos! Esqueci de ordenar que me limpassem!", pensou o Marquês. Em seguida, respondeu com grande fleuma e presença de espírito, que nunca o abandonavam em tais situações.

— São cabelos da minha mulher. O que posso fazer? De vez em quando preciso desempenhar o papel de marido carinhoso, senão a esposa poderá me comprometer diante do tio e diante dos meus inúmeros amigos.

A cortesã dirigiu um olhar maldoso e irreverente ao Marquês.

— A sua mulher é loura? Pensei que fosse morena — observou ela.

— Não, ela é loura! Minha querida, você precisa parar com esse seu ciúme e suspeita — disse o Marquês, passando o braço pela delgada cintura de Mushka.

Mas esta se libertou e começou a examinar o apartamento.

— Este lugar está lindo! Na verdade, um pouco apertado, mas não importa. Não sou exigente.

Em seguida, sentou na poltrona, jogou-se no encosto e fechou os olhos, assumindo um ar de sofredora.

— Não se sente bem, querida? Eu pensava em ter um jantar alegre com você e apresentá-la ao meu amigo Carl Bertrand, proprietário desta estância de águas.

— Estou com terrível enxaqueca e, na verdade, temo não estar em condições de passar toda a noite com vocês. Me tiraram do sério antes de viajar para cá — respondeu Mushka.

— Mas, como foi isso?

— Com a conta que a costureira ousou me apresentar. É uma verdadeira assaltante! Você sabe que sou econômica e, por isso, fiquei doente de raiva e de nervosismo. Mas, falei umas boas àquela miserável e vou dispensá-la assim que pagar tudo.

Berange foi tomado por um pressentimento ruim, pois já teve antes oportunidade de conhecer a "economia" de sua querida Mushka. Entretanto, o receio de perder um agradável jantar calou o pressentimento.

— Onde está essa conta que repercutiu tão mal em sua saúde? — perguntou ele.

Um brilho de satisfação acendeu-se nos olhos semicerrados da cortesã. Seu rosto iluminou-se e ela tirou rapidamente da sacola um folha de papel. Em seguida, abraçou o Marquês e, habilmente, enfiou a conta da "assaltante" no bolso de seu paletó.

— Amanhã você paga esta conta, certo, meu querido Berange? Não sei onde fica o correio por aqui. Toma o seu prêmio! — e deu um sonoro beijo no amante. — Já me sinto melhor e vou preparar-me para sair. Vamos! Vou cantar para você uma nova canção. Mas, antes devo lhe contar algo sobre Casimira.

Em seguida, eles foram ao dormitório. Lá, esvaziando os inúmeros baús e caixas de sua bagagem, Mushka contou que a pobre Casimira vivia luxuosamente em Varsóvia, mas o velho banqueiro que a mantinha morrera de um fulminante ataque do coração.

Aquela desgraça acontecera alguns dias antes do velho depositar no banco estatal uma quantia que garantiria o bem-estar de sua amante pelo resto da vida.

— A canalha da esposa dele escondeu a carteira que guardava o dinheiro da minha amiga, e que já estava em seu nome. Vendo-se numa situação sem saída, ela veio a Paris ficar na minha casa. E eu, trouxe-a para cá — prosseguiu Mushka, penteando-se diante do espelho — na esperança que você possa encontrar para ela um outro protetor.

— Será um prazer, se eu puder. Primeiramente, vamos convidá-la para jantar conosco e a apresentaremos a Bertrand. Se ele topar, o caso está resolvido.

Tendo resolvido aquele assunto, Mushka continuou se aprontando, ao mesmo tempo que cantava para o amante a canção prometida, cujos versos picantes ela interpretava num tom particularmente cínico, o que entusiasmava Berange. Ele ficava inebriado com o odor do vício que o cercava, e necessitava dele como uma droga para excitar seus sentidos entorpecidos.

Finalmente, Mushka terminara de se arrumar e eles foram até o quarto de Casimira, que também estava se aprontando para sair. Depois de um pequeno passeio pelo jardim, o Marquês levou as duas para o gabinete, onde foi servido o jantar. Em seguida, ele saiu para comprar buquês de flores e alugar uma carruagem aberta, pois Mushka tinha manifestado o desejo de dar um passeio ao luar.

Durante o passeio, Berange observou com bastante atenção Casimira e convenceu-se que, apesar daquela mulher estar um pouco passada, ainda era bastante atraente e charmosa. Naturalmente, ela estava longe da beleza loura e graça felina de Mushka. Entretanto, mesmo não se comparando a ela, Casimira

J. W. Rochester

era suficientemente bonita para tentar ajeitar-se.

Berange voltava ao gabinete quando, no grande salão, quase deu um encontrão com Bertrand que estava com ar de terrível afobação.

— De onde vem você desse jeito?

— Direto da toca do leão! Acabei de escapar da minha anciã. E você, onde vai com esses buquês de flores? Um, provavelmente, é para Mushka e o outro, para a esposa?

— Não sou imbecil para comprar flores à esposa — respondeu o Marquês, rindo. — Este buquê de rosas e orquídeas é para Casimira, amiga da minha Mushka. Eu a convidei para jantar conosco e para apresentá-la a você. A pobrezinha perdeu o seu protetor. Precisamos encontrar um novo amigo para ela.

— Está tudo muito bem, mas antes é preciso ver se ela vale alguma coisa.

—Então, vamos deixá-la à míngua? — perguntou Berange.

— À míngua, por quê? Ela pode começar a varrer as ruas. Esse é o clássico emprego dessas "damas", quando o seu tempo passa. Não vai me dizer que você pensa que a sua Mushka, quando envelhecer, não vai varrer calçadas e catar tocos de charutos? Ou, talvez, você esteja pensando em deixar-lhe uma pensão?

— Ah-ah-ah! Claro que não. Não gosto de antiguidades. Mas ainda há muito tempo até a apoteose que você profetiza para Mushka. Agora vamos! Venha conhecer Casimira.

Neste ínterim, as damas também conversavam:

— Parabéns, Rebecca! O seu Marquês é realmente bonito. E quanto ao dinheiro, ele também é bonito? — perguntou Casimira.

— Bem razoável. Só é preciso escolher o momento certo para obrigá-lo a abrir a carteira — respondeu Rebecca-Mushka, rindo.

— E quanto ao caráter?

— Teimoso, vaidoso e convencido. Resumindo: um verdadeiro aristocrata. Além disso, ciumento como Otelo.

— Onde você o fisgou? — perguntou Casimira, invejando a sorte da amiga.

— Encontrei-o na casa de um amigo que me cortejava. Ele me agradou. Como na época eu ainda não tinha arranjado nada firme, então agarrei-o, apesar de não ter sido fácil arrancá-lo de uma holandesa gorda e loira. Se você, Khaika, fosse loura, eu nunca a traria para cá, pois ele adora louras. Imagine que hoje encontrei cabelos louros em seu paletó. Ele jura que são cabelos de sua esposa, mas está mentindo descaradamente, pois sei que ela é morena. Eu a vi. Mas, que animal! Não passaram nem dois dias e já me arrumou um par de chifres. Mas, não perde por esperar! Ainda o pego em flagrante!

— Para quê? Por que não se vinga dele? — perguntou Casimira num tom debochado. — Falando nisso, você acabou tudo com o Narciso sobre quem tanto me escreveu? Aliás, isso é compreensível; o pobre ginasta não pode competir com um Marquês puro-sangue.

Os olhos de Mushka flamejaram.

— Esquecer Narciso, que é jovem e lindo como Apolo? Nunca! Ele, infelizmente, não tem onde cair morto. Preciso economizar bastante do dinheiro que Berange me dá para que seja suficiente para nós dois. Se o pobrezinho não conseguir arrumar um emprego por aqui, então, não o verei até o inverno — concluiu Mushka com um profundo suspiro.

— Será que consigo me arrumar por aqui? Estou cansada dessa vida "ao Deus dará" — disse Casimira, que pareceu envelhecer de repente, sob a influência das preocupações.

— Não percamos as esperanças! Mas, atenção, aí vem o Marquês e Bertrand.

Após as apresentações, todos sentaram-se à mesa. As "damas" aproveitaram bem o jantar, principalmente Casimira. Sem a certeza se, no dia seguinte, teria um farto jantar como aquele, ela comia bastante e esvaziava taças e mais taças de vinho. Depois, aquecida pela bebida, ela passou a cantar e declamar cançonetas e diálogos tão picantes e originais, que os homens ficaram deslumbrados. Por fim, Casimira e Mushka dançaram uma louca sarabanda, que definitivamente extasiou os cavalheiros. Bertrand, vermelho de tanto vinho e com os olhos brilhantes, declarou que não ia deixar escapar uma mulher dotada de tanto talento e que iria contratá-la imediatamente para o "Eldorado", onde ela logo encontraria a sua felicidade.

Mais tarde, eles realizaram o passeio noturno em completa alegria e concordância. Ao voltar, Mushka e o Marquês retiraram-se para os seus aposentos, deixando Bertrand completamente livre para expressar seus sentimentos a Casimira e completar sua conquista.

Naquela hora, Alice encontrava-se num estado de nervos, como se estivesse vivendo um pesadelo. Semelhante sensação só suportaria uma pessoa arrancada, repentinamente, de uma vida regrada e saudável e jogada numa sufocante atmosfera de vício, mentiras e absoluta solidão. As horas transcorriam com lentidão para ela e o Marquês não retornava. Uma preocupação febril, mesclada com medo, começou a dominar a moça. Sua cabeça ardia, as mãos esfriavam e um tremor nervoso agitava todo o seu corpo. Esquecendo todos os erros de Berange, ela passou a

J. W. Rochester

imaginar que acontecera alguma desgraça com ele. De que outra forma poderia ele passar a noite toda fora de casa? Quando o relógio bateu quatro horas da manhã, Alice saiu para o terraço. O silêncio mortal da casa adormecida era-lhe insuportável.

Pálida e desolada, encostou-se no balaústre. O ar fresco e o orvalho matinal traspassavam o seu leve "pegnoir", mas Alice, em sua preocupação, nem notava aquilo. Sua audição estava extremamente aguçada e ela apurava ansiosamente o ouvido para distinguir de longe o ruído das rodas da carruagem. Mas, nada! Por fim, começou o nascer do sol enchendo o horizonte das cores dourada e púrpura, e o Marquês ainda não tinha voltado.

Agora, a moça já não tinha dúvidas: devia ter acontecido alguma desgraça, pois Berange não cometeria a indecência de comprometer sua imagem diante dos criados. Alice apertou a mão gelada em sua testa febril. Eram quase cinco da manhã. Deus! Quando ia terminar aquela dúvida atroz? Mas, então, junto aos portões do jardim encostou uma carruagem e abriu-se a portinhola. Em seguida, ouviram-se pesados passos e na alameda, apareceu o Marquês com o chapéu jogado quase na nuca e um charuto nos dentes. Ele, aparentemente, estava inteiro e saudável exceto pela terrível palidez.

— Onde esteve, Berange? O que aconteceu com você?

O Marquês estancou, como se o tivessem pregado no lugar e seu olhar desnorteado dirigiu-se para a moça que estava tão pálida quanto o "pegnoir" que trajava e cujos grandes e úmidos olhos olhavam-no com recriminação. Pura e virginal, ela em nada se assemelhava à bacante que ele acabara de deixar. O contraste era tanto que espantou Berange e um sentimento estranho para ele mexeu-se em seu peito.

— Alice, louca criança! Você ainda não está dormindo? — exclamou ele, puxando para si a moça e beijando-a. — Mas a sua roupa está completamente molhada! Vai se resfriar!

— Você está muito pálido, Berange! Está doente?

O rosto do Marquês ficou sombrio por instantes. Que mentira devia contar para explicar decentemente a sua ausência? Naturalmente, ele não poderia dizer que a causa de sua palidez tinha sido a orgia noturna. Até sentia uma vaga dor na consciência por profanar aquela inocente criatura encostando-se nela com os mesmos lábios nos quais ainda ardiam os beijos da cortesã. Mas, antes que tivesse tempo de pensar em algo, os braços de Alice, que estavam em volta de seu pescoço baixaram-se e seu rosto cobriu-se de forte rubor. Ela recuou e seus olhos arregalados pareceram cravar-se na meia de seda azul, que ele usava em vez da gravata do dia anterior. Ela não precisava mais de explicações; a meia amarrada no pescoço sob a influência do vinho consumido, falava por si. Voltando-se, rapidamente, Alice fugiu para o interior do jardim.

Ao ver a expressão de infinito desprezo no rosto da esposa, um fraco rubor surgiu no pálido e cansado rosto do Marquês e ele, involuntariamente, passou a mão pelo pescoço.

— Mas, que besteira! Aquela imbecil jogou suas meias na mesa onde estava a gravata! — o Marquês coçou atrás da orelha. — Eu deveria ir atrás de Alice e acalmá-la, pois ela é capaz de transformar uma mosca num elefante. Mas, estou tão cansado, que mal me aguento de pé. É melhor descansar primeiro e depois arranjar tudo.

Com aquelas palavras, ele dirigiu-se ao dormitório. Guardando a meia de Mushka no bolso, o Marquês deitou-se na cama e adormeceu quase imediatamente.

Como se perseguida por fúrias, Alice passou pelo jardim e, automaticamente, dirigiu-se para a trilha, que levava às ruínas. Uma tempestade terrível, que ela jamais sentira antes, desencadeava-se em seu espírito. Ela tremia toda de repulsa. Se pudesse agir sob a influência daquele momento, ela fugiria dali, voltaria a Paris para o seu tutor e lhe contaria sobre as ofensas sem precedentes, que caíram sobre ela desde o momento fatídico em que se uniu para sempre àquele hipócrita e desavergonhado farrista. Fervendo de raiva, com a garganta apertada e olhar flamejante, a moça subia quase correndo a elevação íngreme, sem notar que os bordados de seu "pegnoir" rasgavam-se nas raízes e arbustos e que seus pequenos pés, calçando sapatilhas de cetim, afundavam no musgo úmido. Só tinha um pensamento: ficar sozinha e longe daquele homem desonrado que odiava; ficar longe da casa, onde ela era demais e onde tudo lhe era odioso.

Alcançando as ruínas, Alice parou de cansaço. Suas pernas tremiam. Respirando pesadamente, ela sentou-se na pedra e desandou a chorar. Uma torrente de lágrimas quentes molhou o seu rosto e abrandou o seu sofrimento.

Alice chorou por muito tempo. À medida que diminuía a sua excitação, a energia de sua natureza tranquila reassumiu o domínio de sua mente. Ela desistiu de vez dos planos de fuga e da decisão de ir queixar-se ao Barão. Por que queixar-se? Se assim fizesse pareceria que desejava pela força da lei retomar para si o amor e a fidelidade daquele homem indigno. Não! Ela nada queria dele. Mas, iria escrever a Marion e pedir-lhe um conselho. Em seguida, lembrando com amargura a vida destruída, ela chorou novamente.

De repente, Alice levantou-se de supetão e, empalidecendo, aguçou o ouvido. Ela não se enganara; realmente, em algum

J. W. Rochester

lugar por perto, ouvia-se uma pesada e intermitente respiração. Parecia alguém dormindo. Com grande precaução Alice começou a procurar o adormecido. Quem seria? Se fosse algum vagabundo, então, precisaria sair dali rapidamente. Ela deu alguns passos e, para sua extrema surpresa, viu Renoir sentado numa cavidade da parede. Seu rosto estava pálido como cera. Os braços estendidos para a frente pareciam enrijecidos, enquanto os olhos bem abertos e vitrificados pareciam estar vendo uma longínqua visão.

A jovem assustada olhou-o, indecisa. Provavelmente, o coitado devia estar doente; mas como ajudá-lo? Naquele instante, Renoir endireitou-se. A cor retornou imediatamente ao seu rosto e nos grandes e escuros olhos acendeu-se uma estranha chama.

— Lágrimas e mais lágrimas! Não foram poucas que essas paredes presenciaram. Tudo isso porque o senhor Berange voltou da orgia ao amanhecer! — disse ele com zombaria e compaixão.

— Como o senhor sabe o motivo de minhas lágrimas? — exclamou Alice, vermelha de vergonha.

O rapaz fez uma reverência e dirigiu-lhe um olhar fulminante, fazendo-a estremecer.

— Porque eu o conheço! A senhora está cega; mas eu sei que ele continua o mesmo de antes, e que sempre irá preferir a cobra venenosa que transpira o vício.

— Mas, como? O senhor conhece a mulher com quem Berange me trai? — murmurou Alice, confusa.

O rosto de Renoir retorceu-se numa expressão de ódio infernal.

— Sim, eu a conheço! E a senhora? Ainda não a reconheceu?

— Eu nunca a vi — respondeu Alice, ficando cada vez mais assustada e, involuntariamente, recuando.

Mas, Renoir agarrou a sua mão e, apertando-a fortemente, pronunciou com voz rouca e intermitente:

— É a cigana! Ela não sabe, mas estou de tocaia aguardando-a aqui e não descansarei enquanto seu corpo ensanguentado não for jogado naquele abismo.

Fervendo de ira e ódio, com os olhos injetados de sangue, o rapaz estava realmente assustador. Alice soltou um grito surdo e tentou libertar sua mão. Aquele movimento fez desaparecer, imediatamente, a excitação de Renoir.

— Não tema, Marquesa, não lhe farei mal. Eu lhe disse a verdade: eu os reconheci. Mas, não pense que sou louco — disse ele, passando a mão na testa, num gesto cansado. Em seguida, voltou-se rapidamente e desapareceu nas ruínas.

— Esse infeliz enlouqueceu. Mas que estranho ele adivinhar o motivo da minha desgraça — sussurrou a moça, voltando calmamente para casa.

Somente então, Alice começou a sentir um terrível cansaço, devido às longas horas de tensão psíquica. Alice decidiu passar direto para o seu "budoir" e dormir um pouco no sofá. Ela ainda não podia ver Berange, que, certamente, estava dormindo na cama do dormitório.

Para passar pelo pequeno balcão anexo ao "budoir", Alice precisava atravessar as dependências da criadagem onde vivia sua camareira. De repente ela parou, espantada pelas vozes de Antonieta e do cavalariço Jack, seu namorado.

— Já que você, Antonieta, está sempre severa comigo e trata o meu amor com tanta impiedade, estou indo embora e vou morar na cidade. O senhor Marquês alugou um quarto com uma ante-sala para mim e para suas coisas.

— Será que ele pensa em separar-se?

— Oh, não! Para quê? A Marquesa não o constrange nem um pouco — respondeu o cavalariço. — O caso é o seguinte. Ontem chegou Mushka. Como o Marquês não deseja ofendê-la com sua falta de atenção, então, ele achou que seria mais confortável ter perto dela um apartamento, onde ele guardaria parte do seu guarda-roupa. Em Paris, ele tinha até dois desses abrigos, onde recebia "damas" que não deviam encontrar-se.

— Mas, naquela época ele não era casado!

— Para a alta sociedade, Antonieta, o casamento nada mais é do que pura formalidade. Nós o encaramos como coisa séria, mas para os senhores é somente o amor! O senhor Marquês adora a Mushka. Você precisava ver como ele festejou a chegada dela. Um jantar refinado, passeio de carruagem aberta... Ele comprou dois enormes buquês de flores; um para Mushka e o outro para sua amiga que só Deus sabe para quê ela trouxe consigo. Mas, vamos falar do nosso caso. Hoje preciso levar o fraque, dois "smoking", dois ternos de verão, roupa de baixo, o uniforme de ciclista e vou mudar para o hotel, onde vou servir, inclusive, à Mushka.

Alice, enojada, deu a volta e dirigiu-se à entrada principal. O que ouvira já era o suficiente. Que mundo novo e detestável abriu-se diante de seus olhos. Ele, um Marquês, entregava-se nas mãos de criados, graças às próprias intrigas, mentiras sem fim, traições e amores secretos. Sim, ela era absolutamente desnecessária na vida dele. Em sua inocência, ela não conseguia entender o encanto daquele tipo de existência. E era obrigada a amar e respeitar aquele infiel marido, como o chefe da família. Um sorriso amargo e irreverente correu pelos lábios de Alice. Entretanto, a forte emoção, que já tinha suportado, enfraqueceu

J. W. Rochester

o efeito das revelações do cavalariço. Nada mais podia surpreendê-la.

A moça deitou-se, mas não conseguia dormir. Tristes pensamentos a perturbavam. Para livrar-se deles, Alice saiu no terraço, querendo se distrair com a leitura, mas ao ver a governanta que comandava a preparação da mesa para o desjejum, teve uma ideia.

— Querida Suzanna! Deixe essa mesa e dispense o Batista. Ainda não tenho fome. Diga para ele voltar daqui a meia hora; quero perguntar algo a você.

A governanta obedeceu. Parou respeitosamente diante de sua senhora, condoída por dentro com a aparência do rosto pálido e olhos vermelhos dela — sinais claros de lágrimas e noite passada em claro.

— A senhora vive aqui há muito tempo? — perguntou Alice, depois de um instante de silêncio.

— Sim, já faz uns doze anos. Antes eu servia ao Barão Forestier. Quando o Barão Bordele comprou a propriedade, continuei no meu lugar.

— Nesse caso, a senhora deve conhecer bem todos os vizinhos. Diga-me, quem é esse tal de senhor Renoir que encontrei várias vezes nas ruínas do castelo e do mosteiro? Aparentemente, é um rapaz decente. Mas, estaria ele bom da cabeça? Às vezes, diz coisas muito estranhas!

— Ah! O senhor Renoir, o "cavaleiro andante", como o apelidaram por aqui. Sim, o pobre rapaz é meio desequilibrado. Devo confessar que a sua loucura é bastante estranha. Ele diz ser um "cavaleiro andante" que foi morto aqui.

— Por uma cigana?

— Exatamente, Marquesa, pela cigana e um dos senhores Bordele. Ele deseja de qualquer forma, encontrar a ambos e jogá-los no abismo. Mas, exceto essa estranha ideia, ele é inteiramente racional. Dois anos atrás ele chegou aqui em convalescença após uma grave enfermidade ou uma desgraça familiar, não sei ao certo. Na época, acabavam de inaugurar as águas minerais e ele foi o seu primeiro cliente. Certo dia, ele fez uma visita às ruínas. Não se sabe se, naquele lugar, ele teve alguma comoção ou algo semelhante mas, desde então, ficou um pouco anormal. Como o senhor Renoir é uma pessoa muito rica, ele comprou aqui uma propriedade, reformou luxuosamente a casa e vive gastando à larga. Sei de tudo isso pelo seu mordomo, que é meu compadre.

— Ótimo! Mas, o que mais ele contou? Isso tudo é muito interessante, Suzanna!

— Deus do Céu! Ele conta muitas bobagens, Marquesa. Por exemplo, ele afirma que foi sepultado aqui no mosteiro, junto com uma das proprietárias do castelo, de cuja morte ele foi a causa involuntária. Depois, fala de um alquimista e um senhor malvado, que praticava feitiçaria na Torre do Diabo. Mas, os ataques dele são esporádicos. Depois, fica por duas-três semanas absolutamente normal; lê, trabalha e ocupa-se de seus afazeres. Ele próprio não frequenta lugar algum e quase nunca recebe ninguém. Quando fica tomado novamente, dorme de dia e vaga pelas ruínas à noite; às vezes, cantando e acompanhando-se com um antigo instrumento, um alaúde. Como ele é pacífico, tranquilo e não incomoda ninguém, deixam-no fazer o que bem entender.

— Isso tudo é bastante curioso! Mas, diga-me Suzanna, essas histórias de assombrações, de que me contou o Marquês, têm algum fundamento?

— É difícil dizer, Marquesa! Eu mesma nunca vi nem ouvi nada, mas muitas pessoas respeitáveis e dignas de confiança me contaram que viram nas ruínas um homem vestido de negro, com um rosto diabólico e que desaparecia quando eles faziam o "sinal da cruz". Outros contavam que viram uma mulher de branco que aparecia à noite no pequeno balcão sobre o abismo ou na janela do grande salão, ainda bem conservado que chamam de "dos cavaleiros andantes". Além disso, muitas pessoas já ouviram à noite gritos terríveis na Torre do Diabo e viram sombras ensanguentadas de mulheres e crianças, que apareciam e desapareciam na torre. Finalizando, Gaspar, um velho jornalista, afirma que seu avô viu o horrível senhor de Bordele, que foi um terrível feiticeiro e cuja alma vigia grandes tesouros enterrados nos porões do castelo. Dizem, que a cada cem anos ele mostra a alguém os seus tesouros e mata aquele que tentar roubá-lo.

— Obrigada, Suzanna, pelas informações, principalmente sobre o Renoir. Ele me assusta com as suas estranhas maneiras. Agora, ordene que me sirvam o desjejum. Depois vou deitar e descansar um pouco, pois dormi mal essa noite.

Passaram-se doze dias sem novidades.

Entre o Marquês e sua esposa não houvera quaisquer explicações sobre a meia de seda azul. Alice rechaçava com fria indiferença qualquer tentativa do marido de mentir ou ser amável. Falava com o Marquês somente quando ele lhe perguntava algo; ela própria nunca perguntava onde ele ia e não mais ficava esperando ele voltar. Só Deus sabe quanto custava a ela aquela atitude, que considerava necessária para a preservação da própria dignidade.

Quanto a Berange, estava adorando a liberdade total que lhe

fora dada. Na verdade, no início ele ficava muito ofendido com a indiferença da esposa. Aquele sentimento surgia a cada vez que suas tentativas de ser amável não só não obtinham nenhuma reação de Alice como parecia que nem eram notadas. O Marquês esperava enfrentar cenas de luta pela sua liberdade ou, então, uma credulidade imbecil por parte da esposa, que ficaria satis-feita com um carinho oficial ou algo semelhante ao amor, que ele jogaria para ela como esmola. Mas, ante o orgulhoso silêncio e o frio olhar da jovem, ele sentia-se embaraçado, apesar de sua consciência estar tão surda, que nem lhe sussurrava ideias de reconciliação. Pelo contrário, o Marquês achava que tudo se arranjara da melhor forma e continuava a se relacionar com Alice, com carinho fingido, enquanto dedicava dias e noites a Mushka.

A cidade era uma eterna festa. Casimira conquistou defini-tivamente Bertrand, a ponto de ele viajar a Paris para encomen-dar vestidos para ela. Sua estréia no "Eldorado" fora brilhante. Enquanto isso, Berange debatia-se como um peixe entre os seus casos amorosos com Mushka e com a senhora Bertrand. Ambas eram terrivelmente ciumentas, desconfiadas e sentimentais. A arte com que ele enganava a ambas divertia-o demais, deixan-do-o admirado com o próprio desempenho.

A fiel bicicleta levava o Marquês de um encontro a outro, livrando-o dos perigosos comparsas e deixando atrás de si o mesmo rastro que uma ave deixa no ar. Só uma coisa deixava-o muito irritado: a perda de tempo precioso pela necessidade de passar a noite na vila e almoçar em casa pelo menos três vezes por semana. Ele fazia essa concessão por decência, abominando-a em segredo. O que também o irritava era uma enorme volta, que era obrigado a dar em suas idas à cidade, pois a estrada que levava a Bordele, cercada de lindos carvalhos seculares, era interrompida por um parque fechado da propriedade vizinha, só podendo ser utilizada por moradores da casa de Renoir, dono da propriedade.

Como o calor aumentava a cada dia, tornando cada vez mais cansativa a viagem de bicicleta sob o sol, Berange decidiu fazer uma visita ao vizinho e pedir-lhe autorização para atravessar o parque. Então, foi à pequena e bonita vila de Renoir. O jovem senhor recebeu-o no amplo terraço transformado numa sala de visitas. As espessas cortinas e a farta vegetação criavam uma meia-luz no ambiente. Berange expressou o seu pedido, sem conseguir livrar-se de uma sensação desagradável, sentindo sobre si o olhar fixo e flamejante do seu interlocutor. No geral, o anfitrião causou-lhe uma péssima impressão, apesar de seus modos finos demonstrarem ser ele da alta sociedade. Renoir aceitou o pedido do Marquês com extrema amabilidade. Ele até deu-lhe uma chave do portão do parque, o que permitia ao Marquês usar o parque quando bem lhe aprouvesse.

Berange agradeceu calorosamente a Renoir e expressou sua alegria por ter um vizinho tão amável, dizendo que tinha ficado muito feliz em conhecê-lo.

Um estranho sorriso, um misto de amargura e zomba, passou pelos lábios de Renoir, enquanto o seu olhar sombrio e flamejante vagava pela figura do Marquês.

— O senhor sabe que todos me consideram louco?

— Não me diga! Quem soltou tal calúnia sobre o senhor? — exclamou Berange com surpresa.

— É que eu me relaciono com assombrações — disse maliciosamente Renoir.

— Que diabos! Então, o senhor frequenta a mais inofensiva e, ao mesmo tempo, a mais interessante sociedade. Eu ficaria feliz de ver pelo menos uma assombração.

O rosto pálido de Renoir assumiu uma expressão séria.

— Todos somos provenientes de um outro mundo, mas não lembramos o nosso passado — disse ele num tom solene. Berange, bateu com a mão na própria testa:

— Agora, entendo! O senhor é espírita, seguidor de Kardec e acredita nas reencarnações. Por isso, as pessoas acham-no um pouco... anormal.

— Oh, nada disso! Simplesmente louco.

— É sempre arriscado criticar aquilo que não se entende. Um amigo contou-me muitas coisas sobre espiritismo e seu pregador, Allan Kardec. Esse assunto interessou-me muito, contudo, não tive oportunidade de pesquisá-lo — observou Berange. — Mas, espero que o senhor nos dê o prazer de sua visita e, então, poderemos conversar sobre essa questão, que sempre me atraiu por seu mistério.

Renoir fez uma respeitosa reverência. Em seguida, após um curto diálogo, o Marquês retirou-se.

Voltando para casa, Berange, durante o almoço, contou a Alice sobre a visita. E acrescentou, rindo:

— As pessoas não estão completamente erradas achando que o bondoso Renoir é louco, pois a sua ideia de que todos somos provenientes do outro mundo é bastante original.

Quando a moça contou-lhe sobre seus encontros com o estranho vizinho, Berange acrescentou:

— Ele é uma pessoa que sofre dos nervos e tem alucinações, mas parece absolutamente inofensivo. Se vier nos visitar, converse você com ele sobre as visões, pois eu posso não ter suficiente autodomínio e começar a rir.

J. W. Rochester

Ansiando por estrear o novo caminho, o Marquês saiu logo após o almoço, deixando a esposa na solidão, que ficava, a cada dia, mais insuportável devido ao sentimento de abandono e de orgulho ferido. Alice escreveu a Marion uma carta desesperada. Nela descrevia o comportamento imperdoável do Marquês, o tédio e a terrível solidão em que vivia:

"Nesse momento, imploro-lhe não contar nada ao meu tutor. Deus me livre queixar-me a alguém! Chegará o momento certo, em que passarei a agir e vou separar-me desse desonrado far-rista, que se casou comigo somente para me ofender e me trair, enquanto guarda o carinho e a atenção para a detestável cria-tura, sua amante. Ele a trouxe aqui e vai visitá-la com inaudito despudor."

Em seguida, após contar o caso da gravata, acrescentou:
"Venha logo, Marion! Se soubesse como anseio falar com você e ouvir os seus conselhos. Você tem experiência, está casa-da há quatro anos e deve ter visto e suportado muitas coisas. Mas, para mim, essas três semanas de vida conjugal parecem um eterno inferno. Às vezes, sinto vontade de me matar, pois a perspectiva de passar toda a vida com esse monstro está muito além das minhas forças."

Realmente, havia dias em que a jovem pensava que ia enlouquecer. Passava horas inteiras nas ruínas, chorando ou sonhando, mas não encontrou mais Renoir. O rapaz parecia evi-tá-la.
A resposta de Marion não se fez esperar.

"Minha pobre queridinha!", escrevia a senhora Laverdi. "A sua carta me desgostou profundamente. Ela prova que tudo está muito pior do que eu supunha. Só não entendo uma coisa: com que objetivo o Marquês, que sempre cuidou de manter a decência, abandonou tudo isso e aparece abertamente com a sua amante?
Será necessário averiguar isso. Eu poderia, nesse mesmo instante, obter do Roger informações sobre o senhor de Bordele e sua amante, mas não confio muito nele. Os homens são sempre solidários nesse assunto e não entregam os amigos, se o negócio não se referir à partilha. Eu mesma vou verificar o que acontece quando chegar aí de repente. Infelizmente, isso só acontecerá daqui a um mês ou seis semanas. Se pudesse, chegaria amanhã,

mas as circunstâncias me prendem aqui.

Então, seja paciente, querida Alice e, o principal, esqueça esse negócio de suicídio. Isso é pura bobagem. Nenhum homem vale que nos enforquemos por ele. Você vê as coisas de uma maneira muito trágica. Essa é a sina das mulheres: partilhar o que lhes é caro com qualquer malfeitora. Mas, digo-lhe, por experiência própria que tudo se arranja. Quando a solidão cansar, então, geralmente arranja-se um amigo. Uma mulher jovem, bonita e abandonada nunca terá dificuldade em arranjar alguém que a console. Aí, então, começará uma vida interessante e cheia de emoções, pequenas intrigas, encontros secretos, respeito mútuo e, finalmente, amor. Pois, nós também somos de carne e osso e ansiamos pela felicidade, enquanto que nossos maridos imaginam que são os únicos a aproveitar o monopólio da traição e ainda ficam ofendidos quando lhes colocamos chifres.

Guarde cuidadosamente todas as provas da infidelidade do Marquês. Essas coisas podem lhe ser muito úteis no futuro, quando Berange ousar ficar ofendido por você gostar do Gunter. Vou levá-lo comigo. Dele só posso dizer uma coisa: é o amante ideal! Bonito, discreto e sério.

P.S. Esqueci de lhe dizer mais uma coisa. Por um divertido acaso, a minha camareira tem um irmão que trabalha no hotel, em Bordele. Você pode imaginar como isso vai ser útil para obtermos informações exatas, sem que o Marquês saiba da fonte. Então, tenha coragem e paciência!"

Alice não disse nada sobre a carta ao marido. Entretanto, as palavras de consolo de Marion não foram totalmente em vão. Se antes ela repelia com asco qualquer pensamento sobre a amante, ficara agora bastante interessada no que viria a saber. Apesar do próprio orgulho, ela, às vezes, era tomada por um desejo doentio de saber com quem e como estava sendo traída. Mas, externamente, mais do que nunca fechara-se numa fria continência, recebendo com silêncio e indiferença a amabilidade banal do Marquês. Este, em sua autoconfiança, imaginava que a jovem esposa já acostumara-se àquele modo de vida e estava satisfeita com a migalha de amor, que ele lhe presenteava, quando a amante permitia.

Mas se o Marquês estava satisfeito e, aos seus olhos, Alice também; já Mushka, sob a influência do rude ciúme de mulher coquete, não estava nada satisfeita e arquitetava novos planos. Ela odiava a moça que, apesar de solitária, usava o título de

Marquesa de Bordele. A posição social que dava a Alice direitos incontestáveis provocava ira e ódio na cortesã. Parecia-lhe que roubavam dela as raras horas que Berange passava na vila e ela, então, decidira sequestrar o Marquês. Sua esposa devia ficar absolutamente só. "Ela que se divirta com as assombrações e as visitas às ruínas! Isso é suficiente para ela".

Com essa intenção, passou a jogar indiretas de como seria divertido e agradável fazer uma viagem à Bretanha. Poderiam ficar por lá uns oito dias, tomar banho de mar e depois voltar. Bertrand, sob a influência de Casimira, apoiou a ideia. Realmente, o que são uns dez ou quinze dias e o motivo da ausência dava para inventar depois. Em compensação, seria muito agradável viver em liberdade, enquanto por ali era preciso tomar cuidado a cada passo.

Para manter a atmosfera vulcânica, que Berange tanto gostava e na qual se sentia tão bem, Mushka apelava para inauditos carinhos, nos quais demonstrava terrível avidez. Aproveitando o êxtase do seu amante, ela conseguia catar dinheiro aos maços do total de setenta e cinco mil francos que o Barão dera ao sobrinho para liquidar a sua vida de solteiro.

Apesar disso tudo, um resto de decência poderia ter impedido Berange de concordar com a ideia da amante, se ele não estivesse terrivelmente cansado da ligação com a senhora Bertrand. Clarissa nunca lhe agradara realmente. Um capricho de momento e o costume de conquistar todas as mulheres incitaram o Marquês a seduzir aquela pobre criatura, que agora agarrava-se firmemente a ele, ousava ter ciúmes e cansava-o com suas cenas e pretensões.

Após uma daquelas cenas, Berange decidiu-se pela viagem. A companhia de Bertrand e Casimira garantiam-lhe que Clarissa ficaria em casa. Quando voltasse, aquela intriga amorosa seria coisa do passado e ele, naturalmente, faria de tudo para não reiniciá-la. Decidida a viagem, o motivo não seria difícil de achar. Então, graças ao favor de um amigo, chegaram dois telegramas. Um, de Paris, em nome de Bertrand, convocando-o para um negócio inadiável; outro, para a vila, pedindo para Berange viajar urgentemente a Ruão, a fim de ver um amigo à beira da morte.

O Marquês mostrou o telegrama à esposa e explicou que aquele amigo devia-lhe uma soma considerável que emprestara-lhe sem qualquer recibo, somente na palavra. Agora que ele estava muito mal, provavelmente chamava o Marquês para pagar-lhe a dívida, temendo que seus herdeiros pudessem atrapalhar o negócio.

— Mesmo não querendo deixá-la só, minha querida, devo

partir hoje mesmo no trem noturno. Mas, não fique triste, volto em oito ou dez dias. Só preciso ir lá, receber o dinheiro e voltar.

Alice baixou a cabeça em silêncio e seu coração apertou-se dolorosamente. Entretanto, num tom tranquilo, ordenou que arrumassem as malas do marido.

A despedida com Berange abalou novamente o inocente coração da jovem. A atenção do marido, o carinho e as lágrimas brilhando nos olhos dele, quase a convenceram que somente a necessidade obrigava-o àquela viagem. Ela nem suspeitava que as lágrimas eram fingidas e eram para enganá-la e obrigá-la a suportar, pacientemente, a solidão, enquanto o seu marido, com o coração leve, sem o mínimo remorso e cheio de desejos de prazer carnal, ia viajar com uma decaída. Aquela depravada decidira que a ausência do Marquês deveria ser prolongada para fazer sofrer a jovem mulher que roubara dela o título de Marquesa.

Ao ficar só, Alice foi tomada de terrível tristeza. Por horas inteiras vagou pelo jardim e pelas ruínas. Mal tocava na comida e às noites chorava amargamente. Por vezes, sentia-se mal naquela enorme e vazia casa, ainda mais quando sua cabeça estava cheia de histórias de assombrações, e a maligna Torre do Diabo encontrava-se tão próxima de casa. Quando o dia amanhecia, ela se surpreendia com a própria ignorância e, propositadamente, saía andando pelas ruínas. Mas os nervos estavam completamente desarranjados e seu estado doentio agravava-se a cada dia.

Quatro dias após a viagem de Berange, começaram as chuvas e Alice foi obrigada a permanecer em casa. Certo dia, quando ela olhava, através das lágrimas, os campos imersos na úmida neblina, o criado veio entregar-lhe o cartão de visitas de Renoir. A chegada do estranho vizinho naquele momento agradou a jovem mulher. Uma conversa com uma pessoa estranha poderia distraí-la dos sombrios pensamentos.

Alice recebeu o visitante na pequena sala de visitas. Inicialmente conversaram sobre diversos assuntos, mas o olhar fulminante e perscrutador de Renoir reparava nos olhos vermelhos e cansados da moça.

— Marquesa! — disse Renoir, após um momento de silêncio.

— Noto a sua tristeza. Desculpe a indiscrição, mas preciso perguntar-lhe: chora, por quê? Pela ausência do corpo cuja alma já se foi há muito tempo? A senhora se desespera somente porque está cega. Se me ouvisse, enxergaria tudo sob uma nova ótica e talvez encontrasse nisso um consolo.

J. W. Rochester

— Pode falar, senhor! Ilumine-me com essa nova luz e ser-
-lhe-ei muito grata — respondeu Alice, ruborizando fortemente
pela insinuação sobre a desgraça que lhe provocava a ausência do
marido. Renoir inclinou-se levemente para a frente.

— A senhora, sem dúvida, já leu na Bíblia a lenda da escada
de Jacó, mas não entendeu essa visão alegórica que nos revela
uma verdade já esquecida nos dias atuais, mas bem conhecida
na antiguidade. Essa verdade diz que vivemos aqui na Terra
mais de uma vez. Os mesmos seres encontram-se, novamente,
tendo outra aparência e não reconhecem-se um ao outro, graças
ao esquecimento do passado e à cegueira da carne. Mas, por que
a Sabedoria Divina apaga da memória de seus filhos esse fato?
Procurei, sem resultado, a chave para esse segredo. Sem o esquecimento fatídico, nós, naturalmente, seríamos mais cuidadosos ao
encontrar o inimigo e mais confiantes e carinhosos ao reencontrar
um amigo. Oh! Se a senhora se lembrasse do passado, não choraria hoje a ausência do Marquês! Também não iria com ele ao
altar para passar, novamente, pelo mesmo amargo caminho de
vida, que um dia já passou, dentro daquelas mesmas paredes em
ruínas que a senhora vê daqui! Aguardaria o navio que traria de
longe a pessoa que a senhora realmente ama e que lhe faria feliz!

À medida que Renoir falava, uma terrível palidez espalhava-
-se pelo seu rosto. Os grandes e imóveis olhos pareciam penetrar
num mundo desconhecido. Um tremor de medo sobrenatural
passou pelo corpo de Alice, quando Renoir, de repente, soltou
um agudo e sardônico riso.

— Ah! Ele deve pagar, consertar o mal que causou à senhora! Como se alguma vez o mal pudesse ser retificado e a vítima
fosse recompensada pelo seu algoz! Oh! Que justiça imperfeita!
Qual é a lógica infernal que sempre escolhe a mesma vítima
para servir de teste ao carrasco, a fim de verificar se ele próprio
mudou ou não?

Renoir calou-se por instantes.

— Não sou louco, Marquesa, mas tento resolver o problema
da Justiça. Teria ela algum formato? Teria a força do coração?
Que tipo de lei a controla? Provavelmente, na sua balança o mal
sempre vence o bem. Ela sempre condena e nunca perdoa. Não
é à toa que chamam-na de cega, pois ela ajuda os malfeitores
e dá as costas a quem exige compensações pelos sacrifícios,
sofrimentos e injustiças que suportou em vão. Sim, ela é cega e
cruel, deixando uns deliciarem-se eternamente e outros sofrendo
sem fim!

Alice baixou a cabeça para ocultar as lágrimas que surgiram em seus olhos. Tudo que Renoir falava encontrava um eco
doentio em sua alma dolorida. Por que ela devia sofrer? Ela,

que jamais fizera mal a ninguém? Por que ela não merecia ser amada? Enquanto isso, a viciada e depravada mulher deliciava-se com todos os prazeres da vida. Sem dúvida, Renoir também devia ter sido bem infeliz, já que reclamava tanto da Justiça Divina. Com esse pensamento, escapou-lhe quase involuntariamente a pergunta:

— O senhor sofreu bastante antes de chegar a essa triste conclusão?

O som daquela voz delicada, na qual soavam simpatia e solidariedade, fez o rapaz abandonar rapidamente os pensamentos que o absorviam. Por instantes, seu olhar encontrou os claros e puros olhos que o fitavam.

— A senhora adivinhou! Sofri muito antes de passar a "enxergar". O ser humano é assim mesmo: somente após suportar injustiças, começa a conhecer realmente as outras pessoas. Aí se convence que existe uma "estranha coincidência", que é a causadora de todas as desgraças entre as pessoas. Mas essa mesma coincidência poderia perfeitamente reunir criaturas que se simpatizam umas com as outras, a fim de desfrutarem da felicidade e da harmonia mútua de suas almas.

Bem, foi essa irônica casualidade que tive de suportar. Sou independente, rico e adoro a vida familiar com todas as suas tranquilas e puras alegrias. Procurava a mulher ideal, inocente, meiga, com beleza na alma. Baseando-se nesse ideal, casei com uma linda moça, que não tinha posse alguma. Amava-a de coração e estava certo que ela possuía todas as virtudes. Após um ano de casados, uma tia que me educou, morreu repentinamente, deixando-me uma herança considerável. Fui obrigado a viajar para acertar os negócios. Como a minha esposa ainda não havia se recuperado de um parto difícil, eu, a conselho dos médicos, mandei-a para uma estância de águas minerais, onde a encontraria mais tarde.

Lá, ela acabou encontrando um desses homens que, por passatempo e pura excitação, divertem-se em perverter mulheres volúveis que se deixam seduzir pela aparência externa e por palavras carinhosas. Então, a esposa, que eu adorava como um anjo de pureza, revelou-se uma daquelas mulheres vazias. Foram suficientes algumas semanas de ausência para ela me trair e fugir com um homem que a escolhera como brinquedo. Ao chegar na estância de águas, encontrei somente uma carta, na qual ela declarava que não me amava mais e pedia o divórcio.

Dei-lhe o divórcio, pois para mim ela tinha deixado de existir. Mas, a minha desilusão foi terrível. Então, pela primeira vez me questionei qual foi a lei da Justiça que fez com que a minha vida, minha honra e minha felicidade fossem sacrificadas, a fim de

J. W. Rochester

satisfazer fantasias de um vagabundo preguiçoso e uma mulher depravada, que me largou como se eu fosse um objeto inútil.

— E o senhor não se vingou deles? O senhor podia exigir satisfações desse safado! — murmurou Alice, com indignação.

— Me vingar? Ninguém se vinga de pessoas que despreza! — disse Renoir com ódio. — Ambos merecem um ao outro e, para mim, tanto faz se ela fugiu com João ou Pedro. Nem quis saber o nome do indivíduo, da mesma forma que para a senhora deve ser indiferente se o seu marido está viajando com uma loira ou uma morena. O mesmo injusto acaso, que me ligou àquela mulher indigna, entregou a senhora ao Marquês.

— É verdade. Onde está a Justiça? — murmurou a Marquesa, definitivamente abatida.

Mas, na mesma hora, ficou terrivelmente pálida e levantou-se tremendo com todo o corpo, pois Renoir saltou da cadeira com os olhos chamejantes e a boca contorcida.

— É preciso encontrar essa Justiça oculta! — exclamou ele com voz roufenha. — É preciso fazê-la cumprir a sua obrigação! Ela deve castigar os culpados e dar paz às pessoas honestas!

Percebendo o susto da moça, ele acalmou-se imediatamente e, num tom de voz mais baixo, pediu desculpas por se exaltar. Depois, cansado, despediu-se pedindo à Marquesa que lhe permitisse visitá-la de vez em quando. Ela concordou de bom grado, pois o estranho vizinho a interessava cada vez mais.

Os dias seguintes passaram-se com dificuldade e lentidão. Alice ficava cada vez mais nervosa e, além disso, não se sentia bem. Deve ter apanhado um resfriado na noite em que esperou pelo Marquês e molhou os pés ao correr pela relva. Com aquele mal-estar, tristeza e irritação nervosa, Alice passava dias inteiros nas ruínas, pelas quais o seu interesse tinha aumentado após as revelações de Renoir. Ela pensava bastante sobre aquela sua estranha frase: "A senhora já passou uma vida amarga e solitária dentro destas paredes. Se a senhora soubesse quem é Berange, não teria casado com ele." E, se fosse verdade, que o homem passa por várias vidas na Terra, como afirmam todas as ciências antigas e todos os pensadores e filósofos famosos, cuja sabedoria continua a iluminar o mundo? Renoir devia estar psiquicamente perturbado, mas os livros que enviou e que ela examinou tratavam daquele assunto com incrível clareza e profundidade. Só que o infeliz Renoir adaptou tudo aquilo à sua ideia fixa.

Oh! Como ela gostaria de saber se a insanidade conseguia, às vezes, levantar o misterioso véu do passado! Tomada de febril curiosidade, vagava por entre os destroços do castelo, procurando algo que despertasse a sua memória — se é que era verdade que realmente vivera ali no passado. Absorta nos próprios pensamentos, Alice esqueceu completamente todos os receios, subindo corajosamente em todos os recantos à procura de lembranças, que não queriam vir em seu auxílio, escondidas em algum lugar oculto.

Agora ela estava decidida a subir na Torre do Diabo e submeter a um escrupuloso exame as salas dos três andares. Numa das salas encontrou uma grande lareira e no quarto vizinho, um monte de louças quebradas cobertas de poeira secular. Alice, pacientemente, revirou aquele monte com um pedaço de pau e encontrou um tubo retorcido de vidro que imaginou ser a ponta de uma cuba de destilação, levando-o consigo para mostrar a Renoir. "Aqui, sem dúvida, trabalhou o lendário alquimista e, neste mesmo local, o horrível senhor invocava o demônio. O demônio!", pensou. "Mas, será que o demônio existe apesar de todo o ceticismo do século XIX?" Alice acabava rindo das próprias ideias supersticiosas.

Certo dia, como de costume, ela demorou demais nas ruínas e uma chuva inesperada obrigou-a a abrigar-se na Torre do Diabo. Alice foi ao quarto do alquimista, encostou-se na parede e acabou cochilando. Quando despertou, já era noite, uma linda noite de junho, tépida e perfumada. Apesar disso, dentro das velhas paredes havia uma terrível umidade. A luz da lua atravessava a janela e iluminava parte da sala.

Assustada e trêmula, Alice endireitou-se. Seus membros estavam pesados. Procurando algum apoio, encostou-se na parede e, para sua extrema surpresa, sentiu por entre os dedos a argola de uma fina corrente. Puxou-a e, no mesmo instante, sobre a cabeça dela soou o badalar de um sino. Alice quis correr, mas pode-se imaginar o seu horror, quando sentiu que a corrente prendia-lhe o braço. Sua pulseira havia se enroscado num dos elos da corrente. Cada movimento seu, na tentativa de libertar-se, agitava ainda mais o sino aumentando o seu agudo badalar. O corpo de Alice cobriu-se de suor frio e parecia-lhe sentir os cabelos se arrepiarem. Com um esforço desesperado, ela puxou o braço, quebrando a corrente. Quis fugir daquele lugar tenebroso quando, de repente, parou como se estivesse paralisada e o grito de horror estancou em sua garganta.

Na soleira da entrada da sala vizinha, bem iluminada pelo luar, estava parado um estranho homem alto, magro e encurvado. Ele usava um traje negro, largo e comprido, que ia até o chão. A gravata branca destacava ainda mais o rosto amarelo e ossudo

J. W. Rochester

e o crânio descoberto da cor de velho marfim. Aquela estranha figura segurava nas mãos um antigo candelabro com três velas acesas. Os olhos plantados dentro de profundas órbitas ardiam como brasas e pareciam cravados na moça horrorizada.

— Por que tocou o sino, infeliz? Berange não vem mais procurar o elixir da vida eterna — disse o desconhecido, cuja voz parecia chegar de longe. — Para quê você veio aqui? Fuja daqui, senhora de Bordele, estas paredes trazem desgraças. Mariam está aqui.

Alice ficou tonta. Tudo à sua volta estalava, como numa fogueira. O desconhecido, a sala, tudo em volta parecia girar e girar. Em seguida, em meio daquele caos delineou-se um corredor de arcadas. Parecia à jovem mulher que ela corria por aquele corredor e penetrava num quarto no fundo do qual, numa elevação, havia uma grande cama. Sobre as almofadas debatia-se, em convulsões de agonia, uma mulher de cabelos soltos. Um homem de negro, inclinava-se sobre a moribunda e dizia-lhe algo, mas Alice não podia distinguir suas palavras, pois uma dor aguda incomodava-a e toda a sua atenção concentrava-se numa mulher que estava oculta no cortinado da cama. Os olhos daquela mulher, brilhando de raiva, pareciam grudados nela, queimando--a e causando-lhe um sofrimento insuportável. Em seguida, tudo recomeçou a girar à sua volta. Alice sentiu-se cair num abismo negro e perdeu os sentidos definitivamente.

Quando abriu os olhos, estava deitada em sua cama. Junto à cabeceira estava a boa Suzanna e no criado-mudo havia alguns frascos com remédios.

— O que significa isso, Suzanna? Será que estou doente? — perguntou Alice com voz enfraquecida.

— Ah, Marquesa! A senhora nos deu um grande susto! Mas, graças à Deus, agora voltou a si. O médico havia previsto isso e proibiu-a de falar — disse alegremente a governanta, obrigando Alice a engolir uma colher de remédio que a fez adormecer num sono profundo e reparador.

Quando acordou, já era bem tarde. O sono reforçou-a e ela já não sentia fraqueza, mesmo estando terrivelmente cansada. A sua memória também tinha voltado. Ao lembrar da horrível visão, um tremor nervoso correu pelo seu corpo.

— Suzanna! — disse ela, agarrando a mão da governanta. — Eu vi uma assombração.

— Jesus Cristo! Santa Mãe de Deus! A senhora viu a Dama de Branco? Então, não foi à toa que o sino tocou tão horrivelmente! — exclamou Suzanna, benzendo-se.

Alice balançou a cabeça. Depois, contou tudo o que havia lhe acontecido e acrescentou:

— Por que a senhora não me falou nada sobre aquele sino? Por que alguém não o retira de lá?

— Quem iria querer perder a própria alma, encostando naquele objeto infernal? Eu me arrependi muito por não tê-la avisado sobre isso, Marquesa. Mas, fui bem castigada quando ouvi o badalar diabólico e percebi que a senhora ainda não tinha voltado para casa! Apesar do próprio medo, reuni algumas pessoas e fomos procurá-la. Mas não a encontraríamos sem a ajuda do senhor Renoir, que também acudiu à chamada do sino. Ao saber que a senhora ainda não tinha voltado para casa, apesar de ser mais de meia-noite, ele ficou tão estranho que nem consigo descrever. Falando coisas sem nexo, nos conduziu direto à torre, onde a encontramos desmaiada. Consegui reanimá-la com grande dificuldade, mas a senhora começou a delirar e, então, decidi mandar chamar um médico.

— Sim, essas ruínas são horríveis! Lá aconteceram crimes terríveis! — balbuciou Alice, fechando os olhos.

À noite, a febre de Alice aumentou novamente. Por mais de duas semanas a moça permaneceu enferma, sem poder levantar da cama. O resfriado e o abalo nervoso devido às recentes emoções, provocaram-lhe uma forte gripe.

Suzanna cuidava com dedicação de sua jovem senhora. A boa mulher ficava desesperada com a ausência do Marquês. Queria passar-lhe um telegrama, mas o previdente Berange não deixara endereço algum e Suzanna foi obrigada a desistir da ideia. Quanto à Marquesa, esta pronunciava o nome do marido somente quando delirava.

A moça já começava a levantar da cama quando, de repente, chegou Marion. Encontrando a amiga abandonada, doente e magra como uma sombra, a senhora Laverdi ficou indignada e declarou que iria levá-la, imediatamente, para a sua casa, ainda mais que ela tinha vindo sozinha. Seu marido, junto com a sogra, deveriam chegar somente depois de duas semanas. Mas, não disse que o jovem marinheiro, seu protegido, iria chegar em alguns dias. Marion obrigou Alice a contar-lhe em detalhes todas as faltas do Marquês, examinou e leu atentamente todas as provas de sua infidelidade e observou, balançando a cabeça:

— Devo reconhecer que o seu querido Berange age sem o mínimo pudor, ou melhor, ele simplesmente não tem qualquer constrangimento. Mas, você está cometendo uma bobagem, agindo levada pelo coração. Primeiramente, deve recuperar-se o mais rapidamente possível. Não há necessidade de Berange

J. W. Rochester

saber que você está secando por sua causa. Em seguida, vou pensar em como consolá-la. Creio que não será nada difícil.

Enquanto tudo aquilo acontecia em Bordele, Berange divertia-se com Mushka. Eles tomavam banho de mar, viajavam pelos arredores e, certa vez, foram até a Inglaterra. Resumindo: aproveitavam a felicidade total. Naqueles dias cheios de prazeres, o Marquês tirava fotografias com a sua amiga à beira da praia, no jardim, no balcão da vila, no barco e na bicicleta. Viviam como uma família, como marido e mulher. Mushka desempenhava o papel de Marquesa e orgulhava-se muito de ser assim chamada pelos criados do hotel e pelos banhistas. Berange sentia-se tão bem com ela, que quase lamentava não ser ela realmente a sua mulher. Fosse como fosse, ele esqueceu completamente Alice e lembrava com repugnância sobre a necessidade de voltar ao seu meio conjugal.

Por três semanas, Bertrand e Casimira divertiram-se junto com eles. Mas Bertrand tinha menos liberdade que o Marquês; sua ausência provocava problemas na estância de águas minerais e ele, então, fora obrigado a voltar antes a Bordele. Algumas semanas após o retorno do amigo, Berange recebeu dele uma carta que acabou de vez com o seu entretenimento amoroso.

"Seria muito bom se você e a sua 'Alegria dos Rapazes' voltassem para casa", escreveu Bertrand. "Devo lhe informar que encontrei hoje de manhã o doutor Arnold. Ele me perguntou se eu sabia o seu endereço, pois já faz três semanas que a sua mulher está gravemente doente. Não é muito honroso para você, que a sua mulher esteja sendo cuidada pela criadagem. Se o seu tio chegasse de repente, penso que também não o elogiaria muito pela lua-de-mel, que a Marquesa de Bordele está passando em companhia de assombrações, enquanto você amavelmente passeia com a cortesã.

Meu amigo, deve-se sempre manter a decência e as aparências e evitar ações que chamem demais a atenção. Antes você se lembrava disso muito bem, mas agora parece que perdeu o juízo."

O Marquês, sombrio como uma nuvem de tempestade, leu a carta mais uma vez. A ideia de encontrar o tio naquelas circunstâncias era-lhe extremamente desagradável, pois o idoso cavalheiro tinha ideias retrógradas e, além disso, adorava a sua pupila. Por tudo isso, ele decidiu-se rapidamente e comunicou à

Mushka que iria partir naquela mesma noite, e exigiu que ela, para evitar mexericos, o seguisse no mínimo três dias depois.

A bela Rebecca ficou desesperada. Mas de nada adiantou ela aprontar uma cena terrível de ataques histéricos. Berange permaneceu inabalável em sua decisão. Teve até a desfaçatez de rir dos seus gritos e lágrimas. Em seguida, após uma carinhosa, mas rápida, despedida, Berange foi embora no trem noturno como tinha decidido. À medida que se aproximava do destino, o mau humor do Marquês aumentava. Ele estava extremamente irritado pelo fato de ter de submeter o seu capricho à necessidade de manter a decência. Que bobagem ele fez ao sacrificar a sua liberdade, tornar-se um escravo e pôr um laço em seu próprio pescoço! Maldito casamento que o obrigava a desempenhar o papel de marido carinhoso com aquela simplória, enquanto o seu coração pertencia inteiramente a Mushka.

Gradativamente, toda a sua fúria concentrou-se exclusivamente em Alice. Era óbvio que ela, propositadamente, fingia-se doente para comprometê-lo. Ele já havia percebido antes, que aquela santinha era mentirosa, esperta e grande intrigante. Ela assumia o papel de vítima para que todos o apontassem com o dedo e o chamassem de verdugo.

Com esses pensamentos, o Marquês chegou a Bordele às onze horas da noite; alugou, imediatamente, uma carruagem e foi para casa. Quando a carruagem alcançou a curva da estrada, de onde abria-se uma visão do vale, o Marquês viu a sua vila e as ruínas do castelo, iluminados pelo luar. Só que a grande casa estava às escuras e parecia abandonada. Não se via luz em nenhuma janela. Ele, então, suspirou. Em sua mente veio a tresloucada ideia de que Alice tinha morrido e já estava sepultada. Seu coração começou a bater forte e um suor frio surgiu em sua testa.

— Rápido! Apresse os cavalos! Você tem dez francos de gorjeta se, em dez minutos, me deixar na porta da vila — gritou ele para o cocheiro.

Enquanto a carruagem corria pela estrada, tristes pensamentos assediavam o Marquês. Diante dele esvoaçava o rosto pálido e desfigurado de Alice com grandes, inocentes e puros olhos, do jeito que ele a tinha visto quando voltara para casa ao amanhecer. Mas, não! Ele não queria que ela morresse. Mal chegando à entrada da vila, ele saltou da carruagem e puxou o cordão da campainha.

Pareceu-lhe passar uma eternidade inteira, enquanto abriam a porta para ele.

J. W. Rochester

— Como está a saúde da Marquesa? — perguntou ele rapidamente.

— Agora está um pouco melhor — respondeu o criado.

— Chamem a Antonieta! Quero saber se a Marquesa está dormindo.

— A Marquesa não está na vila.

— Como não? Onde ela está? — perguntou Berange, ficando vermelho.

— Há oito dias atrás, chegou a senhora Laverdi e a levou consigo.

— Está bem! Mande-me servirem o jantar. — Um terrível peso foi tirado do coração do Marquês e ele, aliviado, foi ao refeitório.

Então, Alice estava viva! No dia seguinte ele iria ver aquela pequena doidinha que, sem dúvida, tinha adoecido de tristeza por ele ter demorado de retornar. Berange ordenou que chamassem Suzanna e durante o jantar ouviu o relato detalhado da doença da esposa. Ao saber que Alice ficara assustada com uma assombração, ele inicialmente começou a rir alto, mas, depois, acalmou-se definitivamente. Agora, para ele tinha ficado claro que a culpa de tudo era da assombração e que a sua ausência não teve nada a ver com aquele caso.

— Maldita assombração! — disse ele alegremente. — Fica assustando mulheres em vez de vir visitar-me! Eu bateria um bom papo com ela.

Indignada com tal zombaria, Suzanna começou a citar testemunhos da existência de assombrações e recitou o nome de todas as pessoas idôneas que as havia visto.

— Está certo, Suzanna! Só desejo uma coisa: que alguma assombração apareça para mim pessoalmente — exclamou Berange rindo.

Passando para o dormitório, o Marquês vestiu um roupão e deitou-se no sofá, pretendendo ler um pouco, pois ainda não tinha sono. Viu sobre a mesa um dos livros enviados por Renoir e começou a folheá-lo. O livro falava de assombrações, magnetismo, sonambulismo e outros assuntos ocultistas. O Marquês interessou-se pelo livro, mas, após uma hora de leitura, sentiu um terrível cansaço e uma desagradável sensação de frio. Deixando o livro de lado, levantou-se com intenção de ir para a cama. Passando pelo grande espelho, ele olhou-o, por acaso, e estancou. O espelho refletia claramente a figura de um homem de camisola de veludo negro com uma corrente de ouro no pescoço. O rosto pálido daquela imagem com olhos sombrios e imóveis, tinha uma estranha semelhança com o seu próprio. A semelhança não era nos traços da face, mas no olhar e na expressão geral do rosto.

Os cabelos de Berange arrepiaram-se. O espelho diante dele só poderia refletir a sua própria imagem. Então, o que significaria aquilo? Instintivamente, recuou um passo e olhou para baixo para certificar-se que continuava trajando o roupão de pelúcia e que sua mão apertava nervosamente o cordão de seda. Quando, com certo receio, voltou a olhar para o espelho, viu somente seu reflexo natural.

— Essa maldita leitura e o cansaço me fizeram ter alucinações — balbuciou o Marquês, jogando-se na cama e apagando a vela.

Mas os nervos excitados não queriam acalmar-se. A cabeça queimava, uma incompreensível agitação torturava-o enquanto o coração batia dolorosamente. Quando, finalmente, adormeceu num sono profundo e agitado, passou a ser torturado por um terrível pesadelo.

Ele se via usando o mesmo traje negro de sua estranha visão. Subindo rapidamente por uma escada estreita, passou por um longo corredor de abóbada arcada e entrou na capela, em cujo centro havia um caixão cercado de velas acesas. No caixão havia um corpo de mulher de vestido branco e coberto de flores. Berange sabia que aquela era Alice que havia falecido enquanto ele festejava com Mushka na praia. Um sentimento amargo apertou o seu coração. Ele caiu de joelhos e quis chamar Alice. Mas, seus lábios pronunciaram um nome desconhecido que nada dizia ao seu coração. Quando inclinou-se para beijar a falecida, de trás do caixão saiu um monge agitando um crucifixo. Amaldiçoando-o terrivelmente, o velho bateu-lhe na cabeça com tanta força, que o Marquês foi jogado longe e pareceu encravar-se nas paredes da capela. De repente, aquelas paredes começaram a abrir-se e, aos poucos, transformaram-se numa estrada, pela qual seguia uma procissão fúnebre. Os sinos soavam com mau agouro e seu badalar misturava-se ao canto dos frades. Ele próprio, com o mesmo traje medieval, seguia atrás do caixão carregado por homens com o brasão de Bordele no peito. Ao seu lado, ia um "cavaleiro andante" de armadura e a viseira do elmo abaixada. Em seguida, a cena mudou novamente. Ele lutava com o "cavaleiro andante" que agora levantava a viseira e dirigia sobre ele os seus grandes olhos azuis, cheios de ódio. De repente, o tilintar de suas espadas transformava-se num trovejar tão agudo e penetrante, que Berange estremeceu dos pés à cabeça, acordando imediatamente.

Sentiu o corpo todo coberto de suor frio e a cabeça dolorida. Como já eram oito horas da manhã, levantou-se, abriu a janela, e começou a respirar profundamente o ar puro e fresco.

J. W. Rochester

— Pelo jeito, a dose de conhaque que bebi na estação não valia nada. Além disso, a leitura daquele livro idiota e as histórias fantásticas de Suzanna resultaram nesse pesadelo — murmurou o Marquês. — Preciso dar um passeio para me refrescar. Quando for doze horas, vou buscar a minha digníssima cara-metade.

Ao ser informado que a sua bicicleta já tinha sido trazida da estação, Berange tomou a refeição matinal, vestiu-se e decidiu ir visitar a senhora Laverdi para onde mandou enviar uma carruagem, pois pretendia trazer de lá a sua esposa.

Passando pelo parque, o Marquês encontrou Renoir que passeava pensativo. Os homens se cumprimentaram gentilmente.

— Ah! O senhor voltou, Marquês! Como está a saúde de sua esposa? Parece que ela esteve gravemente doente?!

— Acho que ela assustou-se com uma assombração — respondeu Berange, rindo. — A proximidade dessas ruínas dá nos nervos. Isso, mais a leitura de livros sobre mistérios da vida além-túmulo, que encontrei na mesa de Alice, abalaram fortemente até os seus nervos — prosseguiu alegremente o Marquês. — Imagine senhor Renoir, que ontem eu, o mais prosaico dos homens, tive uma alucinação. Vi um homem em traje negro medieval, que me olhava e parecia ser eu mesmo. Depois, tive um terrível pesadelo: corria por um corredor de teto em arcadas, via uma mulher morta no caixão em uma capela e um velho monge que me amaldiçoava. Por fim, lutei com um "cavaleiro andante" de armadura. Resumindo: uma terrível balbúrdia!

À medida que o Marquês falava, o rosto de Renoir assumia uma estranha e irônica expressão. Seus olhos acenderam-se com um fogo febril e seu olhar, cheio de ódio e zomba correu pela figura de Berange. Pondo a mão sobre a roda da bicicleta, ele disse com voz surda:

— Pesadelos! Alucinações! São nomes bem confortáveis para aquilo que as pessoas não entendem. Mas, eu lhe digo, senhor de Bordele, que, ao visitar novamente os lugares de seus crimes, lá, onde cada pedra fala do sangue de suas vítimas, cujos ossos estremecem à sua proximidade, a sua alma recordou tudo e revivia as cenas e sentimentos do passado. O senhor esqueceu, mas as suas vítimas lembram bem. Elas encontraram e reconheceram a sua alma, mesmo que o seu corpo esteja sepultado.

Berange olhou seu interlocutor com surpresa e insatisfação. Em seguida, batendo no ombro de Renoir, ele disse com zomba, dissimulando a irritação:

— Seus nervos estão completamente abalados, meu caro Renoir, e o senhor deveria tratar disso seriamente. Mas, o principal é que o senhor precisa deixar esse lugar, onde as velhas lendas excitam a sua imaginação. Em todo caso, é bastante curiosa essa sua suposição de que já vivi por aqui como um senhor feudal e fui extremamente maldoso a ponto de as pedras tremerem à minha aproximação. Talvez o senhor também tenha vivido aqui naquele tempo e sejamos velhos conhecidos. Entretanto, se o senhor mantém boas relações com as assombrações, então, transmita-lhes o meu maior desejo de encontrar e conversar com elas. Isso seria bem mais interessante e saudável do que pesadelos noturnos — concluiu o Marquês, recuperando o bom humor.

Em seguida, despediu-se gentilmente de Renoir e foi embora. Aquele, acompanhando-o com o olhar, murmurou:

— Imbecil! Cego e vaidoso imbecil, que despreza os que "enxergam"!

Já era cerca de uma hora da tarde, quando Berange chegou ao castelo onde morava a senhora de Laverdi. Era um grande e luxuoso prédio, construído no século passado e cercado por um enorme jardim, que era uma cópia do Trianon. A jovem mulher encontrava-se naquele momento num balcão coberto por uma marquise de lona e enfeitado de flores. Ela conversava animadamente com um homem alto e estranho, parado de costas para a entrada.

— Finalmente, o senhor me aparece, Marquês! De onde vem? Eu já estava imaginando que o senhor tinha morrido ou que fora levado vivo para o Céu — exclamou alegremente Marion, estendendo a mão ao Marquês.

— Oh, minha senhora! Um negócio que eu maldizia do fundo da alma manteve-me, por tanto tempo, longe da criatura amada — respondeu Berange, aproximando-se amavelmente da senhora Laverdi para beijar sua fina mão.

Naquele instante, o interlocutor da jovem mulher voltou-se. Para surpresa de todos, ao ver o rosto dele, o Marquês soltou um grito surdo e recuou um passo. A surpresa do Marquês tinha suas razões. Os grandes olhos azuis do desconhecido, que encaravam-no tranquilos e sérios, eram exatamente os mesmos do cavaleiro com quem lutou à noite durante o pesadelo. Ele nunca tinha visto aquele homem antes do estranho sonho, mas a semelhança era tão viva que ele quase se traiu. Berange, contudo, era um homem demasiadamente vivido para não perceber toda a estranheza do próprio comportamento.

— Onde está Alice? Espero que ela não esteja mais doente — murmurou ele, para dar tempo de recuperar-se.

— Oh, não! Ela está bem e já vem para cá. Mas, permita-me, Marquês, apresentar-lhe o meu tio, Barão Gunter de Rentlinguen, irmão de minha sogra — disse Marion com um sorriso malicioso, querendo tirar o recém-chegado da desagradável situação. Os rapazes apertaram-se as mãos. Em seguida, entabularam uma conversa geral. Mas, o olhar de Berange dirigia-se, frequentemente, para o rosto de Gunter, cuja estranha semelhança com o cavaleiro que viu em sonho, deixava-o perplexo e com uma dolorosa impressão.

A chegada de Alice desviou sua atenção. Vendo a jovem pálida, parada indecisa na porta, o Marquês correu para ela e beijou-a com ar de preocupação e felicidade. Ao ver aquilo, Gunter indignou-se e saiu do terraço. Marion seguiu-o, querendo deixar o jovem casal por alguns instantes, a sós.

— Então, meu querido Gunter? O que achou do Marquês? Além disso, confesse o que aconteceu entre você e o Marquês, já que a sua aparência causou nele o efeito da "cabeça de Medusa"![9] — disse Marion ao Barão, após dar algumas ordens referentes ao almoço.

Gunter deixou de lado o livro que folheava, distraidamente, e deu de ombros.

— Hoje eu vi o Marquês pela primeira vez na minha vida. Até mesmo queria perguntar a você se ele tem algum problema aqui? — disse ele, apontando para a testa.

— Que eu saiba, até hoje ninguém percebeu nada de anormal nele — observou, rindo, a senhora Laverdi.

— Em todo caso, o susto que ele levou ao me ver foi muito suspeito. Diabos! Será que sou realmente parecido com a Medusa? Mas, apesar do Marquês não ser feio, ele não me agrada. Dentro dele existe algo falso e desagradável.

— Mas, claro! Ele é o marido de Alice — disse Marion, piscando, maliciosamente, para o Barão.

Gunter, com ar pensativo, jogou para trás seus cabelos louros.

— Não, isso não vem ao caso.

— Mas, confesse que Alice lhe agrada e que você gostaria de consolá-la!

— Ela é encantadora! Mas, na minha opinião, é do tipo de criatura para a qual a felicidade só é possível quando é perfeita. Eu próprio me sentiria mal se tentasse seduzi-la apenas para uma ligeira diversão.

— Ah, Lohengrin, Lohengrin![10] Agora nota-se que você veio de uma país idílico. Além disso, suas palavras comprovam que

---

9 "Cabeça de Medusa" - Personagem da mitologia grega, filha das divindades marinhas Fórcis e Cito, Medusa tinha serpentes em vez de cabelos, mãos de bronze e asas de ouro, e transformava em pedra quem olhasse para sua cabeça. Daí a alusão, no texto, ao efeito da "cabeça de medusa", ou seja, "efeito estátua".
10 Lohengrin - Herói de lenda germânica ligada ao ciclo dos romances de cavalaria sobre a "demanda" do Santo Graal.

você ainda não amadureceu. Mas, daqui a um mês, você talvez vá achar que beijar as asas do serafim seja uma felicidade absolutamente angelical. Agora, vamos voltar para junto do nosso jovem casal. Está na hora do almoço.

Quando o casal ficou a sós no terraço, Berange tratou Alice com uma comovente ternura, quis saber sobre a sua saúde e lamentou, profundamente, que ela tivesse emagrecido tanto e estivesse tão pálida. Por fim, contou-lhe uma longa história sobre os motivos de sua longa ausência, que além de definitivamente isentá-lo de qualquer culpa ainda transformava-o em vítima da situação. A jovem, entretanto, já estava bastante escolada para deixar-se convencer tão facilmente e, por isso, permaneceu indiferente e calada.

Durante o almoço, o Marquês superou-se em amabilidades. Além disso, contou que comprou para Alice uma pequena carruagem e um pônei, que ela poderia conduzir sozinha. Em seguida, convidou Marion e Gunter para visitar sua vila com maior frequência.

— Podemos examinar as ruínas encantadas — acrescentou ele, rindo. — Me proponho a tocar o sino e invocar o feiticeiro que ousou assustar a minha pobre Alice, aproveitando o fato de seus nervos estarem excitados pelos terríveis contos da nossa governanta e livros enviados pelo senhor Renoir.

— Oh! Você não acredita em nada e ri de tudo. Estou profundamente arrependida por ter-lhe contado sobre a minha visão — exclamou Alice, ficando vermelha de indignação. — Mas, sei que vi o fantasma do feiticeiro, tal como vejo você agora.

— Você me vê? Mas, o senhor Renoir afirma que todos nós somos nada mais do que saídos do outro mundo.

— Não zombe disso, Marquês! Aqui, em Bordele, ninguém duvida da existência de assombrações e tesouros enterrados por um dos seus antepassados, cujo espírito continua a guardá-lo — observou Marion.

— É uma pena não ter restado nenhuma crônica, nenhum documento que jogasse uma luz de verdade sobre todas essas lendas populares — disse Gunter.

— Sim, tudo isso foi vítima da Revolução. O incêndio da abadia e do nosso castelo destruiu todos esses interessantes documentos. Isso agora é muito mais lamentável, porque as poéticas ruínas logo irão desaparecer — respondeu Berange.

— Como desaparecer? — exclamaram ambas as senhoras.

— Se não me engano, meu tio pretende construir uma fábrica no lugar do velho castelo. O meu amigo Bertrand também me aconselha a aproveitar a área ocupada pelas ruínas para construir nela alguma indústria. Se esse projeto tornar-se realidade, então, as arcaicas ruínas desaparecerão e, junto com elas, todas as assombrações e lendas.

— Que coisa feia! Que vandalismo! Fique avisado que não pouparei esforços para convencer o seu tio a desistir desse projeto. O seu antepassado-feiticeiro ainda vai acabar torcendo o pescoço de algum daqueles que ousarem perturbar o seu repouso! — exclamou Marion.

— Pelo contrário, nós encontraremos os tesouros que ele guarda e, com isso, iremos libertá-lo dessa obrigação entendiante. Ele, naturalmente, ficará feliz em passar os tesouros para o legítimo herdeiro. Ou seja, eu simplesmente tomarei o que é meu, pois o senhor Renoir, que encontrei hoje pela manhã, deu-me a entender delicadamente que sou o próprio senhor de Bordele.

Berange desandou a rir.

— Ele falou isso assim abertamente? — perguntou Marion, rindo.

— Sem qualquer metáfora! Até acrescentou que tudo por aqui está cheio de meus crimes, que até as pedras tremem de ódio à minha aproximação e que as minhas vítimas, contentes por terem me encontrado, estão em grande agitação.

— Quem é esse senhor Renoir? É algum louco? — perguntou Gunter, cujos olhos lacrimejavam de tanto rir.

— Louco, mas absolutamente inofensivo. Ele afirma que foi sepultado por aqui. Mas, se sepultaram algo por aqui, então, sem dúvida deve ter sido a sanidade dele.

Todos riram, exceto Alice.

— Ele é uma pessoa muito interessante. Eu o considero um vidente, pois ele, às vezes, adivinha os pensamentos dos outros e os expõe em voz alta. Mas, também é digno de pena, porque enlouqueceu graças à uma esposa indigna que o traiu e o deixou.

— Como sabe disso, Alice? — perguntou o Marquês.

— Ele próprio me contou. Depois, ele expulsou a desprezada, mas o mal já estava feito.

— Isso somente prova que ele deveria perdoá-la — observou Marion.

Iniciou-se uma animada discussão sobre se o marido pode ou deve perdoar a esposa que fugiu com outro. Berange quase não participou da discussão. Uma profunda ruga cortou a sua testa, pois ele, repentinamente, recordou-se de uma ligação amorosa passageira com uma jovem e excitante morena que tinha o sobrenome Renoir. Não teria sido ela a esposa do seu louco vizinho? Aquela ligação logo cansou-o e ele fez uma curta viagem à América para livrar-se da amante, que sempre chorava e exigia que ele se casasse com ela. Pode até ser que ele tivesse lhe prometido casamento, se ela obtivesse o divórcio do marido. Mas, o que não se promete a uma bela mulher para anestesiar-lhe a dor de consciência?! Deus do Céu! O que seria dele se tivesse que casar com todas as suas amantes?

Tudo aquilo era preciso averiguar. Seria muito desagradável se Renoir reconhecesse nele o sedutor de sua esposa. Ele nem sabia que fim tinha levado a senhora Renoir. Quando voltou para a Europa ela havia desaparecido e ele nunca nem se incomodou em saber se o dinheiro que lhe enviava chegara ao destinatário.

Apesar do incidente desagradável, o dia passou alegre. Na hora da despedida, decidiram que Marion e Gunter iriam no dia seguinte visitar a vila do Marquês e almoçar por lá.

Na volta para casa, Berange, astuciosamente, levantou o assunto sobre Renoir com sua esposa e ficou muito contente ao saber que o marido traído nem quis saber o nome do sedutor de sua esposa. Isso explicava por que ele recebera o Marquês tão amavelmente. Mas, não se deve esquecer que o cuidado é a mãe da segurança. Portanto, o bom senso aconselhava manter Renoir à distância. Chegando a essa sensata conclusão, Berange observou, com preocupação:

— Quero pedir-lhe, minha querida, para não mais receber Renoir. O que ele me disse hoje atesta que está louco e temo que ele possa assustá-la. Nunca se sabe o que a doença pode induzi-lo a fazer e a loucura de Renoir tem um caráter maléfico.

— Acho esse infeliz completamente inofensivo, e sua companhia me agrada bastante. Por que iria ofendê-lo fechando-lhe as portas da minha casa? — contestou Alice. — Mas, acalme-se! Sabendo com quem estou lidando, serei mais cuidadosa.

No dia seguinte eles receberam a visita de Marion e Gunter. Berange estava um anfitrião extremamente afável. Após o almoço, ele convidou o Barão a dar uma passeio de bicicleta, pois as jovens senhoras decidiram visitar as ruínas à tarde, assim que o calor diminuísse.

— Isso será bem mais poético e as assombrações não ousarão aparecer para um público tão numeroso.

Quando os homens saíram, Alice e sua amiga foram ao

J. W. Rochester

"budoir". As cortinas azuis baixadas deixavam no quarto uma agradável penumbra, enquanto através da porta do balcão um perfume de jasmim exalava do jardim. As jovens acomodaram-se nos divãs e pareciam ter entrado num agradável "fare-niente". Na realidade, Alice estava muito nervosa e agitada e Marion observava-a em silêncio. Por fim, ela foi a primeira a romper o silêncio.

— Quer saber de uma coisa? O seu Berange está com uma aparência tão desgastada como se tivesse passado por uma grave enfermidade ao invés de simplesmente viajar. Preciso logo conhecer a sua amante. Essa criatura me interessa bastante.

Recebendo de Alice somente um suspiro como resposta, ela prosseguiu:

— Vejo que você levantou hoje com o pé esquerdo. Suspiros, ar de desânimo; tudo por causa de bobagens, pois o Marquês está muito amável e respeitoso com você. Vendo-os juntos ninguém suspeitaria que ele a enfeita com uma floresta de chifres.

— Sim, ele é muito bom para mim, mas só na aparência. Na realidade, não existe nem um pingo de sinceridade em sua ternura e suas palavras de amor não vêm do coração. Assim que abre a boca, ele mente. Hoje de manhã, encontrei por acaso em sua frasqueira de viagem uma luva sueca desse tamanho — ela mostrou até o cotovelo. — Sem dúvida, é uma das lembranças de Mushka. Como tudo isso é nojento! Oh! Eu imaginava o amor e o casamento de forma bem diferente.

— Pois é, minha querida! O casamento é a sepultura de todas as ilusões. Com dor no coração somos obrigadas a despir aos poucos o herói criado pela nossa imaginação. A felicidade se esvai e resta somente a triste realidade. Nosso próprio marido obriga-nos a procurar a felicidade fora de casa.

Alice apertou o leque com tanta força, que acabou quebrando uma de suas finas lâminas de madeira.

— Minha querida, é muito fácil fazer-lhes cenas e escândalos. Eu expulsava o marido do quarto e, certa vez, joguei em sua cara a carta e o buquê de flores, destinado a uma atriz. Despejei rios de lágrimas e queria divorciar-me dele. Então, o destino me enviou uma parente de meia-idade que me disse: "Minha querida! Cenas, espionagem e tudo o mais são somente provas de mau gosto e não levam a nada. Deixe-o em paz, e você encontrará tranquilidade e liberdade." Segui esse conselho e sinto-me muito bem.

— Em outras palavras, você começou um relacionamento com o senhor Nerval?

— Não! O meu primeiro amante foi um oficial dos "dragões", um Visconde. Ele já me cortejava há alguns meses, quando Félix viajou por seis semanas a negócios da República, mas, na realidade, para ser agradável a uma dama da baixa sociedade. Eu me vinguei, entregando-me ao Visconde.

— Por que, então, vocês não se divorciaram?

— Porque Paul cometeu muitas bobagens e ficou endividado. Seus parentes obrigaram-no a dar baixa e ir morar no interior. Mais tarde fiquei sabendo que ele tinha se casado e recebera um grande dote. Um ano mais tarde, me juntei com Nerval. Eu o amo e ele me adora. Mas, por quanto tempo?

— Por que deixaria de amá-la? Em seu lugar eu me separaria de Laverdi e casaria com Nerval.

— Quem pode afirmar que eu lucraria com essa mudança? Todos os homens são, por natureza, inconstantes, e um amante incomparável pode tornar-se um marido detestável. Por isso, acho melhor conservar o Félix. Chegará um tempo em que a idade nos obrigará a desistir do amor e nós ficaremos cansados da vida agitada. Nessa hora, sendo ambos culpados, não teremos o direito de recriminar um ao outro. Naturalmente, mesmo estranhos no amor, estaremos ligados pelo hábito e somente esse sentimento deverá preencher o vazio do nosso lar.

— Marion! Sinto tanta amargura em suas palavras! Não, apesar da liberdade que desfruta, apesar da paixão que esses homens lhe demonstram, você é infeliz. Um dia eles a deixarão e terão suas próprias famílias. Eles desempenham somente papéis passageiros em sua vida. Ah, não! Deve ser terrível mentir constantemente, trair eternamente e não ter uma pessoa querida que me entenda tanto quanto eu a entendo e para a qual eu possa dedicar todas as forças de minh'alma. Entre um amante e sua companheira não há nada sagrado; nada, além do amor carnal, e pode ser que ele tenha até desprezo pela mulher que se entregou a ele. Como se pode suportar tal possibilidade? Eu preferiria morrer! — exclamou Alice e algumas lágrimas correram por suas faces.

Marion Laverdi fechou os olhos e seus lábios tremiam nervosamente. Em seguida, endireitou-se rapidamente e exclamou, jogando para trás a sua bela cabeleira:

— Chega de lágrimas e lamentações sobre o incorrigível! Chega de pensamentos tristes! Nenhum desses homens vale as nossas lágrimas, esse amargo rio, que nos leva ao adultério. Vou fazer-lhe uma previsão, Alice: você também fará essa travessia e o próprio Marquês vai obrigá-la a isso. Agora, vamos esquecer o assunto. Diga-me, o que acha do Gunter? É um rapaz encantador e estou convicta de que ele será o seu consolador.

— Como pode falar assim, Marion? — exclamou Alice, corando. — O Barão Rentlinguen tem por mim respeito suficiente para que algum dia tente envergonhá-lo. É uma pessoa séria e honesta. Sua esposa será muito feliz, pois ele não vai se casar por interesse, mas sim cumprirá o juramento que fará no altar.

J. W. Rochester

Para ele, esse momento solene não será uma cerimônia enfadonha, como foi para Berange.

Alice sentou-se. Seus lábios tremiam nervosamente e tinha os olhos úmidos.

— Se você soubesse, Marion— prosseguiu ela — como fiquei emocionada durante a cerimônia nupcial! Parecia que entre mim e Berange formava-se um elo misterioso, ligando-nos por toda a vida. Naquele momento, abandonei todas as dúvidas e preocupações que me assediavam. O "sim" que respondi a pergunta solene do padre, continha a firme decisão de ser fiel e dedicada a ele até a morte.

— E daí? De lá pra cá você mudou bastante de opinião, já que me pergunta se é difícil trair o marido! — observou, maliciosamente, Marion.

— É verdade! Mudei muito. Naquela hora, eu ainda estava sob o efeito da conversa que tive com o meu velho confessor. "Minha filha!" , disse-me o venerável ancião. "Na nova vida que se inicia, você deve se armar de muito amor e grande paciência. Mas, o principal é preparar-se para perdoar bastante. Sempre perdoar, nunca condenar, julgar com indulgência e evitar a vingança, esta é a lei de Cristo e o dever da mulher. Infelizmente, os homens, frequentemente, ofendem os mais sagrados sentimentos da mulher, e o amor-próprio ofendido é um mau conselheiro. Pagar olho por olho, dente por dente, não é difícil, principalmente quando a arma da vingança, o adultério, está sempre à mão. Mas essa é uma arma de dois gumes e mata o amor-próprio. Portanto, minha filha, esforce-se para elevar-se àquele amor puro, que tudo suporta e perdoa, pois este nada tem em comum com o amor carnal."

Naquela hora, parecia-me fácil viver conforme essas regras. Mas agora, tenho maus sentimentos em relação à Berange e não tenho forças para perdoá-lo. Entre nós existe um ser desprezível, que ele preferiu e pelo qual me abandona por semanas sozinha e doente. Toda vez que me lembro disso, surge entre nós uma parede de gelo. O pior é que perdi completamente o respeito por ele. Mesmo assim, não posso baixar a cabeça diante dele e permitir que me jogue no rosto o seu desprezo. Resumindo: não quero sofrer como você sofre. Em seu sorriso, sente-se amargura e desilusão. Vejo em seus olhos, que você ama essas pessoas, que mais tarde a deixarão e que você não conseguirá segurar, pois não é uma cortesã. Mas, nenhum deles jamais irá preencher o vazio do seu lar. Portanto, se algum dia eu me apaixonar por outra pessoa, ou continuo sozinha ou vou pertencer-lhe legalmente. Gunter, além de bonito, é muito interessante. Sua nobreza rígida me encanta e poderia facilmente me seduzir, mas estou convencida de que se ele me ama não irá querer possuir-me. Ele desejará um relacionamento legítimo.

Alice calou-se. Estava muito emocionada e suas faces ardiam. Marion, que a ouvira em silêncio, balançou a cabeça.

— Tudo que você falou tem uma dose de verdade, mas acho que está exagerando. O divórcio está sempre vinculado à divulgação pública e quanto mais melindroso for o homem menos ele gosta que corram boatos sobre a mulher a quem ele dá o seu nome. Acredite, quando não há escolha, pode-se ser feliz mesmo sem as sanções da lei. Mas, atenção! Parece que os nossos cavalheiros estão retornando.

Berange estava muito satisfeito com o passeio. Pela conversa que tivera com Gunter, percebera que o jovem marinheiro tinha uma visão retrógrada sobre a vida e as mulheres, e que sonhava com a mulher ideal. O Marquês quis, imediatamente, reeducá-lo e curá-lo daquelas ideias ridículas. Assim, ele queria preparar uma brincadeira de mau gosto para Marion, pois imaginava que ela estava saturada do Nerval e pretendia trocá-lo por aquele louro trovador. Sequestrá-lo, diante do nariz dela, seria uma magnífica brincadeira. Seria também um castigo inteiramente merecido por sua excessiva amizade com Alice, amizade esta que não prometia nada de bom se ela soubesse transmitir a Alice a sua experiência. Ao adentrar no "budoir", Berange imediatamente notou a aparência emocionada da esposa.

"Eu tinha razão", pensou ele. "Essa malfeitora diverte-se desencaminhando o meu querubim. Alice está melindrada, porque essa sua amiga encheu-lhe de maus conselhos e fofocas. Mas, me aguarde! Se você ousar estragar a minha pequena, vou pagar-lhe na mesma moeda e jogo sobre as suas costas o venerável Félix que, pelo jeito, nem desconfia dos enfeites que crescem em sua testa de deputado."

Mas, Berange não se traiu na aparência. Foi um encantador anfitrião e o mais carinhoso dos maridos. Após o chá, ele propôs visitar as tais ruínas. Levando junto alguns criados com tochas para qualquer eventualidade, todos puseram-se a caminho e o Marquês, amavelmente, ofereceu o braço a Marion. Alice ia pelo braço com Gunter.

A senhora Laverdi estava muito animada. Visitou todos os lugares e examinou todos os recantos, espantada com a grandeza do antigo castelo, com suas paredes de dez pés e a pitoresca localização daquele arcaico ninho feudal. Ela examinou até o quarto do alquimista "tomada de um misterioso tremor de admiração", conforme suas próprias palavras. Depois, notou um pequeno balcão pendurado sobre o abismo como um ninho de andorinha.

J. W. Rochester

— Oh, Marquês! Será que podemos subir até aquele balcão? Lá poderíamos nos sentir como um pássaro voando. Aposto que naquele balcão as damas de Bordele aguardavam a volta dos seus corajosos senhores, ou talvez a sua volta, quando foi o terrível barão-feiticeiro.

— Se aquela dama de Bordele era tão bela quanto a senhora, então, ela era para mim um ímã muito mais forte do que o velho alquimista com o seu compadre-diabo — respondeu, amavelmente, Berange. — Quanto ao balcão, seria muito arriscado subir até lá, principalmente à noite. Mas para lhe agradar, vou ordenar que consertem a escada e examinem o balcão. Como vê, uma queda de lá seria fatal, não somente devido à altura, mas porque no pé do penhasco existe uma vala profunda pela qual flui um córrego agitado. Perto daqui, esse córrego deságua num abismo, formando uma pitoresca cascata. Mas, ai da pessoa que cair lá; dela não sobrarão nem ossos.

— Fico muito agradecida! Quando a escada estiver consertada, quero subir no balcão. Mas, realmente, que terrível vandalismo será destruir essas magníficas ruínas e construir no lugar uma fábrica prosaica.

— A senhora se esquece que isso nos dará a oportunidade de encontrar os meus tesouros?! — disse Berange, rindo.

— Nesse caso, prometa-me que, antes de começar a destruir esse castelo, o senhor me permitirá organizar aqui um baile de máscaras. Essas ruínas, iluminadas por fogos de artifício, ficarão com uma aparência de estarem encantadas.

— Concordo, mas com a condição de que o baile seja organizado por mim; a senhora vai supervisionar a decoração das ruínas.

— Oh, com grande prazer! Muito obrigada! — exclamou alegremente a senhora Laverdi.

O pequeno grupo deixou as ruínas no melhor dos humores. A lua cheia iluminava bem os arredores. Como a noite estava linda, decidiram examinar também a abadia. Mandaram os criados com as tochas para casa, pois não havia nenhuma necessidade deles ali.

Conversando alegremente, os jovens chegaram à grade do mosteiro. A luz do luar iluminava fantasticamente as pitorescas ruínas, brincando nos enfeites esculpidos da igreja e nos ornamentos das altas e estreitas janelas góticas.

— Vamos! Vou mostrar-lhes o túmulo do senhor de Savari — disse Alice. — Ele fica lá, atrás daquele monte de pedras.

Repentinamente, a moça e seu cavalheiro estancaram. O Marquês, que ia de braço dado com a senhora Laverdi, apressou-se em sua direção, mas também parou, estarrecido; todos olhavam, em silêncio, para a visão estranha e inesperada que se descortinava à sua frente. O nicho, onde se encontrava a pedra tumular do cavaleiro de Savari, estava bem iluminada pelo luar. Aos pés da imagem esculpida estava sentada uma estranha criatura absolutamente branca. De repente, ela endireitou-se, lentamente, e encostou-se na pedra tumular, preenchendo com seu corpo todo o nicho.

Agora todos viram que era o Renoir. Ele estava somente de camisa e calção. Seu rosto pálido parecia misturar-se com a pedra na qual estava encostado. Os olhos vítreos e esbugalhados miravam o vazio. Ele estava realmente terrível. O grupo, imóvel e estarrecido, observava-o em silêncio.

Naquele instante ouviu-se a voz surda do louco:

— Gill! Gill! Levante da tumba e que estremeçam os seus restos ensanguentados! Eis aqui o assassino e a sua delicada, linda e inocente vítima! Mas, a hora da vingança está próxima! Trema, lorde de Bordele, e que também trema a sua cúmplice cigana! O mal, jogado no espaço, há séculos atrás, cairá sobre vocês e os esmagará.

A voz de Renoir soava expressiva, mas o seu rosto pálido, de olhar morto, permanecia imóvel. Antes que os ouvintes estarrecidos tivessem tempo de se recuperar, Renoir afastou-se do nicho e com inusitada agilidade subiu no muro. Depois, com a confiança e leveza de um fantasma, correu pelo estreito passadiço e desapareceu na sombra da arcada.

— Vamos sair daqui, depressa! Estou com medo! — sussurrou Alice, totalmente pálida.

Sem nada dizer, Gunter levou-a para longe do nicho. O Marquês e Marion seguiram-nos rapidamente. Quando se afastaram para longe das ruínas, Gunter exclamou:

— Esse maluco é um lunático! Além do mais, esses encontros, principalmente à noite não são nada agradáveis!

— Diabos o levem! Esse Renoir escolheu um modo muito estranho de divulgar suas ideias absurdas. Ele impressiona até as pessoas mais sensatas — acrescentou Berange, usando de toda a força de vontade para dominar o tremor nervoso, que se apossou de seu corpo. — Brr! Ele parecia tanto uma assombração, que até me passou um frio na espinha. E pensar que esse infeliz rapaz endoidou por causa de uma velha lenda! Que estranhos eclipses acontecem às vezes, com a mente humana!

— Estou convencida — disse Marion — que nas palavras do pobre Renoir existe algo de verdade. Elas soam de modo muito estranho. Talvez esses antigos muros emanem algum fluido especial e...

— Sim, um fluido que deturpa a mente! Para você aparecem fantasmas, eu tenho alucinações; enquanto aquele idiota enxerga, em qualquer um malfeitores que apodreceram há mais de cinco séculos. Além disso, esse Renoir fica correndo por aí em trajes indecentes — disse o Marquês num tom irritado. — Ah, não! Vou ficar muito feliz quando aplainarem esse abrigo de fantasmas e em seu lugar nascer uma fábrica útil.

— Realmente, os criados do senhor Renoir deveriam cuidar melhor do seu amo — acrescentou Marion. — Nem consigo pensar, sem tremer, como ele me assustou. Parecia que estava vendo uma cena dos espíritos da peça "Robert le Diable".[11]

Só a lembrança daquela peça teatral fez Marion estremecer de horror. Mas, como naquele momento o grupo já se aproximava da vila, onde os aguardava um magnífico jantar, então, todos se alegraram. Começaram a rir do próprio susto e dispersaram-se muito tarde, prometendo logo encontrarem-se.

Alguns dias transcorreram em absoluta calma. Berange parecia ter sossegado. Ele conferia as contas, ocupava-se dos negócios com o administrador, lia junto com a esposa e até levava-a para passear no pônei recém-comprado. Após alguns dias dedicados à família, o Marquês recebeu uma carta durante o almoço. Leu-a e anunciou que Bertrand pedia a sua presença para um negócio muito importante, mas que voltaria para casa para jantar às seis horas. Sem terminar o almoço, Berange correu para vestir-se. Quinze minutos depois, ele montou em seu "cavalo de aço" e desapareceu como uma sombra.

Sombria e pensativa, Alice saiu para o jardim. Ela não acreditou no chamado de Bertrand ou em qualquer outro negócio. A grosseria com que seu marido a deixava por causa daquela miserável agitava o seu sangue. De repente, ao passar perto da janela do quarto de Berange, ela notou nos arbustos um pedaço de papel branco, que pareceu-lhe a carta que ele recebera durante o almoço. O papel estava amassado e, provavelmente, havia sido jogado fora para ser varrido pelo ajudante do jardineiro, um rapaz bobo, que nem sabia ler.

Sem vacilar um instante, a jovem puxou com a sombrinha a bolota de papel e desamassou-a. Era realmente a carta. Ela iria, então, certificar-se o quanto eram corretas as suas suspeitas.

"Querido e ingrato Berange! O que lhe aconteceu? Eu, a sua

11 "Robert le Diable" - Ópera de Jacob Meyerbeer (1791-1864).

Mushka, já voltei faz dois dias. Fico esperando e escrevendo-lhe, enquanto você permanece enfurnado nessa sua insuportável vila e nem pensa nos meus sofrimentos. Ou está imaginando que é fácil a separação depois de um mês inteiro de uma vida no paraíso? Depois que você viajou, até o mar e o cassino me pareceram um deserto. Me apressei para vir vê-lo, mas você nem quer saber de mim. Hoje a minha paciência acabou. Ou você vem aqui, assim que receber esta carta, ou vou tomar de assalto a sua casa.

Venha jantar! Bertrand está nos convidando e não aceita nenhuma desculpa. Esta carta eu trouxe pessoalmente, de bicicleta, e estou esperando-o no parque de Renoir, junto à ponte."

— Mas, que miserável! Ele vai passar fora toda a tarde e exige que eu o aguarde aqui — murmurou Alice, ficando vermelha até a raiz dos cabelos. — Mas, ele se engana. Vou para a casa de Marion. Se ele realmente voltar, então, vai jantar sozinho.

Tremendo de raiva, a jovem dirigiu-se para o seu quarto, na soleira do qual encontrou Marion de Laverdi.

— Vim para ver o que você está fazendo. Êpa! Que rubor! Aconteceu alguma coisa? Vamos! Venha se confessar.

Elas passaram para o "budoir". Alice trancou as portas e entregou à amiga a carta que achou no jardim e contou-lhe sobre a saída apressada do marido. Marion leu-a, balançou a cabeça e murmurou:

— O estilo da carta é bem florido!

Em seguida, dando uma olhada no rosto sombrio de Alice e no seu cenho carregado, acrescentou:

— Quer saber? Acho que vi a Mushka!

— Onde? Quando?

— Agora, quando vinha para cá. No parque Renoir estava sentada uma dama muito coquete. Perto dela havia uma bicicleta. Provavelmente, ela aguardava alguém. Por curiosidade, olhei para trás mais uma vez e vi quando se aproximou dela um ciclista, que surgiu de uma alameda lateral que conduz à sua vila. Devido à distância, não consegui enxergar o seu rosto, mas agora ficou claro que era o Marquês.

— Ela é bonita? — perguntou Alice com leve vacilo.

— Bonita? Não. Mas estava muito elegante num luxuoso traje de pajem, com um chapeuzinho preto na cabeça. É uma loira muito esbelta, com lábios carnudos e desafiadores e um olhar ousado. Resumindo: é uma coquete padrão.

— Onde você encontrou essa carta? — perguntou Marion, após um curto silêncio.

— No jardim, debaixo da janela dele.

J. W. Rochester

— Certa vez você me disse que encontrou luvas femininas na frasqueira dele. Você examinou bem as coisas que ele levou consigo antes de viajar?

— Não, nem as toquei. Até a frasqueira eu abri por acaso.

Com essas palavras um forte rubor apareceu nas faces de Alice.

— Essa sua delicadeza não tem sentido! Venha, vamos fazer uma pequena investigação. Sou bastante experiente nesse assunto.

No banheiro do Marquês, Marion viu uma grande e luxuosa mala.

— Vamos começar por esta mala — disse ela alegremente. — Mas, está fechada! ... Espere! No toalete tem um molho de chaves... Veja, esta serve direitinho. Que ousadia adorável! Aparentemente, aqui não tem nada de suspeito: lenços, gravatas... Ah! Quem diria! O bordado neste lenço não é de Bordele! Nem tem a coroa! E neste compartimento temos grampos e uma presilha de cabelos. Obviamente, tudo isto pertence a ela. Espere! Ainda não acabamos a revista. Esta mala deve ter um fundo falso. Félix tem uma igual, onde ele guarda toda a sua correspondência secreta. Vê? Eu estava certa; aqui está a alavanca!

A jovem, interessadíssima, retirou do compartimento secreto um maço de papéis e uma fotografia.

— Estas são contas do hotel. Este é o recibo de pagamento por seis meses da vila Niger. Depois temos as contas das lojas: uma bicicleta feminina, oitocentos francos; trajes de banho, de ciclista e para jogar tênis, mil e quinhentos francos. Nada mau! E, aqui, está a própria heroína! Sim, foi essa mulher que eu vi hoje no parque.

Alice, com mão trêmula, agarrou o retrato. Finalmente iria ver por quem ela tinha sido trocada. A foto mostrava uma mulher de uns vinte e oito a trinta anos. Ela estava sentada numa poltrona e com o braço no espaldar de uma outra. Suas mãos eram grandes e os dedos grossos cheios de anéis. No pulso aparecia um bracelete formado de corações e, suspenso numa correntinha, um coração três vezes maior que os outros.

— Seria um objeto simbólico? Seu braço está cingido pelos corações de todos os seus amantes, como outrora Margarida de Navarra[12] usava, na cintura, os corações embalsamados de todos os seus amantes mortos. Na correntinha, acima de todos os outros, está pendurado o coração de Berange! — observou Marion, rindo.

Alice nada respondeu. Ela concentrou-se na observação daquele rosto comprido, de testa grande e chata, descoberta

12 Margarida de Angouléme, Rainha de Navarra (1492-1549).

pelos cabelos penteados para trás. Não havia nenhum sinal de inteligência naqueles olhos graúdos com sobrancelhas fortemente delineadas, nos quais ocultava-se uma fria crueldade. A boca era volumosa e demonstrava um ar cínico. A imagem daquela mulher, como um todo, dava a impressão de uma pantera pronta para dar o bote em sua vítima.

— Então, essa é a mulher que Berange preferiu, que ele adora, e na companhia da qual encontra tanto prazer, que até deixa a esposa dias inteiros sozinha! Marion olhava com compaixão para o rostinho empalidecido de Alice. Ela, involuntariamente, comparava aquele rosto fino e aristocrático, cujos olhos graúdos refletiam inteligência e bondade, com a esperta e descarada cortesã, cuja beleza resumia-se em sua ostensiva grosseria e cinismo erótico.

No envelope havia uma outra foto da mesma mulher, mas de chapéu. Depois, uma outra foto em que ela aparecia junto com o Marquês. Os dois, apaixonados e felizes, estavam sentados no barco em trajes de banho.

— Um verdadeiro romance! — observou Marion, rearrumando as coisas e pondo as chaves no lugar. Terminando com a investigação, ela levou a pálida e triste Alice para o "budoir" e disse, beijando-a:

— Não fique triste, minha querida! Isso é somente uma variação sobre o mesmo e velho conhecido tema. Agora, ouça o que decidi. Primeiramente, vou levá-la para minha casa; depois, após o jantar, vamos passear pelas redondezas e, em seguida, passaremos parte da noite no hotel, onde está marcado um concerto. Dizem que a orquestra é muito boa. No jantar teremos a companhia de Gunter e de um nosso vizinho, o senhor Giro. É um rapaz muito amável. Vamos levá-lo conosco para que cada uma de nós tenha um cavalheiro.

— Mas, pensei que você hoje estava aguardando a chegada de sua sogra!

— Sim, ela deveria chegar hoje, mas informou-me por telegrama que a doença da irmã de Servine vai segurá-la por mais uns oito dias. Portanto, estamos livres! Agora, vista-se depressa e, por favor, com muito luxo. Não esqueça que vamos ao concerto, onde você poderá encontrar o Marquês.

— Deus do Céu! O que ele vai dizer?

— O que quiser! Se ele disser algo contra o seu passeio, então, esfregue em seu nariz a carta que você achou hoje pela manhã. Esse tipo de prova tem um efeito fantástico sobre os maridos, principalmente quando o egocentrismo deles começa a ultrapassar os limites.

J. W. Rochester

Muito vermelha e emocionada Alice foi se arrumar. Por fim, ela apareceu na sala de visitas trajando um vestido claro, com uma capa branca de gola alta no estilo Henrique VIII e um chapéu com penas negras à la Mefistófeles. Examinando a amiga, Marion declarou que nunca a vira tão bonita.

O almoço transcorreu animadamente. Gunter não tirava os olhos do rosto ruborizado de Alice, que mostrava-se pela própria atitude tomada. Entretanto, a admiração que aparecia claramente no olhar do marinheiro e a chama fugidia que, por vezes, acendia-se em seus olhos azuis, estranhamente agiam de forma calmante sobre a jovem mulher. Até trair Berange não lhe parecia mais tão difícil. Quanto ao senhor Giro, este positivamente comia Marion com os olhos e a cortejava insistentemente.

Depois do almoço, todos embarcaram na carruagem. Gunter dirigia, enquanto Giro ocupava o banco traseiro. Depois do passeio, eles já estavam se aproximando do hotel quando cruzaram com uma outra carruagem com duas damas e dois cavalheiros ocupando o assento dianteiro. Um dos homens pôs o corpo fora da carruagem de forma tal que dele só se notou o grande chapéu de palha de abas largas e o paletó cor de café. Mas, por mais rápido que tenha sido aquele movimento, Alice reconheceu o marido e uma terrível palidez espalhou-se pelo seu lindo rostinho.

Gunter também reconheceu o Marquês. Percebendo o embaraço da jovem, ele imediatamente sentiu ódio e desprezo por aquele homem, sem honra nem delicadeza, e uma profunda piedade pela inocente criatura tão cruelmente ofendida. Com aqueles sentimentos, Gunter sugeriu, quando eles chegaram ao hotel, um passeio pelo parque, enquanto o concerto não começava.

Marion concordou. Alice, em silêncio, aceitou o braço do marinheiro, que imediatamente entabulou uma animada conversa, desejando distraí-la. A jovem percebeu a intenção do marinheiro e seu inato orgulho obrigou-a a esconder o drama que se desenrolava em sua alma. Passou, então, a conversar com ele animadamente e, aos poucos, aquele esforço devolveu-lhe a paz interior. A voz sonora e harmônica de Gunter, na qual soava a tranquila determinação de um homem sério, agia como um calmante sobre ela. Às vezes, ao olhá-lo, ela se perguntava se debaixo daquela atraente aparência não se escondiam os mesmos vícios e insensibilidade. Mas, não! Os grandes olhos azuis do marinheiro, claros e tranquilos, refletiam somente uma alma pura e nobre.

Quando Berange reconheceu a esposa, foi tomado de terrível raiva. Teve vontade de dar uma surra em Marion pois, sem duvida, ela devia ter inventado aquele maldito passeio. Aquela miserável não parava no lugar e ia acabar estragando a sua "simplória". Ele, naturalmente, não vacilaria em proibir Alice de visitar a senhora Laverdi, se conseguisse encontrar um bom motivo para o corte de relações. Entretanto, não seria de bom-tom ofender, sem qualquer motivo, a esposa de um deputado, como também privar Alice da única amiga, ainda mais que ele não a apresentara a ninguém por ali. O Marquês era por demais indisciplinado para ocultar a própria insatisfação.

— Diabos levem essa Laverdi! Sempre metendo o nariz onde não deve! Acho que Alice não me viu; eu a reconheci a tempo. Mas, aquele maldito alemão, parece que me reconheceu — disse o Marquês, num tom raivoso. — Carl, você conhece o espantalho que estava sentado atrás conversando, animadamente, com a senhora Marion?

— Aquele era o senhor Giro, um rico latifundiário local. Seu avô fundou a fábrica que hoje pertence a minha venerável velhinha. Quando o pai dele morreu, Giro saiu do negócio e adquiriu terras. O outro, o jovem Pier, é coisa fina; ele é um conhecido esportista e ganha todos os prêmios no tênis — respondeu Bertrand, rindo.

"Hoje vou ter de voltar mais cedo para casa", pensou Berange. "Não vou deixar que algum desses pretenciosos seduza a minha Chapeuzinho Vermelho."

Chegando ao hotel, eles instalaram-se no terraço e encomendaram o jantar. Mushka tentava de todas as maneiras desanuviar o mau humor do Marquês e, finalmente, conseguiu. Ele animou-se e passou a contar anedotas picantes. Os outros não ficaram atrás. Logo, entre eles, criou-se um clima tão animado, que nem perceberam quando dois casais ocuparam uma mesa próxima.

Alice — pois era ela e Marion — sentiu inicialmente uma terrível dor ao ver Berange jantando em público com a sua amante; mas, depois, foi tomada de tal fúria, que a amargura e a fraqueza desapareceram completamente. Com ar tranquilo e decidido, ela virou-se para Gunter e passou a conversar animadamente com ele. Marion, que observava tanto a amiga quanto a mesa vizinha, decidiu que eles já tinham visto o bastante. Elevando a voz, ela exclamou, rindo:

— Eu me rendo! Me rendo, senhor Giro! Bordele nada deve a outras estâncias famosas. O local é pitoresco; a música e o "buffet" são soberbos. Mas a sociedade local, me parece, consiste de famílias patriarcais, que vêm para cá descansar do trabalho diário e divertir-se agradavelmente num ambiente cosmopolita, como geralmente acontece em lugares como Truville, Biarritz ou Ostende.[13]

---

13 Truville, Biarritz, Ostende - Estâncias hidrominerais da França e da Bélgica.

J. W. Rochester

Ao primeiro som daquela voz tão conhecida, Berange pulou da cadeira como se tivesse sido mordido por uma cobra. Ficou tão perdido, que voltou-se e ficou por instantes calado olhando para a esposa e seus acompanhantes sentados a dez passos de distância.

— Mas, que diabos! Que agradável e inesperada surpresa! — exclamou ele, tentando controlar o próprio embaraço. — Eu imaginava que vocês estivessem em casa — acrescentou ele, levantando-se e aproximando-se do grupo.

— O senhor me conhece e sabe que não sou muito caseira e Alice também cansou do ninho de assombrações — respondeu Marion com um sorriso amável. — Também não imaginávamos encontrá-lo por aqui.

— É um feliz acaso! Vim aqui a negócios e encontrei com o meu amigo Bertrand, que veio para o concerto com a irmã e a cunhada. Ele me convenceu a ficar e jantar com eles. Mas, vou já me desculpar e despedir-me deles — concluiu Berange com a sua costumeira fleuma.

— Mas, não! Por quê? Não precisa deixar os seus amigos.

— Eles acharão perfeitamente natural se eu os deixar.

Com essa afirmativa, Berange aproximou-se de Bertrand e disse-lhe algumas palavras, que a música alta não deixou ouvir. Mas, este respondeu bastante alto:

— Sem dúvida! Nós entendemos.

Depois disso, o Marquês apertou-lhe a mão, fez uma reverência cerimoniosa às damas e retornou para a esposa.

Enquanto Berange era apresentado ao Giro e o garçon colocava mais talheres na mesa, Mushka não tirava os olhos da mesa vizinha. Seu rosto cobriu-se de manchas vermelhas e os olhos maldosos atiravam olhares venenosos a Alice que, mesmo naquele difícil momento, manteve a calma e a dignidade. Por um instante, os olhares das duas mulheres se encontraram e os olhos claros da Marquesa refletiram tanta altivez e desprezo, tanto nojo indisfarçável para com a criatura depravada que, apesar de todo o seu cinismo, Mushka sentiu seu coração bater mais forte e todo o sangue afluir para sua face maquiada.

Bertrand, compreendendo perfeitamente a situação embaraçosa do amigo, apressou-se a terminar o jantar, pagar a conta e levar embora as duas mulheres. Mas assim que se distanciaram do terraço, ele soltou uma gargalhada.

— Mas, isso foi maravilhoso! Nunca antes o pobre Berange fez papel de bobo. Aposto que essa surpresinha foi obra da senhora Laverdi! Que mulher fascinante, com aquele olhar ardente e cabelos negros como a asa de corvo! A Marquesa é simplesmente encantadora; é uma verdadeira bonequinha de porcelana. Não, não se deve ignorar tal rival!

Com essa observação, Bertrand piscou, maliciosamente, para as damas. Mushka mordeu os lábios.

— Eu não temo a rivalidade dessa boneca! Mas, com que ousadia ela me encarou, como se me desprezasse!

— O que você queria, Mushka? As esposas não costumam gostar de "damas" do seu tipo — observou Bertrand, com sarcasmo.

Mushka sufocava de raiva.

— Estou me sentindo mal e preciso ir para casa. Adeus, senhor Bertrand! Até logo, Casimira! — disse ela e com passos apressados dirigiu-se para o seu apartamento.

Fechando a porta à chave, deu vazão à própria fúria. O chapéu, o véu, as luvas, tudo voou em diferentes direções. Em seguida, coberta de lágrimas, Mushka jogou-se no tapete, arrancando os próprios cabelos e amaldiçoando Alice. Xingou de todas as maneiras "aquela desprezível idiota que Berange não ama, mal atura e vai odiá-la quando souber que ela me ofendeu", pensou. Mas, nada disso! Ele também era um miserável! Ele fora embora sem nem lhe dar a mão, como se estivesse envergonhado de sua companhia. Ah! Ele pagaria caro por aquilo! Ela iria obrigá-lo a divorciar-se. Ela queria ser a Marquesa e iria ser, pois roubaram-lhe aquela posição. Como ela era infeliz! Ninguém a entendia e todos a ofendiam. Era recriminada até por amar, como se isso fosse algum crime.

Os gritos e torrentes de lágrimas recomeçaram novamente. Por fim, desgastada com o acesso de ira, Mushka adormeceu profundamente.

Alegre e despreocupado por fora, mas furioso por dentro, Berange jantava em sua nova companhia. Ele conhecia bem a sua querida Mushka e sabia que fazer as pazes com ela custaria muito caro. Em relação a Alice, sua situação também não era das mais agradáveis. Apesar da própria fleuma e a carinhosa atenção com que cercara a jovem, o Marquês sentia que nunca antes Alice tinha sido tão ofendida. Pela primeira vez os grandes olhos da moça o encaravam com tanta frieza e perspicácia. Ela nem mais escondia que já sabia de tudo e que conhecia o verdadeiro valor da sua amabilidade. Em seguida, a jovem mulher deu as costas ao marido e continuou a conversar com Gunter.

Ao fim do jantar, as senhoras anunciaram que desejavam ir para casa. Enquanto Gunter foi providenciar as carruagens, Giro, que junto com Berange havia se distanciado um pouco do grupo, observou à meia-voz:

— O senhor Bertrand arranjou uma ótima cunhada! Ah-ah--ah! Eu não sabia que a "Alegria dos Rapazes" tinha se casado desde a época que a perdi de vista.

— Bertrand foi meu companheiro desde o colégio. Pouco sei da família dele — respondeu friamente o Marquês, pois lhe parecia que Alice e Marion ouviam a conversa. — Parece que o nome dela é Lajua d'Arson, mas esse apelido ridículo ouço pela primeira vez.

Berange alugou uma carruagem e dirigiu-se com a esposa direto para a vila. A viagem transcorreu em absoluto silêncio. Alice encolheu-se num cantinho da carruagem e fechou os olhos. O Marquês fumava com raiva e mordia nervosamente o bigode. Quando chegaram em casa, ele declarou que precisava redigir uma carta e foi ao gabinete. Alice recolheu-se no dormitório. Após vestir um "pegnoir" e soltar os cabelos, ela dispensou a camareira. Queria ficar sozinha e pensar sobre tudo o que tinha sentido naquele dia.

A irritação raivosa que a sustentou o dia inteiro desapareceu imediatamente e foi substituída pelo desespero. Onde iria arrumar forças para suportar aquela vida anormal e ofensiva à sua dignidade feminina? Ela lamentava amargamente ter deixado Marion convencê-la a dar aquele passeio.

De qualquer modo, ela foi espionar Berange e o obrigou a abandonar a amante por sua causa. Aquele pensamento fez todo o seu orgulho aflorar. Por nada deste mundo ela dividiria o marido com aquela cortesã ou o disputaria com ela. Preferiria mil vezes desistir dele!

Absorta em pensamentos, Alice não notou quando a cortina da porta se levantou e na soleira apareceu Berange um pouco embaraçado. A jovem mulher estava realmente linda. Um verdadeiro caos de diferentes pensamentos refletia-se em seu claro e expressivo rosto, que adquiriu, assim, um semblante que ele nunca tinha visto antes. Num piscar de olhos, o Marquês apareceu ao seu lado, abraçou-a pela cintura e murmurou puxando-a para o próprio peito:

— Alice, querida, ouça-me! As circunstâncias estão contra mim, mas posso explicar tudo.

— Não, não! Me deixe! — disse a jovem mulher, tentando livrar-se de seus braços.

Lágrimas surgiram em seus longos cílios, enquanto no olhar alternavam-se tristeza, ira e recriminação.

— Alice! Juro que você imaginou muito mais que...

— Tchh!.. Cale-se, Berange! Você nada pode me dizer a não ser mentiras. Se eu ouvir a verdade contada por você próprio, serei obrigada a fugir imediatamente. Deveria fazer isso mesmo agora, pois sou absolutamente desnecessária em sua vida.

— O que está dizendo? Eu juro que a amo!.. E nunca, você ouviu? Nunca permitirei que você me deixe.

O Marquês cobriu-a de beijos e tanto jurou, mentiu e deu juras de amor que, por fim, abatida e cansada Alice baixou a cabeça e parou de protestar. Notando a terrível fadiga da esposa, o Marquês expressou grande preocupação, obrigou-a a tomar gotas de calmante e ficou sentado por perto até ela adormecer. Berange, entretanto, não estava satisfeito. Ele entendeu bem que o silêncio da moça foi somente resignação ao destino e não um perdão vindo do coração.

Na manhã seguinte, um novo problema aguardava o Marquês. Ele recebeu uma carta do tio, na qual este comunicava-lhe que havia terminado o tratamento médico em Carlsbad e que poderia chegar a Bordele em oito dias. Traria consigo um engenheiro e um arquiteto, pois desejava iniciar ainda naquele outono as obras nas ruínas para que já no próximo ano, pudesse começar a construção da fábrica.

Berange, furioso, jogou a carta na gaveta da mesa. A chegada do Barão iria, naturalmente, restringir as suas relações amorosas com Mushka. Se as obras nas ruínas se prolongassem até o fim do outono ele seria, então, um prisioneiro até a volta do tio a Paris. Mas, não havia escolha. A herança do tio valia um pouco de sacrifício. Por isso, Berange decidiu ir, imediatamente, ver a amante e acertar com ela os cuidados que deveriam ser tomados, no futuro, para ocultar sua relação do olhar perspicaz do Barão. Então, logo após o desjejum, alegando um passeio, o Marquês foi ver a sua Mushka. Esta ainda descansava do acesso de fúria e havia ordenado não receber ninguém. Mas Berange não era o tipo de pessoa capaz de obedecer tais ordens. Empurrando a camareira, que não queria deixá-lo passar, ele entrou sem qualquer constrangimento no dormitório onde Mushka lia deitada no sofá, vestindo um "négligé". Ao ver o Marquês, um novo acesso de fúria tomou conta da cortesã.

— Miserável! Traidor! Você me ridicularizou e pagou o meu amor me renegando diante da sua Marquesa! — rugiu ela, jogando na cabeça dele o livro que tinha nas mãos.

Depois do livro, seguiram o mesmo trajeto sapatos, leque, frascos de perfume... Resumindo: tudo que lhe caísse nas mãos.

J. W. Rochester

— Monstro ingrato! Você me envergonhou diante de Bertrand e Casimira! Você fez eles perderem o respeito por mim! Fora daqui! Nunca mais quero vê-lo! — gritava ela com voz estridente.

O ataque foi tão inesperado que Berange ficou parado, estarrecido e protegendo-se, instintivamente, dos projéteis improvisados. Mas, de repente, seu rosto explodiu. Aproximando-se rapidamente do sofá, ele agarrou o braço de Mushka e gritou com voz entrecortada:

— Pare com esse escândalo e gritos! Não vim aqui para ouvir as suas bobagens! Eu não estou brincando!

Irritado, ele a sacudiu grosseiramente. Mushka soltou um grito e caiu em lágrimas no sofá. Ela gemia e dizia que ele tinha-lhe quebrado o braço. O Marquês sentou-se à mesa e começou a folhear, calmamente, uma revista. Quando, finalmente, ele se convenceu que a sua amante começava a acalmar-se, deixou a revista e disse amigavelmente:

— Seja sensata, Mushka! Pare de gritar e vamos falar sério. Você sabe que a amo, mas também sabe que sou obrigado a cumprir certas obrigações, pois sou casado. Portanto, fique satisfeita com o que lhe dou com o coração e com o bolso. Meu nome, meu título e meu respeito pertencem à Marquesa. Estou convencido que ela gostaria muito de trocar de lugar com você para ter o amor que tenho por você. Mushka pulou do divã e, sentando no colo de Berange, passou o braço em seu pescoço.

— Querido!.. Meu querido!.. Perdoe-me! Você sabe que o ciúme e o temor de perdê-lo fazem-me perder a cabeça. Sinto que aquela desprezível que roubou de mim os direitos e a minha situação legal, vai querer também roubar de mim o seu coração.

— Acalme-se! A Marquesa é por demais orgulhosa para disputar qualquer coisa com você. Agora, esqueça o que aconteceu. Da próxima vez vamos jantar no gabinete. Em todo caso, de hoje em diante, vamos precisar esconder a nossa felicidade dos outros.

Em seguida, o Marquês contou-lhe a esperada vinda do tio e os cuidados que eles teriam de tomar para não chocar o "velho e retrógrado idiota". Mushka, de olhos semicerrados, fazia caretas. Por fim, com um sorriso sensual nos lábios, ela sussurrou:

— Jura para mim que não ama a Marquesa e que ela não lhe agrada! Ela é bonita, mesmo que seja meio boba e sem temperamento, mas vocês, homens, são tão fúteis e volúveis, que não merecem confiança.

— Você não tem o direito de reclamar, minha querida Mushka, e nem precisa ter ciúmes da Marquesa, aquela inocente criança. Ela não pode competir com você, pois não entende o amor, como nós entendemos, esse culto da volúpia... Para isso é preciso que a mulher tenha sangue em vez de leite nas veias.

Mushka deu um ardente beijo no amante. Seu olhar era abrasador, as narinas estufavam. Todo o seu ser transpirava aquela ordinária e descontrolada sensualidade, que inebriava Berange e fazia-o esquecer a existência da inocente Marquesa de Bordele. O Marquês apertou apaixonadamente a cortesã nos braços.

Entretanto, a partir daquele dia, Berange ficou mais cauteloso e não demonstrava publicamente o seu caso amoroso. Em compensação, ausentava-se mais assiduamente de casa, alegando negócios provocados pela próxima chegada do tio. O resultado foi que Alice passou a suportar, com bastante indiferença, as eternas ausências do marido. Ela sabia, perfeitamente, o significado dos inúmeros recados que caíam como chuva sobre a vila. Havia momentos em que um sentimento de forte repugnância a dominava. Ela, então, fugia para a casa de Marion. Lá sempre encontrava Gunter que nunca passava dos limites com sua respeitosa atenção. Mas, às vezes, os olhos do marinheiro luziam com tanto calor, que a jovem mulher sentia-se aquecida e consolada.

A notícia de que um negócio inesperado iria segurar o velho Barão por tempo indeterminado, em Paris, alegrou bastante o Marquês. Como se o tivessem soltado da corrente, ele voltou com novo ímpeto à sua vida desregrada. Alice deixava-o em paz e somente a visão da bicicleta provocava nela um sentimento de surda hostilidade. Aquele meio de transporte estava tão vinculado ao comportamento do marido, que parecia-lhe ser quase seu inimigo pessoal.

Na casa da senhora Laverdi reinava uma grande animação. Haviam chegado a sua sogra e a irmã, senhora de Servini. Depois, chegara, inesperadamente, o marido, junto com o Conde Nerval, para descansar um pouco. Seguiram-se muitas festas e recepções. Marion sempre convidava Alice e, às vezes, ela própria ia buscá-la e trazê-la de volta, querendo distrair a amiga, que caíra em profunda melancolia.

Alice deixava-se levar. Por vezes, a solidão tornava-se insuportável e, sem se dar conta daquilo, ela sentia uma atração pelo lugar onde vivia Gunter. Seu respeito e simpatia pelo jovem marinheiro aumentavam à medida que ela o comparava com a frivolidade e o cinismo dos homens que apareciam à sua frente. Ela transformara-se em fina observadora e percebia, com nojo, quantas intrigas amorosas, traições e mentiras ocultavam-se sob

J. W. Rochester

a aparência da sociedade decente, que se reunia nas salas de visitas de Marion.

Todas aquelas mulheres, tão suscetíveis e virtuosas, tinham amantes. Com sorrisos de duplo sentido, elas contavam uma para outra as histórias humorísticas das aventuras de seus maridos. Aqueles maridos e pais de família, tão respeitáveis na aparência e que falavam com tanta desaprovação sobre os vícios e a desmoralização da sociedade, eles próprios mantinham amantes e davam o exemplo de desmoralização às próprias esposas e aos filhos.

Alice sentia-se desconfortável naquele ambiente. Seus novos amigos também a tratavam com desconfiança e até com hostilidade, pois ela nunca fofocava, não fazia intrigas e nem tinha amantes. Giro, quando se convenceu que Marion estava ocupada, dirigiu seu alvo para a Marquesa e passou a cortejá-la insistentemente. Mas, percebendo que a sua corte fora recebida com frio desprezo, deixou-a imediatamente e começou uma outra intriga.

Somente Gunter permanecera fiel a Alice, cuidadosamente vigiando para que nenhuma sombra recaísse sobre ela. O jovem marinheiro tinha muita pena daquela jovem criatura, que fora jogada sem qualquer ajuda ou instruções por entre recifes e ondas agitadas da vida conjugal. Mas, ele era demasiadamente honesto para aproveitar o embaraço dos sentimentos da jovem mulher ou para aguardar um momento de fraqueza ou um acesso de raiva por orgulho ofendido. Gunter não queria seduzir Alice e levá-la ao adultério por respeitá-la e amá-la demais.

Enquanto isso, Berange continuava a divertir-se. Sendo depravado demais para satisfazer-se só com Mushka, que, às vezes, o cansava, o Marquês iniciou rapidamente uma intriga com uma bela dama, que encontrou na casa de Marion. Para manter o decoro, devido à breve chegada do tio, ele passou a acompanhar ocasionalmente a esposa nas visitas à casa da senhora Laverdi. Alice notou os olhares suspeitos entre o marido e aquela dama. Ela não queria vigiá-los, mas um acaso transformou a sua suspeita em certeza.

Certa vez, ela encontrara por acaso na escrivaninha do marido um magnífico broche de esmeraldas e supunha que aquela jóia destinava-se a Mushka. Qual não foi sua surpresa, quando um belo dia viu a senhora B... usando aquele mesmo broche, mostrando-o a todos como presente do seu padrinho. Alice não pôde conter-se e contou o caso a Marion. Esta olhou-a com compaixão.

— Meu Deus, Alice, como você é ingênua! Encontrar uma

jóia dessas e não a pegar para si?

— Mas, como? Pegar algo que não é destinado a mim? Você, positivamente, não sabe o que está falando — respondeu a Marquesa, ruborizando fortemente e franzindo o cenho.

— Pelo contrário! É você que não pensa no que está fazendo. Se o seu imprestável Marquês quer dar presentes às suas amantes, então, que os guarde em outro lugar e não em casa. Dei uma lição desse tipo ao meu querido Félix. Certa vez, eu também encontrei nas coisas dele um magnífico bracelete. Em seguida, corri até ele, me joguei em seu pescoço e agradeci pelo maravilhoso presente, desculpando-me por encontrá-lo antes que ele o desse para mim. Se ele ficou satisfeito? Não sei!

Marion jogou-se no encosto da cadeira e gargalhou como louca.

— Só sei que ele nada pôde dizer e o bracelete ficou comigo —acrescentou ela.

Alice também não conseguia conter o riso. Em seguida, acalmando-se, observou com desprezo:

— Não, Marion! Por nada desse mundo vou encostar num objeto destinado àquela criatura. Ela vende o seu corpo e a alma por essas jóias. Seria por demais humilhante roubar essa cortesã e revelar uma cobiça que me rebaixaria ao nível dela.

— Mas, ela rouba muito mais de você e por isso ambos merecem ser castigados como comparsas. Seria demais deixá-lo roubar você tão abertamente para enfeitar a amante!

— O que se há de fazer? É preciso conformar-me com isso. Nada exijo de Berange e também não vou disputá-lo com sua amante e nem aos seus presentes.

— Humm! Tal concessão pode ir muito longe.

— Vou ver por quanto tempo aguentarei as coisas como estão.

Tal era a situação quando, repentinamente, chegou o Barão de Bordele. Alice estava sozinha, pois Berange, como de costume, estava ausente. A chegada do antigo tutor alegrou muito a jovem mulher. Ela adorava aquele bom homem que lhe substituíra o pai. Ele presenteava-a como a uma filha e imaginava fazer a sua felicidade, unindo-a ao seu sobrinho e herdeiro. O que deu errado não foi sua culpa. Por isso, a jovem mulher queria livrar o bom velho da amarga desilusão.

Mas, aquele cavalheiro de meia-idade era um grande conhecedor do coração humano. Depois de uma curta conversa, percebeu que nem tudo estava em ordem na vila. Não deixou de notar que Alice emagrecera, mudara e que tinha dificuldades de

J. W. Rochester

responder às perguntas referentes ao marido.

— Por que, minha querida, você não esperou Berange? Eu nem tenho tanta fome — observou ele, sorrindo, quando anunciaram que o almoço estava servido.

— Hoje, Berange não vai almoçar em casa — respondeu a jovem, virando-se para dar uma ordem à governanta.

— Como assim? Onde ele almoça?

— Na verdade, não sei! Provavelmente com o senhor Bertrand — disse Alice, enrubescendo.

O Barão franziu o cenho, mas evitou fazer qualquer comentário na presença de criados. Quando, finalmente, ficaram a sós no "budoir", ele sentou-se perto da sobrinha e disse num tom sério e amigável:

— Minha filha, vamos ter uma conversa bem franca. Encontrei-a muito mudada. Você está abatida, triste e não sorri mais como antigamente. Você nem parece uma alegre e animada recém-casada. Essa mudança deve ter um motivo que eu, como seu parente e melhor amigo, tenho o direito de saber.

Um forte rubor cobriu o fino e expressivo rosto de Alice e algumas lágrimas, que não conseguiu conter, caíram lentamente de seus grandes cílios. Contudo, ela respondeu corajosamente:

— Mas, não há nada, tio! Isso é só impressão sua. Eu sou feliz.

O Barão balançou a cabeça. Sua suspeita confirmou-se ainda mais. Por isso, ele passou a inquiri-la de outra forma e não lhe foi difícil obter daquela jovem mulher uma grande parte da verdade.

À medida que ele se convencia que o seu sobrinho, em vez de sossegar, ignorava até o simples decoro, que desafiava abertamente a opinião pública e o respeito que deveria ter pela própria esposa, o rosto do Barão foi ficando cada vez mais sombrio. A raiva e o desprezo refletiam-se em seus olhos.

— Pobre criança! — disse ele por fim, abraçando a jovem e passando a mão, carinhosamente, por sua cabeça. — Minha pobre criança! Vejo que você sofreu muito e que eu cumpri muito mal a promessa que fiz ao seu pai de fazê-la feliz. Mas, vou aguardar a volta do meu digníssimo sobrinho e ler-lhe um sermão que, acredite, ele não esquecerá por muito tempo.

Alice endireitou-se rapidamente.

— Não faça isso, tio! Se me ama, então, não diga nada a Berange. Também não devemos esperá-lo, pois ele não voltará antes das quatro ou cinco horas da madrugada. Se o senhor começar a reprimir o meu marido pelo seu comportamento, isso somente vai me rebaixar, nada mudando nem melhorando. Entenda, tio Ernest, que ter ciúmes de uma coquete de tão baixa categoria, como é a amante dele, está abaixo da minha dignidade. Além disso, não quero um amor resultante do seu sermão.

Peço-lhe, tio, não demostre que sabe de tudo e não mude o seu tratamento com Berange. Prometa-me somente que não vai me negar ajuda quando eu própria solicitá-la, quando a minha situação ficar insuportável.

— Isso lhe prometo, minha filha! Qualquer que seja a ajuda que me pedir, eu imediatamente a ajudarei.

Após um instante de silêncio, ele acrescentou:

— Vou cumprir o seu desejo e nada direi ao Marquês sobre o que penso do seu comportamento indecente. Não quero com a minha imprópria interferência piorar ainda mais a situação. Só vou observar. Mas, saiba, minha filha, que você não está mais sozinha na sua infelicidade e que, a qualquer momento, pode contar com minha ajuda e proteção.

Para distrair a jovem, o Barão mudou de assunto. Ele informou-lhe que trouxera consigo um engenheiro e um arquiteto. Eles tinham ficado na cidade, mas viriam no dia seguinte para examinar, junto com ele, as ruínas do castelo e da abadia e escolher o lugar para a fábrica.

O Barão acertou no tema. Logo que citou as ruínas, Alice animou-se e começou a contar-lhe as lendas que ouvira e as estranhas observações de Suzanna. Depois contou-lhe a sua própria visão, mas calou-se, de repente, e ficou amuada, ao ver seu interlocutor cair numa gargalhada.

— Minha adorada filha! Você foi vítima de alucinação provocada pela conversa da governanta e do pobre louco que citou. Seus nervos excitados aprontaram-lhe uma peça. Em todo caso, isso mais uma vez comprova que é preciso acabar com essas ruínas, com seus fantasmas e suas tristes recordações.

— Não, apesar de tudo, tenho pena daquelas respeitáveis ruínas, cheias de poesia! Só de pensar que elas desaparecerão, me aperta o coração — disse Alice, suspirando. — Lamento mais pela abadia, onde é tão bom sonhar, e pela igreja com o túmulo do cavaleiro de Savari. Profanar o túmulo será um sacrilégio!

— Acalme-se, minha cabecinha romântica! Nós guardaremos com reverência a lápide tumular. Quanto aos muros desmoronados, atrás dos quais viviam outrora os veneráveis monges beneditinos, eles atualmente só servem de moradia para corujas e devem dar lugar às atividades da indústria moderna.

— Mas, se pretende construir a fábrica no lugar da abadia, então para quê destruir as ruínas do castelo?

— Porque na colina desobstruída vou construir moradias para os trabalhadores, lojas e depósitos. Esse, pelo menos, é o meu plano se o arquiteto achá-lo viável. Você mesma deve concordar que uma indústria, que dará trabalho e comida a uma centena de pessoas, é muito mais útil do que aqueles poéticos monumentos ao grosseiro despotismo intelectual.

Perto das onze horas da noite, o Barão, alegando cansaço, retirou-se para os aposentos reservados a ele, cujas janelas saíam para o jardim, que estava totalmente iluminado pelo luar. Ficando sozinho, começou a andar pelo quarto, extremamente irritado.

— Pobre Alice! — murmurou ele. — Que ideia infeliz a minha de uni-la àquele miserável hipócrita, que jurava amá-la e que em apenas algumas semanas após o casamento já a traíra com uma frequentadora de cabarés (Alice não lhe contara sobre a carta encontrada durante a viagem de núpcias, que comprovava a ligação de longa data entre seu marido e a cortesã).

Em seguida, o Barão ocupou-se em escrever cartas e estudar o plano da fábrica. De vez em quando, olhava para a grade do jardim, de onde deveria aparecer o sobrinho. O relógio bateu três horas da manhã e Berange ainda não tinha chegado. Então, o Barão foi deitar-se, sombrio e taciturno.

O Marquês voltou para casa perto das cinco horas da manhã. Quando soube, pelo mordomo, da chegada do tio, foi tomado de raiva e embaraço. Entrou no dormitório fazendo barulho, pretendendo acordar Alice para inquiri-la e descontar nela o seu mau humor. Mas a jovem mulher, que não queria falar com ele, continuou a fingir que estava dormindo.

Berange não conseguiu dormir por muito tempo. Quando acordou de manhã, após um breve cochilo, a Marquesa já estava vestida e se preparava para sair do quarto.

— Acho que você deveria ter me avisado sobre a chegada do tio! — gritou ele, imediatamente, num tom raivoso.

Alice parou e mediu o marido com um olhar gélido.

— Avisá-lo? Onde? Você não me disse onde estaria e não sei o endereço da senhora Lajua d'Arson.

Com aquelas palavras, Alice voltou-se rapidamente e saiu do quarto. Berange, terrivelmente vermelho, emudeceu e ficou, definitivamente, confuso.

Quando o Marquês saiu do quarto para o desjejum, já havia recuperado toda a sua fleuma. Cumprimentou alegremente o tio, e parecia não notar a leve frieza com que ele recebia os cumprimentos. Somente um leve rubor coloriu suas faces pálidas, quando o Barão olhou-o atentamente e observou:

— Você está com uma terrível aparência! Nem nos tempos mais agitados de sua vida de solteiro vi você tão pálido e até diria, murcho! O que você tem?

— Absolutamente nada, tio! Pode acreditar.

— Pelo jeito, o ar daqui não vale nada! Alice também emagreceu demais. Me parece que você, em vez de voltar a Paris, deveria fazer uma viagem com a esposa pela Algéria.

— É um magnífico plano, tio, e vou certamente segui-lo. Isso será muito útil para distrair a minha querida esposa — respondeu Berange, fingindo estar entusiasmado com a viagem, mas, por dentro, mandando ao inferno a viagem e seus inventores.

Em seguida, passaram a falar sobre a chegada do arquiteto e a construção da fábrica.

— Suas ideias são magníficas, tio Ernest! Contei sobre elas ao Bertrand, que é especialista em tais assuntos e ele prometeu-nos enormes lucros! — exclamou o Marquês, com jactância. — Aliás, já que estamos falando da destruição das ruínas, gostaria de sugerir que começassem os trabalhos a partir do lugar onde, pela crença geral, estão escondidos tesouros de um dos meus antepassados que, conforme diz a lenda, foi um feiticeiro e sabia fazer ouro.

— Você falou certo: isso é exatamente uma lenda. Somente uma lenda pode afirmar tais coisas — respondeu o Barão com um sorriso irônico. — Eu achava-o mais racional, Berange. Nunca imaginei que você pudesse acreditar nessas tolices. Creia-me, se todos soubessem onde está escondido o tesouro teriam procurado até encontrá-lo e não ficariam aguardando centenas de anos para isso.

— Tudo isso é correto, tio! Entretanto, a crença popular confirma a existência desse tesouro. Por aqui vive um velho camponês que conta coisas muito curiosas sobre isso. Ele afirma, por exemplo, que sabe exatamente o local onde está enterrado o tesouro. Vou hoje mesmo mandar chamá-lo e nós podemos inquiri-lo. Além disso, eu gostaria de confirmar toda essa história.

— Sem dúvida, confirme! Se o tesouro existe, pertence por direito à família Bordele. Para mim é absolutamente indiferente de onde começarão os trabalhos. Também estou interessado em conhecer o homem que você citou, pois tudo que se refere ao passado da nossa família me interessa. Você bem sabe que sou um entusiasmado arqueólogo.

Após o desjejum, chegaram os dois especialistas convidados pelo Barão. A conversa tornou-se séria. Em seguida, os homens foram examinar as ruínas do castelo e da abadia para

J. W. Rochester

decidir o andamento dos trabalhos. O exame do terreno levou mais tempo do que se supunha. Cansados e esfomeados, os homens voltaram somente para o almoço. Quando eles saíram da mesa e passaram para o terraço para tomar café, chegaram à vila três carruagens. Era Marion, com o seu círculo de amigos, imaginando que Alice estava sozinha e, como de costume, morrendo de tédio.

Ao saber que a destruição das ruínas iria começar logo, Marion elevou as mãos para os Céus e exclamou amargamente:

— Barão! O senhor é um vândalo ou um Bordele degenerado se insistir em destruir o antigo ninho da família para construir uma nojenta fábrica qualquer! O que o senhor vai produzir? Galochas, talvez? Galochas num lugar onde outrora tilintavam as esporas dos cavaleiros e desfraldavam-se bandeiras! Meu Deus, que decadência!

Aquela atitude fez todos rirem. Berange, por sua vez, declarou que, para a paz de espírito de todos os cavaleiros e suas damas, ele iria dar naquele local um baile organizado por Marion.

— Os trajes medievais serão obrigatórios para todos os convidados. Como a chama que lança uma luz mais forte antes de apagar, assim o velho castelo irá brilhar com luxo pela última vez e vai encher-se de alegria e diversão antes de passar para a posteridade! — declarou o Marquês, com uma empáfia cômica, copiando a explosão de Marion.

Todos estavam muito alegres e animados, quando o criado informou a Berange que o homem que ele mandara chamar pela manhã, havia chegado e aguardava as suas ordens.

— Senhoras e senhores! Gostariam de ouvir uma testemunha ocular da existência de enormes riquezas enterradas na Torre do Diabo?

— Mas, é claro! Que pergunta! Mostre-nos logo essa pessoa interessante — ouviu-se de todos os lados.

— Tragam para cá esse ancião! Como ele se chama?

— Tio Gaspar ou Gaspar Siuro — respondeu o criado.

Minutos mais tarde, no terraço, apareceu um camponês, vestindo uma camisa limpa, com um velho chapéu de feltro nas mãos. Ao ver o grande e luxuoso grupo, ele pareceu ficar embaraçado por instantes, mas, depois, fez uma respeitosa reverência, sem qualquer timidez. Era um senhor alto e forte, de rosto aberto e bondoso. Toda a sua figura era simpática à primeira vista. Os cabelos brancos e a longa barba prateada davam-lhe um ar particularmente respeitável.

— Aproxime-se, tio Gaspar — disse amigavelmente Berange. — Se não for segredo, conte-nos o que sabe sobre os tesouros enterrados nessas terras.

— Senhor Marquês! Isso é de conhecimento de todos por aqui. Nas redondezas, qualquer criança vai lhe dizer que nos porões do castelo, perto da Torre do Diabo, o mau proprietário do castelo, que vendeu sua alma ao impuro, enterrou ali o seu tesouro.

— Como foi que ninguém tentou se apropriar desse tesouro se todos conhecem até o porão onde ele está enterrado? — observou o Barão de Bordele.

O velho, então, fez o "sinal da cruz".

— Não é qualquer um que tem coragem de arriscar a própria alma, tentando aquilo que, à vista de todos, custou a vida de meu avô! Além disso, todos sabem que isso seria um trabalho em vão. O cavaleiro-feiticeiro guarda seus tesouros e destrói todo aquele que tenta apropriar-se dele.

— Então, já está na hora do meu antepassado parar com essa avidez. Mas, quem sabe? Pode ser que ele queira entregar suas riquezas ao herdeiro legal. Resumindo, tio Gaspar: quero tentar encontrar o tesouro se o senhor concordar em indicar o local onde ele está enterrado — declarou Berange.

— Oh! Com muito prazer! Só que o senhor nada vai encontrar. Depois, ouvi dizer que querem destruir essas ruínas; se eu pudesse...

O velho calou-se, aparentemente indeciso em prosseguir falando.

— Diga abertamente, Gaspar!

— Está bem, senhor Marquês. Então, queria dizer que não é bom mexer com aqueles velhos muros; eles estão amaldiçoados. Incomodar os espíritos maus e mexer no lugar que eles frequentam, sempre traz desgraças.

Aquelas palavras fizeram uma nuvem de preocupação passar pelo expressivo rosto de Alice.

— Ouviu isso, tio Ernest?

— Naturalmente que ouvi, minha filha. Mas, não compartilho das preocupações do tio Gaspar. Todos sabem, há muito tempo, que em cada desmoronamento do castelo estão enterrados tesouros guardados por espíritos infernais, que seus proprietários falecidos passeiam ao luar com suas damas e que incomodá-los traz má sorte — respondeu o Barão, sorrindo.

— Não zombem, senhores! — observou o ancião num tom solene. — Aqui estão enterrados tesouros e o fantasma do barão--feiticeiro guarda-os e destrói a todo aquele que tenta apropriar--se deles. Isso é tão verdadeiro que o meu avô e antes dele, seu bisavô, viram-no com seus próprios olhos, pois a cada cem anos as pessoas podem ver aquele fantasma e seu tesouro. Tudo isso traz desgraça. Meu avô morreu no dia seguinte àquela terrível noite.

J. W. Rochester

— O que você está dizendo, ancião? Que o seu avô viu o tal fantasma? Naquele dia ele não tinha bebido um pouco a mais? — disse o Barão, com ar incrédulo.

— Oh, titio, como pode ficar duvidando sempre? Eu própria vi a sombra do alquimista e não tinha bebido nada! — exclamou Alice, enrubescendo. Gaspar somente balançou a cabeça.

— Não, senhor Barão, o meu avô era famoso por sua sobriedade. Somente uma vez na vida, no dia do seu casamento, ele bebeu um pouco. Ele viu o fantasma do cavaleiro-feiticeiro como estou vendo o senhor neste momento.

— Conte-nos sobre esse caso, tio Gaspar! Isso deve ser muito interessante! — exclamou Marion.

Todos, extremamente curiosos, cercaram o ancião. Depois de um curto silêncio, ele começou num tom solene:

— No tempo em que aconteceu o que vou relatar-lhes, o meu avô já era muito velho; ele tinha quase noventa anos, mas ainda era tão firme e forte que ninguém lhe daria mais de sessenta. O meu avô foi um homem muito estranho. Desde criança via assombrações por todos os lados e descrevia muito bem pessoas mortas, que nunca tinha visto e que os outros velhos reconheciam serem seus avós.

Entre outras coisas, ele contava que nas ruínas onde ia colher plantas medicinais via, frequentemente, uma sombra que, rapidamente, dirigia-se para a janela com grade de ferro perto da escadaria desmoronada.

Ele ficou muito interessado, pois sabia pela lenda que, por lá, estava enterrado, há centenas de anos, um tesouro. Então, numa bela noite, ele sentou-se perto da escadaria desmoronada para ver o que acontecia naquele local. Tudo em volta estava silencioso. Quando o relógio da aldeia bateu meia-noite, ele ouviu, de repente, o rangido de uma porta se abrindo. Surpreso, olhou em volta e viu por perto uma porta maciça que antes não tinha notado. Daquela porta saiu um homem alto e foi em direção ao meu avô. A um passo diante dele, o homem estancou e levantou a vela acesa num castiçal de prata que iluminou seu rosto. Na luz bruxuleante, mas extremamente clara, meu avô viu que o desconhecido ainda era jovem, muito elegante e vestia um traje de veludo negro de corte desconhecido para ele. Em seu pescoço havia uma corrente de ouro maciço. Seu rosto pálido e magro tinha algo de terrível. Instantes depois, o desconhecido voltou-se e fez um sinal para o meu avô segui-lo.

O ancião calou-se e pareceu ficar imerso nas próprias recordações.

— Continue, continue, tio Gaspar! Sem dúvida, o seu avô adormeceu, mas mesmo assim, isso está muito interessante —

disse o Barão de Bordele.

— Quando meu avô contava essa história, ele próprio dizia: "Naturalmente, tive um sonho, mas tudo era tão nítido, tão real, que estou pronto a jurar que vi isso de fato."

Então, vou continuar o meu relato.

Meu avô seguiu o fantasma em direção à torre desmoronada, que ainda hoje fica no fim da ala residencial, oposta à Torre do Diabo, e começou a subir pela escadaria semidesmoronada. De repente, sentiu um terrível abalo. Tudo em volta parecia tremer e desmoronar, num espesso nevoeiro. Instantes mais tarde tudo clareou. Ele, então, não encontrava-se mais numa escadaria semidesmoronada, mas sim em maravilhosos degraus de pedra, por entre paredes maciças. Diante dele estendia-se um corredor abobadado. Ele atravessou-o, seguindo o homem de traje negro. Finalmente, seu terrível guia chegou numa porta de madeira trabalhada, abriu-a e entrou numa capela gótica. No altar, e junto ao caixão que havia na capela, ardiam velas de cera. No caixão estava deitada uma bonita e bem vestida jovem. O terrível fantasma ajoelhou-se e gemidos lúgubres escaparam de seu peito. Neste ínterim, uma certa luz fosforescente, semelhante ao raio, que alternava entre azul, verde e amarelo, iluminava a capela.

Meu avô não pôde precisar quanto tempo durou aquela visão. Em seguida, o homem de negro levantou-se e saiu da capela. Quando eles entraram no corredor, repetiu-se o terrível abalo anterior. Novamente, parecia que tudo ruía ao seu redor e meu avô viu-se de novo nos degraus da escadaria desmoronada. Como se estivesse encantado, continuou a seguir o fantasma até a porta de onde ele tinha surgido. Naquele local, o fantasma voltou-se e sorriu para o meu avô. Em seguida, abriu a porta e o avô viu um pequeno e iluminado porão lotado de baús, nos quais brilhavam ouro e prata. O fantasma mostrou ao avô todos aqueles tesouros e... desapareceu por terra. Novamente ouviu-se o ranger de uma pesada porta e voltou a reinar o silêncio. Meu avô voltou correndo para casa e desmaiou de emoção, apesar de até aquele dia jamais ter tido medo de nada.

Quando no dia seguinte contou sobre sua visão noturna, todos começaram a lhe dizer que se o fantasma tinha lhe mostrado os seus tesouros, significava que pretendia dá-los ao meu avô. Então, imploraram-lhe para não deixar escapar aquela maravilhosa oportunidade de enriquecer toda a família.

Esqueci de dizer que, conforme a lenda, a cada cem anos no fim de julho, o fantasma aparece para alguém e quem o vê tem chance de encontrar o tesouro.

O resultado foi que meu avô deixou-se, finalmente, convencer. Na noite seguinte, ele foi até as ruínas, acompanhado de um rapaz de dezoito anos, que se ofereceu para ajudá-lo. Era um rapaz forte e corajoso, que não temia nem a Deus nem ao diabo. Eles foram lá levando consigo pás, picaretas e lamparinas. Ao amanhecer, o rapaz chegou correndo, pálido e trêmulo. "Venham logo", disse ele, "Jack está morrendo!" Mas, recusou-se a contar o que acontecera à noite. Corremos para o local indicado por ele.

Meu avô estava deitado na terra, fraco e moribundo. Perto dele via-se a trincheira que eles cavaram. No fundo da trincheira via-se uma porta de ferro, fechada com correntes. Carregaram o velho para casa, onde ele voltou aos poucos a si e pediu a presença do padre. Depois de receber a extrema-unção, ele contou-nos o seguinte:

"Após cavarmos uma trincheira bastante funda, encontramos a porta de ferro maciça. Era exatamente meia-noite. Eu já estava pronto para quebrar a pesada corrente que trancava a porta, quando, de repente, ela abriu-se sozinha. Eu recuei de terror, pois na soleira da porta estava o já conhecido terrível fantasma. Ele cruzou os braços no peito, olhando-me com um sorriso cruel e zombeteiro. 'O que está procurando?', perguntou com voz surda. O mais estranho — acrescentou meu avô — é que quando o fantasma fez essa pergunta eu, imediatamente, senti uma coragem nunca antes sentida. Naquela hora, eu já não o temia; só queria o ouro e ele tinha que entregar-me. Agora não lembro o que eu disse a ele. O homem de negro ouvia-me com o seu fatídico sorriso. Quando o empurrei e tentei entrar à força no porão, ele agarrou-me pelo pescoço; seus dedos ossudos cravaram-se tão fundo em minha garganta que pensei que ia sufocar. Um indescritível terror apossou-se de mim e recitei mentalmente: 'Meu Senhor Jesus Cristo! Santa Maria! Salvem-me!' As mãos do fantasma afrouxaram-se imediatamente. Ele me empurrou e desapareceu com um terrível e seco riso. Vou morrer — prosseguiu o avô — pois o fantasma me disse: 'Até o nosso encontro à meia-noite!' Mas, o maldito enganou-se. Eu me arrependi, comunguei e não serei condenado."

Mas algumas horas depois ele morreu. Devo acrescentar que, naquele tempo, eu tinha doze anos e cada detalhe, cada palavra do moribundo ficaram gravados na minha memória — concluiu o ancião, persignando-se.

— Muito bem! Mas, o que havia por trás daquela porta de ferro? — perguntaram, em uníssono, várias vozes.

— Ninguém teve coragem de abri-la e arriscar a própria alma, invocando satanás — respondeu Gaspar, com um suspiro.

— Os vizinhos também viram as manchas escuras dos terríveis dedos no pescoço de meu avô. O rapaz que o acompanhou confirmou sua história em todos os detalhes. Por isso, correram para tapar aquela trincheira e desde então ninguém mais mexeu nela.

— Eu lhe agradeço, tio Gaspar, pelo interessante relato — disse o Barão de Bordele, colocando uma moeda de ouro na mão do ancião. — Para refrescar sua garganta, vou ordenar que lhe sirvam o jantar e um copo de vinho. Quanto ao seu avô, ele naturalmente teve uma alucinação provocada pelo medo supersticioso e pela escuridão da noite. A porta que seu avô descobriu, provavelmente, deve existir. Se o senhor indicar-nos o local onde ela está, nós iremos ver o que se esconde por trás dela.

— Indicarei o local com todo o prazer. Conheço-o bem, pois o meu pai diversas vezes apontou-me o lugar exato. Mas, peço-lhe Barão, não abra aquela porta e não perturbe a paz do demônio.

— Bá! De dia os demônios perdem as forças — disse alegremente o Barão. — O que acham, senhores? Devemos conferir esse caso curioso ou é melhor não provocar o demônio, invadindo o seu porão?

Berange e todos os homens foram unânimes em declarar que deveriam encontrar aquela porta e saber aonde ela levava. Marion e a maioria das damas foram da mesma opinião. Somente Alice vacilava um pouco entre o temor e a curiosidade, mas logo aderiu à opinião geral. Ficou decidido que todos se reuniriam dali a dois dias na vila para começar a procura da misteriosa porta. O dia seguinte foi destinado aos devidos preparativos e à contratação do número necessário de cavadores.

Enquanto ambos os Bordele, junto com o arquiteto e o engenheiro, examinavam novamente o futuro local da fábrica projetada, Alice recebia a visita de Renoir. Ouvindo falar que pretendiam destruir as ruínas, o rapaz ficou muito preocupado e foi saber da veracidade daqueles boatos. Quando a jovem contou-lhe sobre os planos do tio e do marido e sobre as escavações, Renoir ficou calado bastante tempo. Em seguida, observou misteriosamente:

— Sim, é assim que deve ser! A justiça deve se realizar! As testemunhas do crime tornar-se-ão desnecessárias.

Sem prestar atenção à penosa surpresa de Alice, Renoir saiu após pedir permissão para presenciar as escavações.

Ao amanhecer do dia seguinte, os trabalhadores iniciaram as escavações no local indicado pelo tio Gaspar. Quando Alice, Berange e o Barão chegaram lá, já encontraram uma profunda trincheira. Renoir estava sentado na colina e seguia com febril

J. W. Rochester

atenção o trabalho dos escavadores. Um pouco mais tarde chegaram Marion e o marido, sua sogra, o Conde Nerval e Gunter; a senhora de Servini ficara em casa, pois não se sentia bem.

O grupo reuniu-se cheio de curiosidade e emoção em volta do local da escavação. O interesse geral aumentou quando descobriram uma parede de pedra, que provavelmente pertencia ao velho subterrâneo. Um pouco mais tarde, Berange e Gunter, que desceram no fosso para melhor orientar os trabalhos, soltaram um grito de alegria, o que fez Renoir dar uma risada alta e irônica, à qual ninguém prestou atenção, pois, naquele instante, a pá de um dos escavadores bateu contra um objeto metálico. Após alguns minutos foi descoberta uma pequena porta de ferro trancada com corrente. Para quebrar a fechadura foram suficientes alguns golpes de picareta, mas foi bem mais difícil abrir a porta que parecia ter criado raízes. Contudo, ela acabou cedendo aos esforços dos trabalhadores e abriu-se com um rangido, dando entrada à uma escura galeria subterrânea.

Enquanto acendiam as tochas, o grupo inteiro desceu para a trincheira aberta. Os homens tentaram convencer as senhoras a aguardarem os resultados do exame no local, mas elas nem lhes deram ouvidos. Enfim, Alice agarrou uma tocha e foi a primeira a entrar no subterrâneo. Era um corredor abobadado, extraordinariamente resistente, calçado com largas lajotas de pedra. Em suas paredes não havia qualquer sinal de umidade ou destruição. Parecia que os construtores do antigo castelo fizeram-no para durar eternamente.

Perto da entrada, havia uma grande caixa chapeada com ferro. O corredor, após diversas curvas, conduziu os pesquisadores a um porão, no fundo do qual havia uma grande e comprida caixa, semelhante a um caixão. Todos reuniram-se, curiosos, à sua volta. A caixa parecia ser de chumbo. Numa de suas extremidades havia o brasão quebrado dos Bordele e uma inscrição em letras góticas.

Naquele instante, ninguém teve a paciência de decifrar a antiga inscrição, pois todos queriam conhecer, o quanto antes, o conteúdo daquela caixa. A imaginação excitada dos pesquisadores desenhava-lhes somente tesouros ocultos e, por isso, ninguém prestava atenção ao comentário do Barão de que o objeto encontrado parecia mais um caixão do que uma arca de jóias.

Sem perder tempo, os mais corajosos dos camponeses, que acompanhavam os pesquisadores, abriram a cobertura de chumbo, sob a qual encontraram uma outra caixa de carvalho enegrecido, que facilmente cedeu aos esforços de Berange e Gunter. Enquanto isso, Renoir sentava-se num canto, ficando totalmente entretido na leitura da inscrição.

Todos empalideceram e inclinaram-se para frente para ver logo o que havia sob a tampa que estava sendo levantada. Uma nuvem de pó elevou-se da caixa aberta e obrigou os presentes a recuar. Mas, depois, todos deixaram escapar um grito de surpresa e horror. Em vez de o esperado tesouro, na caixa havia um cadáver.

No caixão estava deitado o cadáver, perfeitamente conservado, de um homem ainda jovem em traje de veludo negro dos tempos de Ludovico XI. Em seu peito brilhava uma pesada corrente de ouro. Seu rosto conservava uma certa expressão cruel e terrível. O olhar de todos pareceu cravar-se naquele terrível rosto que, ao contato com o ar puro, começava a desintegrar-se rapidamente.

Berange, totalmente pálido, recuou e, cambaleando, encostou-se na parede. Parecia que algo o sufocava. Mas, na confusão geral, ninguém prestava atenção nele. O Barão de Bordele foi o primeiro a recuperar-se e ordenou que fechassem o caixão. Depois, virando-se para os presentes, observou com um sorriso:

— Este achado não nos enriqueceu muito. Em todo caso, é uma ótima ilustração para o relato do tio Gaspar.

— Sim, a descrição do fantasma combina exatamente com este cadáver. Supostamente, temos o prazer de ver o próprio cavaleiro-feiticeiro — respondeu o Conde Nerval, tentando desanuviar, com uma piada, o ambiente pesado que o achado provocou nos presentes.

— Vejam, lá, junto à parede, tem uma outra caixa. Pode ser que contenha o tesouro que o fantasma guardava — observou Marion, também começando a recuperar-se.

— Vejamos o que há na outra caixa — disse, bondosamente, o Barão.

Na caixa havia ossos de um velho a julgar pelas mechas de cabelos grisalhos que se conservaram.

O grande baú, chapeado de ferro, também foi, cuidadosamente, examinado por Gunter e Nerval. Para a desilusão geral, estava cheio de ossos humanos, entre os quais alguns crânios de crianças.

— Este subterrâneo é um verdadeiro cemitério! A caixa com esqueletos de crianças faz lembrar o lúgubre Gill de Rets — disse o Barão, enquanto um frêmito de horror tomava conta de todas as senhoras.

— É verdade! Tenho a impressão que descobrimos o túmulo de um segundo Barba Azul. Gostaria de saber o seu nome! — disse Gunter, olhando com surpresa o rosto desfigurado de Berange.

O Marquês não participou do exame das caixas e o seu

olhar imóvel parecia grudado nos restos mortais das crianças. O Barão Gunter quis chamar a atenção dos outros para o estado de Berange, quando Renoir exclamou com voz estridente:

— O nome do malfeitor! Ele está escrito nos pés do seu caixão. Acabei de lê-lo. O falecido Barba Azul não é outro senão o próprio, respeitável e poderoso, senhor Berange, Barão de Bordele, sepultado no ano de .... A inscrição acrescenta: "Que Deus seja misericordioso com ele", mas eu invoco pela Justiça Divina! — concluiu o louco com uma expressão cruel.

Durante a leitura do nome e dos títulos do falecido, Berange estremeceu e saiu do subterrâneo. Somente quando todos retornaram à luz do dia, o Barão notou a aparência desolada do Marquês e exclamou, preocupado:

— O que você tem, Berange? Não me diga que a visão do cadáver deixou-o desse jeito?

— Oh! Não foi a visão, mas o terrível odor que escapou do caixão, que me deixou assim — respondeu o Marquês, tentando acalmar-se.

A resposta pareceu bem natural. Além disso, todos estavam demasiadamente excitados para prestar atenção a um mal-estar ocasional do Marquês. Passaram a falar, novamente, do que viram no subterrâneo. O Conde Nerval sugeriu que o porão com o tesouro podia estar debaixo do mausoléu e que talvez fosse possível encontrá-lo, deslocando-se o mausoléu do lugar.

Não — respondeu o Barão. — Não vou perturbar, pela segunda vez, este lugar lúgubre. Que Deus dê paz à alma do senhor Berange! Deixe-o guardar o seu ouro que, sem dúvida, foi lavado com sangue e lágrimas. Penso que seria mais sensato enterrar esta galeria e nivelá-la com a terra.

— Ah, não! Isso é impossível! — exclamaram ao mesmo tempo, Gunter e Nerval.

— Em todo caso, primeiramente, será necessário fazer um criterioso exame do subterrâneo — observou o Conde.

— E saber a opinião dos camponeses antes de empreender qualquer coisa — acrescentou o marinheiro. — É bem provável que, sob a influência do medo supersticioso provocado pelo feiticeiro sepultado neste local, os trabalhadores recusem-se a trabalhar, imaginando que o terrível fantasma venha visitar a fábrica e trazer desgraças a toda a empresa.

— Talvez o senhor tenha razão, Barão Rentlinguen — respondeu o Barão, após refletir um pouco. — Devemos pensar sobre esse assunto. Enquanto isso, se quiserem, podem examinar o subterrâneo. Vou voltar para casa, pois estou me sentindo muito cansado.

Os rapazes aceitaram, animadamente, aquela proposta.

Alice e Marion disseram que queriam acompanhá-los na pesquisa. Berange tentou contrariar a vontade da esposa, mas ela nem lhe deu ouvidos. Quando o velho Barão apoiou-a, o Marquês teve de concordar. Ele sentia-se tão mal que, de forma alguma, conseguiria acompanhar os pesquisadores. A sua insatisfação aumentou ainda mais quando soube que o marido e a sogra de Marion também recusaram-se a prosseguir no exame do subterrâneo. Alegaram que, por aquele dia, já tinham tido suficiente dose de emoção e que não desejavam ficar apreciando esqueletos ou cair numa armadilha qualquer.

Quando o resto do grupo dirigiu-se de volta à vila, os quatro jovens acenderam as tochas e, com novo ímpeto, recomeçaram a exploração. Inicialmente, examinaram, minuciosamente, as paredes do subterrâneo. Numa cavidade escura descobriram uma pequena porta que conduzia para uma nova galeria, a qual, por sua vez, subdividia-se em diversos túneis, que seguiam em direções diferentes. A exploração que se seguiu mostrou que um dos túneis subterrâneos saía muito longe, no meio do campo, um outro levava às masmorras localizadas sob a Torre do Diabo e, finalmente, o terceiro túnel terminava numa escada que conduzia a um recinto interno do castelo. Aquela escada, íngreme e estreita, parecia ter sido construída dentro de uma espessa parede. Ela conservou-se perfeitamente, apesar de o ar também ali ser bastante pesado.

Os jovens começaram a subir com grande precaução, mas a escada parecia-lhes interminável; por fim, viram uma porta arrancada das ferragens e jogada no chão. Aquela porta conduzia à uma pequena sacristia, ao lado de uma capela gótica, separada da sala por paredes divididas. Exceto alguns estragos insignificantes, tudo por ali conservara-se intocado.

O altar estava inteiro. Somente em seus degraus havia um crucifixo de prata maciça e dois castiçais. As estantes de livros, arrancadas pela explosão, estavam jogadas no chão e abriam uma profunda cavidade outrora oculta por tijolos, parte dos quais ainda dava para ver. Naquela cavidade, Gunter encontrou um grande caixote, que os homens retiraram imediatamente. Depois, junto com o achado, os quatro retornaram pelo mesmo caminho que os levara até aquele local.

Quando saíram do subterrâneo, viram que o objeto encontrado era um grande porta-jóias de ébano trabalhado, com cantos e pés de prata enegrecida. Na tampa havia um brasão em relevo. Num dos ornamentos do brasão, numa fina corrente, estava pendurada uma pequena chave.

Movida pela curiosidade, Marion quis abrir a caixa imediatamente, mas Alice opôs-se àquilo:

— Não! Vamos abri-la na presença do meu tio. Sabe Deus que relíquias de família estão guardadas aí dentro. Isso será muito interessante para o tio.

— Você tem razão! O Barão e o Marquês têm direitos sobre esse achado. Além disso, estou morrendo de fome. Na minha opinião, o mais sensato é voltar logo para casa — respondeu, alegremente, a senhora de Laverdi.

A aparência do porta-jóias encontrado espantou a todos. Mas, como o almoço já estava servido e todos estavam esfomeados, então, o Barão declarou, com um sorriso, que o passado não podia obrigar a esquecer, definitivamente, o presente e que, por aquele motivo, a abertura do porta-jóias seria realizada somente após a refeição.

O almoço foi concluído com surpreendente rapidez. Depois, todo o grupo reuniu-se na sala de visitas, exceto Berange que, após voltar para a vila, foi deitar-se, pedindo que não o incomodassem se ele adormecesse.

Todos reuniram-se curiosos em volta da mesa sobre a qual estava o porta-jóias de ébano. O Barão de Bordele, um pouco emocionado, abriu-o. Todos viram um lenço de seda muito maltratado pelo tempo e, por baixo dele, alguns pacotes volumosos de pergaminho. No fundo do porta-jóias havia algumas preciosidades antigas: um colar de pérolas, três medalhões cinzelados de ouro, dois anéis e um par de sapatinhos femininos, que serviriam somente em pezinhos de Cinderela.

Dentro dos três medalhões havia retratos em miniatura. Um deles mostrava uma linda mulher loura com grandes olhos azuis-cinzentos, cheios de melancolia, que olhavam para o espectador como se estivessem vivos; o outro retrato-miniatura mostrava um lindo garoto de uns quatro anos. O terceiro retrato mostrava um rapaz, usando um chapeuzinho com penas.

Todos olharam com estranha emoção aqueles restos do passado, pois os objetos pertenceram a seres humanos que, há muitos séculos, transformaram-se em pó. Com lágrimas nos olhos, Alice pegou os sapatinhos e passou a examiná-los.

— Eles, sem dúvida, pertenceram a linda e triste senhora do retrato — disse ela.

— É bem provável — respondeu Marion, colocando na mesa o bracelete de ouro, encravado de rubis. — Na certa alguma mão apaixonada guardou com veneração esses sapatinhos de fada. Alice, acho que você deveria guardar esses objetos dos tempos de grandeza e brilho do antigo castelo — acrescentou ela.

Enquanto os jovens discutiam sobre o achado, o Barão de

Bordele ficou entretido, examinando os pergaminhos. De repente, ele exclamou alegremente:

— Meus amigos! Vocês acharam um verdadeiro tesouro. Este é um manuscrito original do século XV — uma crônica escrita pelo capelão Ambrósio. Se não estou enganado, vamos encontrar neste manuscrito a história do barão-feiticeiro, pois consegui decifrar o nome de Berange, que aparece bastante no manuscrito.

— Ó, tio Ernest! Leia para nós esse manuscrito — exclamou Alice, com entusiasmo.

— Mas, que pressa, minha filha! Não consigo ler rapidamente estas letras desbotadas. Tenha um pouco de paciência! Assim que traduzir o manuscrito, vou ler para vocês, em voz alta, esta crônica do velho castelo. Ela me parece extremamente curiosa. Se a leitura interessa aos senhores, então peço-lhes que se reúnam aqui, daqui a alguns dias, para ouvir a história do terrível senhor Berange, cujo corpo vimos ainda hoje.

Passaram-se alguns dias. O Barão ficou tão ocupado com a leitura do manuscrito que até abandonou um pouco o projeto da fábrica, para grande desgosto do Marquês que, recuperando-se da doença, estava terrivelmente amuado na vila, mas não ousava sair de lá. Alice, para acalmar a própria impaciência e curiosidade, ficava muito tempo examinando os objetos encontrados no porta-jóias. Ela admirou inúmeras vezes aquelas jóias e os sapatinhos em miniatura, mas interessava-se mais pelos retratos. Ficava durante horas examinando-os. Como resultado, percebeu uma grande semelhança entre o cavaleiro moreno e Gunter. A semelhança não se resumia aos traços do rosto, mas a expressão da boca e, especialmente, aos olhos. O cavaleiro tinha o mesmo orgulhoso e sedutor sorriso, o mesmo olhar claro e enérgico e os olhos azuis, idênticos aos do marinheiro.

Aquela descoberta confundiu e perturbou Alice. Ela, então, recordou novamente as estranhas indiretas de Renoir de que ela já teria vivido, outrora, naquele castelo.

Aqueles pensamentos da jovem mulher pareciam ter atraído Renoir, pois ele chegara para visitar Alice. Ao saber do porta-jóias e do manuscrito encontrados, pediu insistentemente à Marquesa para permitir sua presença durante a leitura da crônica encontrada, com o que ela concordou com satisfação.

No dia seguinte após aquela visita, o Barão declarou, durante o almoço, que tinha concluído a leitura do manuscrito.

— Eu o traduzi para o francês moderno e resumi algumas divagações do velho monge beneditino. No geral, a crônica é muito interessante. Portanto, minha filha, convide os seus amigos para amanhã, e realizaremos a leitura prometida. Contentíssima, Alice enviou imediatamente recados a Marion e Renoir para que no dia aprazado e à hora marcada todo o grupo estivesse reunido na sala de visitas da vila.

— Meus amigos! — disse o Barão, colocando na mesa à sua frente o antigo manuscrito e a tradução. — Agora para vocês, será revelada uma tocante e terrível página de um passado distante. Tentei conservar a simplicidade e a vida do texto original, que comprovam que o autor realmente viu e vivenciou aquilo que transmitiu.

Em seguida, ele abriu o caderno e leu o seguinte:

"Dom Ambrósio, humilde irmão da venerável abadia do Espírito Santo e ex-capelão do castelo de Bordele escreveu o relato verdadeiro, contido neste manuscrito. Será que este será lido algum dia? E quem, nesse caso, vai lê-lo? Deixarei isso à vontade de Nosso Senhor Jesus Cristo, pois vou guardar este manuscrito num esconderijo que conheço. No manuscrito, revelo as desgraças e crimes de uma nobre família, para a qual fui o confessor. Para mim seria indecoroso revelar às pessoas aquilo que o Senhor, por Sua misericórdia, ocultou da justiça popular. Que o Senhor julgue, com misericórdia, os criminosos e que não entregue a alma de Berange à condenação eterna. Que Maria Santíssima acolha no Céu as almas das vítimas inocentes! Amém!

A paz do nosso santo convento devolveu a tranquilidade ao meu espírito abalado pelos terríveis acontecimentos de que foi testemunha. Agora, espero morrer, brevemente, na mesma cela, onde me preparei para ser tonsado. As horas livres dos meus últimos dias quero dedicar às minhas lembranças e, novamente, trazer à minha memória as imagens de tantas criaturas que morreram prematuramente, em pleno desabrochar da juventude. Assim, vou reviver a minha vida.

A nossa santa abadia, localizada próxima ao castelo de Bordele, foi fundada por um dos antepassados dessa ilustre família. A abadia tinha o privilégio, e até a obrigação, de designar um de seus membros para servir como capelão dos barões de Bordele. Esses sempre eram sepultados sob a abóbada da nossa igreja, para que as preces de nossa irmandade os apoiasse na vida além-túmulo e diante do tribunal do Juízo Eterno.

Seguindo essa tradição, quando morreu o velho padre Anastácio, o nosso venerável abade designou-me como capelão do castelo. Mudei para lá; senti-me muito bem naquela nobre família, da qual faziam parte o Barão, o senhor Goshe, sua esposa Izora e seus filhos; três meninos e uma menina.

Pouco tenho a dizer sobre os dois meninos mais velhos. Eram bonitos garotos de quinze e treze anos, que se dedicavam, inteiramente, ao treinamento de cavaleiros. A menina Isabela era a alegria da casa. Somente o senhor Berange, de dez anos, desde os primeiros dias de minha chegada no castelo causou-me muitos dissabores.

Berange era um garoto franzino, quieto, fechado e pouco sociável. Tinha ciúmes de seus irmãos, por quem os pais tinham maior preferência de forma demasiadamente explícita. Mas, ele dissimulava esse mau sentimento com uma arte difícil de imaginar em alguém na sua idade.

Berange era indiferente a tudo que era considerado necessário para um cavaleiro. Em compensação, interessava-se por outras ciências, e o seu maior prazer eram as horas que passava em meu quarto lendo os raros e preciosos manuscritos que eu trazia da abadia. Ele tinha um particular interesse por ciências ocultas e alquimia.

Naquelas horas que passávamos a sós tive oportunidade de conhecer o caráter de Berange e certifiquei-me que debaixo de sua aparência fleumática, ocultavam-se paixões ardentes, severidade beirando à crueldade, e uma indiferença próxima do ódio para com os parentes.

Aqui devo acrescentar mais um personagem que morava no castelo e teve a pior das influências sobre Berange,   desempenhando mais tarde um papel fatídico em sua vida. Essa desprezível criatura, um verdadeiro demônio, vomitado pelo inferno, era uma menina de uns treze ou catorze anos, na época em que cheguei ao castelo. Chamava-se Mariam. Era filha bastarda do irmão da senhora Izora com uma cigana que, pelo que diziam, era linda como um sonho.

Certa vez, o jovem senhor visitava o castelo do cunhado e, ao ver aquela cigana, apaixonou-se por ela e seduziu-a. Depois, naturalmente, largou-a. Após passar alguns meses no castelo, a cigana desapareceu. Todos supunham que ela tinha voltado para o acampamento cigano. Entretanto, ela deve ter sido muito mal recebida por lá, pois um ano mais tarde, retornou ao castelo moribunda e com uma criança nos braços. A senhora Izora sempre foi muito piedosa e bondosa e, por isso, recebeu a desprezível criatura. Quando, após algumas semanas, a cigana faleceu, ela prometeu cuidar e educar a pequena Mariam.

J. W. Rochester

Mariam crescia junto com os filhos do Barão. Ela ocupava uma posição intermediária entre a criada e a companheira de jogos infantis. Quando cresceu, fizeram-na dama de companhia. Ela era pérfida, esperta, cruel e terrivelmente depravada. Odiava a todos no castelo, começando pelos filhos mais velhos do Barão, Henrique e Eduardo, a quem demonstrava isso abertamente. Somente com Berange ela se dava bem e até tinha sobre ele uma inexplicável influência.

Berange completou dezoito anos. Já estava tudo acertado para obrigá-lo a entrar para o monastério, quando o Barão morreu repentinamente. Aquela infelicidade foi o início de uma série de tristes acontecimentos. Seis meses mais tarde, o senhor Henrique foi ferido perigosamente num duelo e morreu em consequência daquele ferimento. Um ano mais tarde, seu irmão seguiu-o para o túmulo. Durante uma caçada, ele caiu do cavalo e morreu.

O senhor Berange, que mal tinha completado vinte anos, tornou-se, inesperadamente, o único herdeiro do baronato. Logo, todos sentiram que o novo amo tinha uma mão de ferro e um coração cruel. A primeira a constatar isso foi a senhora Izora, à qual o novo amo dizia, sem qualquer pudor, que não perdoava sua preferência pelos falecidos irmãos. Privada de qualquer poder, a pobre mulher levava uma vida silenciosa e vegetativa em seus aposentos, enquanto Mariam, estufada de orgulho, desempenhava o papel de dona do castelo.

Não tive qualquer dificuldade em perceber que Mariam era amante do Barão e passei a recriminá-lo por isso. Em resposta às minhas acusações, ele retrucou ironicamente que as virtudes de uma cigana qualquer não mereciam ser defendidas por mim e que as suas ligações amorosas com mulheres daquela espécie não eram de minha alçada, como confessor. Mesmo tendo ficado irritado com ele, eu me calei, pois, em geral, ele me respeitava, cumpria as obrigações religiosas e era meigo e bondoso com sua irmã Isabela que, certamente, amava.

Certa vez, fiz uma observação ao Barão, dizendo que era preciso restaurar os afrescos e ornamentos da capela. Apesar de Berange, naquela época, já demonstrar ser extraordinariamente calculista, o que mais tarde transformou-se em avareza, ele atendeu-me e contratou de Burgundia um exímio pintor, que foi incumbido de restaurar os afrescos da capela e também pintar os retratos seu e da irmã Isabela para a galeria da família.

O pintor, de origem flamenga, era um rapaz muito bonito, de olhos azuis. Todos no castelo logo passaram a gostar dele pelo caráter ameno e calmo. Infelizmente, ele apaixonou-se por Isabela e esta, por sua vez, passou a corresponder ao seu amor.

Naturalmente, um casamento entre um rapaz de origem humilde e uma moça nobre era impossível, mas, muito provavelmente a inevitável separação curaria a ambos, pois não se morre de amor. Entretanto, nesse caso intrometeu-se o demônio do castelo de Bordele.

Berange nem suspeitava dos sentimentos da irmã, pois estava mais do que nunca entretido no estudo das ciências ocultas, mas Mariam ficou sabendo daquele amor. De que modo? Nem eu consigo compreender, pois naquele tempo ela passava dias inteiros no acampamento de ciganos que se instalou perto do castelo. Provavelmente, ela pertencia àquela tribo, pois o chefe do acampamento era seu tio. A presença daqueles bandidos, que roubavam aldeias e passantes, levava o desespero a todos os vassalos. Mas Berange aturava-os em suas terras, alegando que eles forneciam-lhe plantas orientais necessárias para experiências alquímicas.

O chefe do bando, um jovem e bonito cigano, aparecia com frequência no castelo. Todos sabiam que ele era o amante de Mariam. Por isso, nunca me passou pela cabeça que essa criatura desprezível e depravada pudesse querer possuir mais um homem. Mas, logo acabei me certificando disso.

Certo dia encontraram o pintor desfalecido na capela onde trabalhava. Acharam que ele estava morto; mas, depois de examinar os seus ferimentos, eu percebi que ele ainda respirava fracamente. Graças aos meus esforços, ele abriu os olhos e, com frases entrecortadas, contou-me que tinha sido atacado pelo cigano Haroldo, provavelmente por ordem de Mariam. Aquela desavergonhada mulher perseguia-o com seu amor e não lhe dava sossego até em seu próprio quarto. Mas, quando ele, indignado com a sua insolência, bateu-lhe no rosto e atirou-a porta afora, ela jurou vingar-se e atiçou Haroldo contra ele.

Quando o pintor morreu, eu fui até Berange e transmiti-lhe as últimas palavras do falecido. Para minha surpresa, ele respondeu severamente:

— O miserável mentiu, acusando Mariam para ocultar sua atrevida intenção de seduzir minha irmã. Tais atos merecem ser punidos com a morte. Mas, como ninguém viu e nem agarrou o assassino, então, todas as suposições não levam a nada. Só lamento que esse miserável tenha morrido na capela. Padre Ambrósio, faça o favor de benzer o local profanado. Quanto aos assuntos que não lhe dizem respeito, deixe que eu mesmo cuido.

Teria ele próprio mandado matar o pintor, acreditando na calúnia de Mariam? Hoje, acredito nisso. Mas, naquela época, pensei que ele tivesse castigado a cigana sem alarde, pois alguns dias mais tarde ela simplesmente desapareceu do caste-

J. W. Rochester

lo. Muito provavelmente, teria ido embora com os ciganos que deixaram o país.

A pobre Isabela era inocente, mas o triste fim da pessoa amada foi um terrível golpe para ela, que adoeceu, começou a vomitar sangue e morreu três meses depois. Sua morte quase enlouqueceu a senhora Izora, pois Isabela era a sua última alegria na vida. Um ano depois, ela também veio a falecer.

A morte da irmã, pareceu causar uma profunda impressão em Berange. Ele tornou-se ainda mais sombrio, calado e severo. Passou a evitar as pessoas, distanciar-se de Deus e ignorar as missas Divinas. Evidentemente, o demônio, que tocaiava a sua alma, escolheu o melhor momento para colocar em seu caminho a ferramenta de sua destruição.

Certa noite, durante uma forte tempestade, chegou ao castelo um homem velho montado numa mula e pediu abrigo. Ele foi acolhido, como de costume. Eu o vi durante o jantar, sentado, humildemente, num canto da mesa. Era um velho alto, magro e encurvado, com longos cabelos grisalhos. Seus olhos negros e penetrantes causaram-me uma desagradável impressão e seu sorriso cínico e debochado provocou em mim uma profunda antipatia por ele.

Enquanto isso, Berange parecia muito interessado no andarilho. Ao saber que o velho era um alquimista e viajava sem rumo, procurando um local apropriado onde pudesse dedicar-se àquela atividade, o Barão animou-se. Levou o aventureiro, que se chamava Ferrari, para o seu quarto e sugeriu-lhe que passasse algum tempo no castelo. Durante aquele tempo, o visitante apoderou-se a tal ponto do Barão, que este achava-o indispensável. Graças a isso, o alquimista passou a viver no castelo por tempo indeterminado. Reservaram-lhe instalações na torre Ocidental e construíram um laboratório. Os criados eram severamente proibidos de aparecer sem serem chamados na torre e nos quartos adjacentes. Esquecendo todas as obrigações de sua posição, Berange entrou de cabeça nos estudos das ciências ocultas. Naquele lugar, sob a direção de Ferrari, ele montava horóscopos, lia nas estrelas e tentava descobrir o segredo da fabricação de ouro.

Assim passaram-se dois anos, durante os quais não aconteceu nada de importante. Mas, certa vez, eu ouvi a corneta do guarda da ponte levadiça, o que significava a chegada de algum visitante ilustre. Um pouco mais tarde, vi quando adentrou no paço do castelo um cavaleiro acompanhado de dois cavalariços.

Eu sabia que Berange estava na torre e que não era nada

fácil tirá-lo de lá. Por isso, dirigi-me, rapidamente, para o salão, a fim de receber o visitante, um jovem e muito bonito rapaz. Para minha surpresa fui informado que aquele era o senhor Gilbert de Bordele, primo de Berange. Ele queria ver o Barão, imediatamente, para tratar de um negócio urgente.

Mandei comunicar ao Barão a chegada de seu parente e, no aguardo da resposta, ofereci algo para ele comer. Mas, o senhor Gilbert parecia muito preocupado, nervoso e impaciente. Não tocou na comida e insistiu, mais uma vez, em falar com Berange. Finalmente apareceu o criado e informou que o Barão pedia ao primo que subisse para a torre. Por decoro, eu próprio levei-o lá e aquela foi a primeira e a última vez que os meus pés atravessaram a soleira da porta da torre, que, depois, foi chamada de Torre do Diabo.

Primeiramente, nós passamos por um grande laboratório, uma verdadeira cozinha infernal, com fornos ardentes e retortas fumegantes. O odor acre e sufocante de metais fundidos quase não nos deixava respirar, mas Ferrari parecia sentir-se muito bem e não prestou nenhuma atenção em nós. Em seguida, subimos para a sala do andar de cobertura, apinhado de instrumentos astronômicos. Naquele local, junto à mesa abarrotada de pergaminhos, estava sentado Berange. Ele tinha nas mãos um compasso e parecia concentrado num cálculo complexo. Na extremidade da mesa havia uma máscara de vidro. Quando entramos, ele levantou-se e estendeu a mão a Gilbert.

— Saudações, primo! Sente-se, por favor, e tenha um pouco de paciência. Estou terminando um cálculo muito importante.

— Vim tratar de um negócio urgente, primo Berange, e não lhe tomarei mais de um minuto — respondeu o cavaleiro com impaciência.

Ao ouvir que tratava-se de negócios eu, naturalmente, retirei-me imediatamente. Mas, não passou nem meia hora e o senhor Gilbert saiu para o paço, montou o cavalo e deixou o castelo.

Durante o jantar, perguntei por que o senhor Gilbert tinha ficado tão pouco no castelo.

— Porque ele não encontrou por aqui nem dinheiro, nem a ajuda que veio procurar. Aquele idiota, junto com o pai dele, ficou do lado do Duque Karl. Agora, o castelo Votur, pertencente à sua linhagem e localizado na divisa de Borgonha, está cercado pelas tropas do Rei — respondeu o Barão, com desprezo. — Naturalmente, ele não recebeu de mim nem um centavo e nem um soldado, que seriam usados contra a Sua Majestade Ludovico XI. Eu indiquei-lhe o único meio que ainda poderá salvá-los, que é render-se ao Rei!

Dois meses depois da visita do senhor Gilbert, veio um mensageiro com uma carta do velho Barão de Bordele. O Barão informava que seu castelo tinha sido tomado, seu filho morto e que ele próprio e a filha conseguiram fugir e, naquele exato momento, não tinham para onde ir. Por isso, ele pedia a hospitalidade de Berange, por algumas semanas, para descansar e decidir o que fazer. Após longas e sérias conjecturas, Berange enviou-lhe o seu consentimento em recebê-los e pediu-me para preparar aposentos decentes para o seu velho parente e sua filha. Em seguida, ele pareceu esquecer completamente o caso e, como de costume, passava dias inteiros na torre.

Passaram-se três dias e os nossos convidados não apareciam. Eu já estava preocupado, achando que algo de ruim tinha acontecido com eles, quando, de repente, numa certa noite, ouvi baixarem a ponte levadiça e, do paço, veio o som de cavalos ferrados. Pouco depois, veio correndo um cavalariço para me informar que eles, finalmente, teriam chegado. Fui, rapidamente, para o salão de honra, onde encontrei o velho cavaleiro com um aspecto sombrio e orgulhoso e um rapaz em armadura leve. Este último estava terrivelmente desgastado, pois desabou na cadeira, completamente exausto. Sua cabeça estava jogada para trás e ele nem se mexeu quando entrei.

Cumprimentando o cavaleiro, eu aproximei-me do rapaz e, com ajuda do cavalariço, começei a despi-lo da armadura. Quando retiramos o elmo pelos ombros do rapaz, espalharam-se longos cabelos louros e percebi com surpresa, que estava diante de uma mulher. Ela, então, saiu do torpor e endireitou-se. Era a mais encantadora criatura que eu jamais tinha visto: branca e delicada como um lírio e com olhos tão claros e brilhantes que pareciam refletir o próprio Céu.

Ao ver-me, ficou emocionada e algumas lágrimas correram por suas faces. Em seguida, pediu baixinho se não podia sair dali para trocar de roupa, pois tinha vergonha de aparecer diante do dono do castelo em trajes masculinos. Eu a acalmei e já ia levá-la para fora da sala, quando, repentinamente, entrou Berange com uma pressa que eu jamais esperava dele. Ele foi tão afoito que nem trocou o seu traje de trabalho, amarrotado e sujo de substâncias químicas, nem lavou as suas mãos sujas e enegrecidas.

Eu vi como, pelo rosto dos recém-chegados, passou uma expressão de desagradável surpresa e o olhar da jovem mediu o Barão com indisfarçável insatisfação. Mas, Berange pareceu não notar isso. Ele cumprimentou o velho Barão e com palavras contidas, mas amáveis, saudou a sua chegada. Este respondeu friamente que agradecia a hospitalidade da qual não ia abusar, pois, assim que eles descansassem um pouco, pretendiam ir a Gond, onde o Duque Karl se encontrava naquele momento.

Então, Berange voltou-se para a jovem, mas enganado pelo traje e não percebendo os longos cabelos jogados nas costas, perguntou, surpreso:

— Mas, o que é isso, primo? Você trouxe o seu segundo filho? Me parece que na carta você citava uma filha.

— Esta é a minha filha, Angela. Durante o ataque das tropas do Rei e da nossa fuga, ela não podia estar de vestido — respondeu o velho senhor, com dignidade.

Berange aproximou-se rapidamente de Angela e fez-lhe uma reverência, mas ela estava tão exausta que não levantou da cadeira e nem olhou para ele. Em compensação, o Barão olhou-a com uma expressão que eu jamais tinha visto nele antes. Em seguida, com uma amabilidade que me surpreendeu demais, ele colocou à disposição dela todo o guarda-roupa da falecida Isabela.

A estada do velho senhor prolongou-se de modo totalmente inesperado. No dia seguinte à sua chegada, ele sentiu-se muito mal. Em seguida, a doença agravou-se e nenhum remédio conseguia vencê-la. Sombrio, consumido pelo desespero, preocupação e raiva, o velho Barão ficava horas deitado em silêncio e de olhos fechados. Mas aquela irritação moral somente piorava a sua saúde.

Angela cuidava dele com extraordinária dedicação. Tranquila e corajosa, ela tentava despertar no pai a esperança de um futuro melhor. A cada dia eu me ligava cada vez mais àquela encantadora moça, tão delicada e frágil de corpo e tão forte de espírito.

Ela insistia em evitar Berange, mas gostava de minha companhia. Quando o velho Barão dormia ou queira ficar só, nós ficávamos conversando por horas. Durante aquelas conversas percebi que Angela possuía uma formação muito superior a da maioria das mulheres de sua posição. Ela falava e escrevia fluentemente em latim e conhecia tanto de história e geografia, que podia discutir comigo. Certa vez, perguntei-lhe quem tinha lhe ensinado tudo aquilo.

— O nosso capelão, o venerável padre Augustin ensinou-me tudo o que sei. O senhor parece com ele na fisionomia e nos modos, só que é muito mais jovem. Quando vi o senhor pela primeira vez, não consegui conter as lágrimas, pois lembrei-me do trágico fim do bondoso padre Augustin.

— Como ele morreu? — perguntei.

— Ele foi morto durante a tomada do castelo Votur — respondeu ela baixinho e as lágrimas correram novamente por suas faces.

Apressei-me a mudar de assunto. Numa outra oportunidade, quando a conversa tocou novamente no assunto da morte do capelão e do seu irmão Gilbert, pedi a Angela para me contar como tudo aconteceu. Transcrevo a seguir o relato da nobre moça tão fielmente quanto me permite a memória e as anotações que fiz naquele tempo, pois aquela estranha criança interessou-me sobremaneira.

— Nunca conheci minha mãe. Cresci sozinha no castelo Votur, sob a vigilância de minhas criadas e do bom padre Augustin, que começou a me educar assim que eu atingi oito anos de idade — começou Angela. — Nós tínhamos uma vida bem simples, pois a nossa família empobreceu e o meu pai, que vivia com Gilbert na corte de Karl, Duque de Borgonha, precisava de muito ouro. O pai e meu irmão apareciam raramente no castelo. Quando completei dezoito anos, eles vieram passar um ano inteiro em Votur. Daquela vez, vieram acompanhados de grande cortejo e trouxeram consigo muito ouro. Pelas suas conversas, eu entendi que eles tinham recebido aquele dinheiro do Duque de Borgonha.

Nesse ponto, devo frisar que ainda nos tempos do meu avô perdemos parte de nossas propriedades. Elas nos foram tomadas por vizinhos mais poderosos. O meu pai perseguia, insistentemente, um único objetivo: reaver as terras tomadas; e não media esforços para isso. Mas, nós somente perdíamos, sem nada adquirir. As nossas terras eram vendidas uma a uma. Naquele tempo, ao qual estou me reportando neste relato, restava-nos somente o castelo Votur e as terras adjacentes. Resumindo: a nossa situação estava muito mal. Então, meu pai passou para o lado dos borgonheses na esperança de que o Duque pudesse ajudá-lo.

Eu conheci bem pouco o meu irmão, pois o pai levava-o sempre junto consigo. Apesar disso, eu amava-o muito e acreditava nele, pois vi inúmeras vezes como ele refreava o pai de correr riscos desnecessários e aventuras tresloucadas. Possuindo um caráter firme, tranquilo e decidido, Gilbert nos apoiava nos momentos mais difíceis.

O senhor viu Gilbert, padre Ambrósio, e sabe que ele era bonito e muito bem educado; mas não conheceu a sua bondade e o seu maravilhoso caráter. Durante o ano que ele passou no nosso castelo, eu me apeguei muito a ele e o seguia para todos os lados. Naquele tempo, estavam reforçando a estrutura do castelo e Gilbert, só de brincadeira, me dava aulas práticas de fortificação. O pai se divertia quando nós, como dois velhos guerreiros, discutíamos todas as possibilidades de cerco ao castelo.

O mensageiro do Duque de Borgonha pôs um fim ao melhor momento de minha vida. O Duque convocava o meu pai. Oito dias depois meu pai e Gilbert viajaram para Borgonha, levando consigo o cortejo e muita munição. Fiquei novamente sozinha com um contingente de quinze homens. Agora eu vivia em constante medo e à espera de notícias do pai e do irmão.

Passaram-se cerca de quatro meses, quando apareceu um mensageiro trazendo uma carta do pai e uma considerável soma em dinheiro. O pai escreveu-me para que eu ordenasse a Landri, um velho soldado que comandava o contingente, que recrutasse de cem a cento e cinquenta homens, abastecesse muito bem o castelo com provisões e se mantivesse sempre alerta.

Cumpri como pude as ordens do pai. Os porões e depósitos foram lotados de provisões e Landri arregimentou rapidamente cerca de cem soldados. Ao seguir Gilbert por todos os cantos, eu adquiri certas noções de defesa e conheci todas as saídas e locais perigosos. Por isso, as minhas ordens foram tão sensatas e lógicas, que Landri ficou extremamente surpreso. Mas, quando organizei a defesa dos muros externos me restaram somente oito homens. Isso era muito pouco para um castelo tão grande, apesar de sua localização ser quase inacessível. Mas, nada mais podia ser feito, pois gastei quase todo o dinheiro que recebi. Então, eu enviei um mensageiro ao meu pai pedindo-lhe que retornasse, o mais rapidamente possível, se ele temesse algum perigo. Em seguida, tranquei o castelo, ordenei que içassem a nossa bandeira para que todos pensassem que o Barão tinha retornado, e fiquei esperando.

Angela calou-se e mergulhou tão fundo nos próprios pensamentos que eu, por fim, disse:

— Então, minha filha? Não vai terminar o seu relato? Confesso-lhe que fiquei muito interessado nele.

Ela estremeceu e endireitou-se.

— Perdoe-me, padre Ambrósio, mas as recordações daquele trágico passado se apossaram de mim de tal maneira que até esqueci do presente. Já lhe contei que, após concluir os preparativos e trancar o castelo, comecei a esperar ansiosamente a volta do meu pai. Mas, passaram-se oito dias e ele não apareceu. Certa tarde, o guarda que estava na torre de vigia, comunicou-me que em volta do castelo tinha aparecido um numeroso regimento de soldados e que eles estavam montando acampamento. Naquela

J. W. Rochester

mesma noite, eu enviei três mensageiros para informar sobre isso a meu pai. Quando amanheceu, eu mesma subi na torre de vigia e o meu coração apertou-se quando vi que o castelo estava cercado, pois reconheci as bandeiras do Rei.

Certa vez, perto das doze horas soou a trombeta da ponte levadiça e Landri me comunicou que um parlamentário, acompanhado de dois soldados, exigia que os deixassem entrar no castelo. Eu ordenei que os deixassem entrar e os conduzissem ao salão nobre. Mas, no momento em que eu deveria ir lá, senti uma terrível fraqueza e preocupação. O padre Augustin notou o meu embaraço e disse: "Seja firme, minha filha! Vamos juntos. Deus nos dará a inspiração."

Reunindo toda a coragem, eu ordenei a dez dos meus soldados que me acompanhassem e entrei no salão. Quase no mesmo instante, entrou também o parlamentário. Quando ele levantou a viseira do elmo, vi que era um bonito rapaz. Mas o cavaleiro estava muito surpreso por ser recebido por uma moça e exigia ver o chefe.

"Eu estou substituindo-o!", respondi, orgulhosamente, e imediatamente fiquei ruborizada até as orelhas ao perceber o alegre sorriso que passou pelos lábios do cavaleiro. Mas, ele recuperou-se imediatamente e, fazendo uma cerimoniosa reverência, desenrolou e leu o pergaminho no qual Ludovico XI, Rei da França, pela graça de Deus, ordenava ao senhor fulano de tal e de tal, Barão de Bordele, a entregar-se, imediatamente, à sua graça, ameaçando em caso contrário com a ira do Rei, como traidor e rebelde.

"Renda-se, senhora!", acrescentou ele, enrolando o pergaminho e entregando-o a mim. "Com o seu contingente, a senhora não tem condições de defender-se."

Sem dizer nada, peguei o pergaminho, rasguei-o em pedaços e joguei-o no chão.

"O que está fazendo?", exclamou o cavaleiro. "Isso era uma ordem do Rei!"

"Estou agindo em nome de meu pai! Enquanto me restar um único homem armado, Votur não vai se render." O cavaleiro fez uma reverência.

"Lamento profundamente, nobre dama, ser obrigado a transmitir ao Rei sua teimosia."

"O Rei vai esperar por muito tempo a sua resposta", respondi, com um sorriso, "pois o senhor não vai sair daqui. Ou o senhor imagina que vou soltá-lo para que conte lá fora que o castelo está sendo defendido por cem homens e sem chefe? É loucura uma centena lutar contra mil, mas contra três dá para arriscar."

O cavaleiro ficou vermelho.

"A senhora está ofendendo o Rei! A minha missão é sagrada e minha pessoa é intocável."

"Deus me livre de tocar um único cabelo em sua sagrada cabeça. Vou somente retê-lo e deixar que o meu pai decida a sua sorte, assim que ele chegar. Portanto, tenha a bondade de entregar-me a sua espada de cavaleiro. Vejo pela expressão de seu rosto que se eu deixá-la consigo, o senhor irá abater todos os meus homens e, no presente momento, eu preciso de cada um deles."

Clorifon, furioso, desembainhou a espada e quis defender-se. Mas, a meu sinal, os soldados caíram sobre ele, agarraram-no por trás e desarmaram-no. Eu peguei a espada e entreguei ao padre Augustin.

"Veja, senhor Clorifon!", disse eu. "Entrego a sua espada em mãos que, além de boas, também são santas."

À tarde, eu convidei o cavaleiro para jantar, ordenando a dois soldados para vigiá-lo. No começo, Clorifon ficou calado e raivoso, mas depois acalmou-se e começou a demonstrar, abertamente, que eu lhe agradava muito. Parecia que Clorifon conformou-se em ser meu prisioneiro.

Desculpe-me, padre, por interromper tanto a minha história, mas os acontecimentos que vou relatar agora são muito tristes. Entretanto, apesar disso, eles estão ligados a recordações tão carinhosas que a desgraça e o lamento premem o meu coração e tapam a minha boca.

Angela enxugou algumas lágrimas que correram por sua face.

— Então, padre, começou o cerco e fiquei numa situação muito difícil. Eu não sabia comandar em situações tão perigosas e o pai e Gilbert não apareciam.

Certa vez, quando já não sabia o que fazer, eu corri para Clorifon. Ele estava trancado no quarto de Gilbert. A chave daquela cela eu sempre trazia comigo no bolso e a confiava somente ao padre Augustin, que trazia o meu prisioneiro para as refeições.

O cavaleiro estava parado junto à janela. Ele estava prestando tanta atenção aos ruídos que provinham de cima dos muros que nem voltou-se quando eu abri porta. Mas, ao ouvir a minha voz, ele estremeceu e exclamou, surpreso: "Mas, como? É a senhora?"

Quando lhe contei qual era a minha dificuldade e pedi para aconselhar-me o que fazer, inicialmente ele explodiu de raiva, mas depois exclamou rindo e irritado: "A senhora já pensou sobre o que está me pedindo? Se ajudá-la, eu me tornarei um

J. W. Rochester

traidor!" Quando comecei a chorar e implorar-lhe, ele exclamou: "Oh, mulheres! Essas mulheres!" Finalmente, ele aquiesceu, perguntou sobre a situação e ensinou-me como devia defender--me.

A partir daquele dia, ele tornou-se o meu conselheiro invisível e comecei a dar ordens bem coerentes. Para minha felicidade, o exército do Rei avaliava as nossas forças pela nossa ousadia e atacava fracamente, aguardando a chegada de reforços.

Assim passaram-se quatro dias terríveis. Eu estava desesperada. Clorifon, a quem eu confessava as minhas amarguras, disse-me: "Agradeça a Deus que nem o seu pai e nem o seu irmão estão aqui. A resistência não vai levar a nada. Por isso, aproveite essa oportunidade e renda-se. Eu prometo à senhora o perdão do Rei e, muito provavelmente, aos seus soldados."

"Não posso", repliquei. "Esse castelo é da minha família. O meu pai se suicidaria de desespero se soubesse que ele rendeu-se. Se ele não voltar até o momento decisivo, vou explodir o castelo. Tenho tudo preparado para isso."

— Mas, como? — exclamei, interrompendo a moça. — A senhora tinha essa ideia criminosa? Por causa de orgulho e teimosia a senhora queria matar tantas pessoas e a si própria!

Angela sorriu tristemente.

— O que fazer, padre Ambrósio? Assim são os acasos da guerra. Pelo menos, ninguém ousaria dizer que a filha do Barão de Bordele rendeu-se e desonrou ao irmão e ao pai. O senhor René de Clorifon também ficou assustado com a minha determinação. Não sei por que isso me irritou e eu lhe disse: "Não tema! O senhor não vai morrer. Vou soltá-lo pela passagem secreta."

"A senhora está enganada quanto aos meus sentimentos, Angela!", exclamou ele agarrando-me pela mão.

Então, ele confessou que me amava e declarou que morreria comigo, já que não podia salvar-me. Aquela confissão teve um efeito benfazejo em mim. Apesar do horror da minha situação, eu já não me sentia tão solitária. Agora tinha um amigo que me apoiava.

Na noite seguinte, apareceram no castelo o meu pai e o meu irmão com seus soldados. Ele entraram pela passagem subterrânea, que saía num campo distante. A alegria do pai foi a minha recompensa. Ele e Gilbert me beijavam, me cumprimentavam e me cobriam de elogios pela coragem e presença de espírito. Foram muito respeitosos com Clorifon, mas deixaram-no prisioneiro. A partir daquele minuto começou o verdadeiro cerco. As batalhas diárias ficaram a cada dia mais encarniçadas.

Quando a minha alegria inicial amainou um pouco, perguntei ao Gilbert por que eles demoraram tanto para aparecer. Então, ele me contou que, precisando muito de dinheiro, apelou para o Bordele de Overne,[14] mas o primo Berange recusou-se, terminantemente, a ajudá-lo. Aquela viagem e a necessidade de dar um jeito na situação fizeram-nos perder tanto tempo.

O cerco prolongou-se. Eu andava muito ocupada. Cuidava de feridos e, às vezes, tratava seus ferimentos nos muros, arriscando-me a ser atingida por um tiro. Mas, eu nem ligava! Não dava o mínimo valor à própria vida, que a cada dia ficava mais difícil.

Começaram a faltar víveres. Agora era preciso lutar não só com o inimigo, mas também com a fome e as privações. Para completar a desgraça, um belo dia René de Clorifon fugiu de uma forma absolutamente incompreensível para nós. O pai levantou um rígido inquérito e, então, soubemos que o cavaleiro conseguiu que uma das minhas servas se apaixonasse por ele. Aquela garota imprestável mostrou-lhe a passagem secreta que conhecia e fugiu com ele.

Aquela descoberta encheu o meu coração de rancor contra o senhor René. No dia seguinte, após a sua fuga, o exército do Rei começou a se preparar desde cedo para o ataque decisivo. Provavelmente, o inimigo sabia que estávamos com falta de tudo. Meu pai e Gilbert, desolados e exaustos, sabiam que o fim estava próximo.

"Angela!", disse-me o pai. " Você deve vestir roupas masculinas. Assim lhe será mais fácil escapar do inimigo." Eu obedeci. Gilbert me vestiu uma armadura leve. Então, nós nos reunimos na capela para rezar juntos pela última vez.

Depois, eu, junto com o padre Augustin, deveria sair pela passagem subterrânea e, se possível, conseguir chegar até um mosteiro mais próximo. Mas, deu tudo errado. Ainda estávamos rezando, quando do lado de fora ouviram-se gritos.

"Traição! Traição! O inimigo já está nos muros!", ouvia-se de todos os lados.

O pai e Gilbert desembainharam as espadas e colocaram-me entre eles. O padre Augustin ficou atrás de nós com o crucifixo nas mãos. Nós saímos para o paço. O combate acontecia em todos os lugares. Os soldados do Rei lotavam o paço principal, enquanto um outro pelotão entrava no castelo pela passagem secreta.

O tilintar das armas, os gritos dos combatentes e gemidos dos feridos e moribundos enchiam o ar. Aquilo era horrível, padre Ambrósio! Mas, em tais momentos, aparece a tal coragem

14 Overne (Auvergne) - Província da França, dividida no século XIV em condado, delfinado e ducado (em 1360). O delfinado e o ducado foram reunidos à coroa em 1527, o condado em 1606.

sobre-humana. Eu nem estava com medo e só pensava em como salvar o pai e o irmão. O resto não importava.

Os meus dois defensores lutavam com a fúria do desespero. Suas espadas formaram à minha volta uma blindagem impenetrável e, lentamente, nós nos dirigíamos para a saída. Na confusão geral, ninguém prestava muita atenção em nós. De repente, uma bala atingiu Gilbert e ele caiu ferido mortalmente no pescoço. Nós nos debruçamos sobre ele. O sangue jorrava da ferida e ele estava, visivelmente, desfalecendo. Percebendo que estava tudo acabado, o pai quis me levar embora, mas eu me agarrei ao irmão. Não queria, por nada desse mundo, deixá-lo morrer sozinho. Além disso, os combatentes poderiam pisoteá-lo. Naquele instante, apareceu um cavaleiro com a espada desembainhada e correu em minha direção.

"Angela! O que está fazendo aqui?", exclamou ele. Reconheci a voz do senhor Clorifon. O pai também o reconheceu e, imediatamente, correu para o meio da confusão, querendo escapar. Mas, a atenção de todos já estava sobre nós. Reconheceram o pai pela coroa de Barão em seu elmo. Os soldados cercaram-no e só Deus sabe o que poderia acontecer se não fosse a interferência de Clorifon.

"Ninguém se aproxime! O Barão rendeu-se!", gritou ele.

Louco de raiva, o pai quebrou a própria espada e jogou os pedaços no chão. Gilbert estava morrendo. O padre Augustin, de joelhos, rezava sobre o moribundo. Mas, naquele instante, uma bala atingiu-o na têmpora e ele caiu sem soltar um único grito. Eu desmaiei.

Voltei a mim na tenda de René Clorifon. O meu pai, desarmado e fora de si de desespero, estava sentado ao meu lado. Em volta da tenda ouviam-se passos dos sentinelas. Um pouco mais tarde, chegou René. Ele tentou acalmar o pai e contou que, no dia anterior, chegara ao acampamento o próprio Rei que, interessado na minha coragem, queria me ver.

Apesar da vergonha que sentia por aparecer para o Rei em roupagens masculinas, eu segui o cavaleiro que me levou à tenda do Rei. Vermelha e emocionada, passei por fileiras de nobres e cavaleiros, que olhavam-me com curiosidade, e fiz uma respeitosa reverência ao Rei. Ele estava sentado numa poltrona. Olhou-me longamente e depois disse com um sorriso: "Então, esta é a linda guerreira que prendeu o meu parlamentário! Agora, sou obrigado a mantê-la como refém e, para isso, vou realizar o seu noivado com senhor Clorifon. Ele que vigie pelo resto de sua vida essa perigosa e belicosa dama!"

Naquele instante, eu sentia somente raiva e ódio pelo senhor René, pois ele era o causador da morte de Gilbert. Se ele não tivesse seduzido a minha criada e não tivesse escapado para nos trair, nós talvez aguentássemos até a chegada da ajuda do Duque Karl. Mas, também percebia que naquela hora nada devia dizer para não nos complicar ainda mais. Por isso, fiquei calada e o Rei oficializou o meu noivado com senhor Clorifon. Em seguida, ele disse: "Já que a senhora vai casar com um dos meus fiéis cavaleiros, não quero perseguir o seu pai. Vou perdoar-lhe a traição, mas ele deverá, publicamente, solicitar a minha graça e perdão e recitar, novamente, o juramento de vassalo."

Quando voltei e contei o que aconteceu, meu pai ficou espumando de ódio.

"Que vergonha!", repetia ele, cerrando os punhos. "Sou obrigado a me rebaixar diante desse desprezível Rei e ver você se tornar esposa de um traidor, culpado pela morte de meu filho!"

A lembrança do irmão me fazia chorar e aumentava a minha raiva contra René. De repente, tive uma ideia.

"Espere, pai, e deixe-me agir", disse eu. "Talvez eu consiga salvar-nos."

Quando chegou a noite, eu escapei da tenda. Não havia sentinelas, pois, pelo acampamento correu a notícia de que estava noiva de Clorifon e que o meu pai seria perdoado. Além disso, o que poderiam fazer um velho e uma moça?

A visão do nosso pobre castelo vazio e saqueado reforçou ainda mais a minha determinação. Os muros estavam esburacados e na torre, em vez da nossa bandeira, tremulava o estandarte real. Tudo isso aconteceu por causa do senhor René.

Por uma trilha que conhecia bem, imiscuí-me como um gato para dentro do castelo e, através do portão aberto, entrei no paço principal. Tudo em volta estava silencioso e vazio, mas eu não ousei entrar no castelo. As lágrimas me sufocavam e parecia que o meu coração iria estourar de tristeza. Eu consegui chegar ao estábulo. Como já esperava, lá havia alguns cavalos deixados sob a guarda de sentinelas que, completamente bêbados, dormiam no quintal. Amarrando feno nas patas dos cavalos, eu levei-os para fora da colina e os escondi nos arbustos. Então, corri para avisar o pai.

Ele pareceu renascer e mal me deu tempo de escrever com um carvão na fronha umas palavras de despedida a Clorifon. Nós, então, fugimos. Confesso que partia com o coração pesado, mas não podia agir de outra forma. Não sei se saíram em nossa perseguição, mas, por via das dúvidas, nós deveríamos nos adiantar bastante. Em seguida, devido ao meu extremo cansaço e da doença do pai, que já naquele tempo tinha se manifestado, decidimos pedir abrigo temporário ao primo Berange, apesar de toda a nossa aversão.

J. W. Rochester

A voz de Angela calou-se. Tapando o rosto com as mãos, ela passou a chorar convulsivamente. Eu a olhava condoído.

— Minha querida criança! — disse eu, suspirando. — Temo que a senhora não agiu com sensatez, ajudando seu pai a fugir. O perdão do Rei e o casamento com um nobre cavaleiro prometiam-lhe uma vida mais tranquila e honrada, do que o futuro incerto que a aguarda.

Angela enxugou as lágrimas. Tentando falar com firmeza, ela respondeu com um triste sorriso:

— Tem razão, padre Ambrósio! A ira e o rancor são maus conselheiros. Mas o mal já está feito. Agora resta-me somente suportar, corajosamente, as consequências do nosso ato.

Um pouco depois dessa conversa, o estado do paciente agravou-se de repente, e eu percebi que aproximava-se o seu fim. Berange visitava-o constantemente. Agora ele aparecia assiduamente no almoço e jantar e notei que olhava para Angela com uma expressão que não deixava dúvidas quanto aos sentimentos que tinha por ela. Certa tarde, o Barão veio novamente visitar o paciente. Aquele dispensou a filha, alegando um motivo qualquer e, ao ficarem a sós, disse ao Barão:

— Primo, quero pedir-lhe o favor de enviar um mensageiro com uma carta ao cavaleiro René de Clorifon. O Rei realizou o noivado dele com Angela. Naquela época, aquele noivado foi-me muito desagradável. Mas, sinto que vou morrer e a minha pobre filha ficará só, sem um protetor. Por isso, quero escrever ao Clorifon que estou devolvendo-lhe a noiva. Ele ama Angela e virá buscá-la. O padre Ambrósio poderá casá-los aqui mesmo.

Ao ouvir essas palavras do velho senhor, Berange ficou muito vermelho e disse:

— Meu caro primo! Se é esse o seu desejo, então, colocarei à sua disposição tantos mensageiros quantos desejar. Mas, parece que existe um meio muito mais simples e digno de garantir o futuro de sua filha do que entregá-la nas mão de um cavaleiro desconhecido qualquer. Eu próprio ficaria feliz em casar-me com sua filha e, se o senhor concordar, serei o protetor de Angela. Assim, ela permanecerá a mesma Bordele e, como minha esposa, estará protegida de quaisquer acasos do destino.

O velho Barão ficou muito surpreso e, ao mesmo tempo, satisfeito.

— Berange, se ama a minha filha e quer casar-se com ela, eu, naturalmente, não posso desejar para ela um casamento mais nobre e brilhante. Hoje mesmo transmitirei a ela a nossa decisão.

Não sei o que o velho senhor disse a Angela e como conseguiu convencê-la, mas na manhã seguinte, quando Berange apareceu, ele realizou o noivado dos dois. Angela não protestou, apesar de seus olhos estarem vermelhos de chorar. Dois dias mais tarde, o velho Barão morreu.

Angela estava inconsolável em sua dor. Enquanto ela entregava-se totalmente às preces e lágrimas, Berange desapareceu novamente na torre. O maldito feiticeiro conseguiu enredá-lo tanto com o seu encanto diabólico, que ele pareceu ter esquecido tudo e não falava uma palavra sobre o casamento.

Assim passaram-se três meses. Angela ficava a cada dia, cada vez mais, sombria e preocupada. Finalmente, ela disse-me:

— Não posso mais ficar aqui, padre Ambrósio! A minha falsa situação nesse castelo me oprime. Quero ir embora daqui.

— Mas, minha filha! Para onde você iria? — perguntei, com lágrimas nos olhos.

— Para Briuzh,[15] para o convento de moças nobres. A abadessa daquele mosteiro é minha parente por parte de mãe. Gilbert dizia para mim que lá sempre encontraria abrigo.

Após o jantar, Angela aproximou-se de Berange e agradeceu-o pela bondade a amabilidade para com ela e o seu falecido pai. Em seguida, declarou que desejava retirar-se para o convento e pediu-lhe que arranjasse um comboio para levá-la a Briuzh. O Barão ficou vermelho e ouviu-a com ar preocupado.

— O seu pedido muito me surpreende. Minha linda prima, acaso esqueceu que estamos noivos? — respondeu ele, num tom de insatisfação.

— Pensei que o senhor havia esquecido disso e estivesse arrependido de ter assumido essa obrigação tão precipitadamente — replicou Angela com irritação.

— Eu estava respeitando a sua dor, cara prima, e não queria ofender o seu luto com conversas sobre casamento. Mas a palavra dada entre dois Bordele é tão indissolúvel quanto a cerimônia de casamento — respondeu Berange. — Sabendo agora que posso falar sem provocar a sua insatisfação, assumo novamente os direitos de noivo e estou marcando o nosso casamento para daqui a um mês — acrescentou ele com um fino sorriso.

Depois, beijou a moça e apresentou-a a todos no castelo como a sua futura senhora. A pobre Angela tinha tanta necessidade de amor e participação, que a delicadeza do Barão, tocou-a.

Durante o mês seguinte, Berange comportou-se de forma muito inconstante. Uma hora ele procurava a companhia da

15 Briuzh (Bruges) - Cidade da Belgica.

J. W. Rochester

noiva e em outra hora o demônio da torre apossava-se dele novamente, fazendo-o esquecer de tudo.

Finalmente, chegou o dia do casamento. Planejava-se festejar o dia com muita pompa, mas havia poucos convidados, pois Berange conhecia poucos vizinhos e não gostava da companhia de mulheres. Por isso, ele convidou somente alguns senhores idosos e, entre eles, um parente distante e viúvo.

A hora marcada para a cerimônia já tinha passado há muito. Um dos criados informou-me que os convidados e a noiva já se encontravam no grande salão, mas que o Barão, após vestir-se para a cerimônia, foi para a torre e ainda não tinha retornado de lá.

Eu aguardei mais um pouco. Por fim, tomado de impaciência, fui ao grande salão para ver o que acontecia por lá. Os convidados tinham um ar de ofendidos. Quanto à noiva, estava fora de si de raiva e vergonha pelo desrespeito para com sua pessoa. Quando passei por perto, ela apertou a minha mão, nervosamente, e lágrimas jorraram de seus olhos.

— Padre Ambrósio! Estou achando que é melhor tentar chegar ao convento mais próximo, esmolando pão pelas aldeias do que tornar-me a esposa dele — balbuciou ela com voz entrecortada.

Olhei-a com profunda compaixão. Nunca antes ela estivera tão linda como naquele dia. Tentei como pude acalmá-la, quando, de repente, houve um movimento entre os pajens reunidos junto à porta e, na entrada da sala, apareceu o Barão. Ele vestia um rico traje. Seu cinto e o cabo do punhal cintilavam com pedras preciosas. Mas, percebia-se que aquele luxuoso traje sofrera bastante com a sua passagem pelo laboratório.

Berange parou junto à porta da sala cumprimentando com um aceno de mão a noiva e os convidados. Em seguida, disse algumas palavras ao pajem. Aquele correu e trouxe uma bandeja de prata. O Barão lavou rapidamente o rosto e as mãos e colocou no pescoço a corrente de ouro que lhe entregou um outro pajem. Ao terminar toda aquela cerimônia, ele aproximou-se de Angela que, sufocando de raiva, observava a cena.

Eu também estava tão interessado em ver o que iria acontecer em seguida, que parei, por instantes, a alguns passos de distância deles.

— Volte para a sua imunda torre! Depois de tudo o que aconteceu não quero mais ser sua esposa! — exclamou Angela com voz entrecortada.

Berange ficou terrivelmente vermelho.

— A senhora não sabe o que está falando! Isso não é coisa que se faça — respondeu ele.

— O senhor deveria saber que não se deve fazer a noiva esperar como se fosse uma mendiga e comparecer diante do altar emporcalhado como um carvoeiro!

Com essas palavras, ela apontou com o dedo uma mancha preta no joelho do Barão. Levemente embaraçado, Berange olhou para a mancha e respondeu amavelmente:

— Isso a torna ainda mais linda e mais branca, querida Angela! Agora, chega de caprichos! Eu não sabia que já era tão tarde.

Desculpando-se, dessa maneira, ele agarrou o braço da moça e eu, então, corri para a capela.

A cerimônia transcorreu sem maiores percalços. Angela estava pálida e tinha um ar sombrio. Penso que se não fosse a presença dos convidados e se os seus olhares curiosos não a embaraçassem, ela se recusaria a acompanhar Berange ao altar.

Ao término da cerimônia, os recém-casados desceram para apresentar-se ao povo, que lotava todo o paço do castelo. Do lado de Berange, ia um pajem levando uma bandeja cheia de dinheiro; do lado de Angela, um outro pajem levava presentes destinados às mulheres. Em todos os lugares eles eram recebidos com gritos e bênçãos. Mais tarde, ouvi boatos que o povo dizia que quando casou o falecido pai de Berange, este atirava dinheiro em punhados bem maiores. Ao terminar aquela última formalidade, todo o grupo reuniu-se novamente no grade salão. Enquanto o Barão conversava com os convidados, eu e Angela passamos para o quarto contíguo e, sentando no profundo parapeito da janela, também começamos a conversar. Passou-se cerca de uma hora, quando a porta abriu-se e entraram o Barão acompanhado de um velho cavaleiro, seu parente. Este último dizia com franca admiração:

— Juro pelo sangue de Cristo que ela é encantadora! Fico surpreso, Berange, como você conseguiu, tão misteriosamente e inesperadamente, achar uma esposa tão maravilhosa!

— Então, senhor Jack, acha-a bonita? Fico feliz com isso — respondeu Berange com ostensiva indiferença. — Vou contar somente ao senhor que fui obrigado a esse casamento por uma dívida dupla: em primeiro lugar, a promessa ao meu primo, pai de Angela, de garantir o futuro de sua filha, que ficou órfã e, em segundo lugar, a necessidade de um herdeiro com meu nome, pois sou o último dos Bordele. Pelo meu caráter, sou pouco afeito a sentimentos delicados e preferiria continuar solteiro, se pudesse seguir minhas próprias preferências. Mas, já que o destino decidiu de forma diferente, é preciso suportar, pacientemente, o casamento com essa insignificante garotinha. Mas, chega desse assunto. Aqui está a espada sarracena que eu queria lhe mostrar — acrescentou ele, aproximando-se da parede na qual estava pendurada a arma.

Após pequenos comentários relativos à qualidade de diversas armas, eles saíram do quarto, sem notar a nossa presença no abrigo. Angela ficou branca como um lençol e encostou-se na parede. A expressão de seus olhos assustou-me bastante. De repente, ela agarrou a minha mão e apertou-a nervosamente.

— Patife! Ele demonstra que casou comigo por misericórdia. E pensar que agora é tarde demais e estou presa a ele para sempre! — exclamou ela com voz abafada. — Oh! Como fui fraca, concordando em ser sua esposa, não prestando atenção aos avisos da minha voz interior. Onde foram parar minha coragem e orgulho? Mas, não posso mais ficar aqui. Padre, ajude-me a fugir!

Debalde tentei convencê-la do contrário; sua ira e a humilhação que acabara de passar privaram-na totalmente do bom senso.

Durante o banquete nupcial, Angela, completamente pálida, não abriu a boca. Quando começaram os brindes ela sentiu-se mal. Berange, que a observava, ficou vermelho, mas fingindo indiferença, ordenou que a levassem para o quarto e lhe prestassem a ajuda necessária. Em seguida, a festança prosseguiu com a mesma animação. Quando levantaram da mesa, eu imediatamente corri para saber o que aconteceu com a pobre Angela. Mas quando a criada, em prantos, jogou-se aos meus pés, tive de sentar, pois as pernas recusaram-se a me obedecer.

— Diga logo, Elisa, o que aconteceu?

— Oh, padre Ambrósio! A nobre dama fugiu disfarçada de criada. Ela vestiu as minhas roupas — respondeu a boa moça, entregando-me uma carta.

Aquela carta consistia somente de algumas linhas. Angela me informava que tinha decidido tentar chegar a Dofine[16] e entrar para o primeiro convento que encontrasse:

"Estou com os documentos do meu pai que atestam o meu nome e nascimento. Peça a Deus, meu padre, que Ele me ajude a alcançar um desses santos abrigos, e lembre de vez em quando da sua pobre Angela que o destino cruel jogou novamente na grande estrada."

Assim ela concluiu a carta. Eu chorei, amargamente, e ao mesmo tempo rezei para a sua fuga ter sucesso e que ela conseguisse alcançar Dofine, pois qualquer acordo entre ela e seu marido estava definitivamente quebrado.

Passaram-se algumas horas e já havia anoitecido e eu continuava sentado pensando o que aconteceria quando descobrissem a verdade. Quando ouvi o ruído de vozes se aproximando,

---

16 Dofine (Dauphine) - Província histórica no sudoeste da França.

saí para o quarto contíguo e encostei-me na parede. Por toda a extensão do corredor até o quarto nupcial enfileiraram-se pajens e cavalariços com tochas nas mãos. Um minuto mais tarde apareceu o próprio Berange acompanhado de seus convidados. Esses riam e diziam-lhe todo tipo de votos de felicidades. O recém--casado entrou e fechou a porta atrás de si. Mas os convidados nem tiveram tempo de se afastar, quando a porta do dormitório escancarou-se com estrondo e de lá saiu o Barão completamente pálido e espumando pela boca. Segurava nas mãos um pergaminho no qual estava pendurado numa fita o anel de noivado.

Berange queria falar, mas sua garganta estava apertada e a voz recusava-se a obedecer-lhe. Ele estendeu-me a carta e, respirando pesadamente, encostou-se na mesa. Apesar de meus olhos ainda estarem embaçados de lágrimas, consegui ler o seguinte:

"Primo Berange!
Pela confissão que o senhor fez ao senhor Jack, eu soube que cometi um duplo erro. O primeiro erro foi não o ter entendido e ter aceitado o seu nome em vez de recusar e libertá-lo, como o senhor esperava, da promessa que fez ao meu finado pai. O segundo erro foi que percebi demasiado tarde que em seu castelo sou mil vezes mais desprezada e solitária do que na grande estrada. Para corrigir na medida do possível esses infelizes erros, estou liberando-o da desagradável obrigação de ter uma esposa. Considere-me morta. Nunca vou me aproveitar nem do seu nome e nem da sua proteção. O senhor está livre para viver como quiser, enquanto eu recupero a minha liberdade. Antes de concluir essa carta, permita-me dizer que o senhor agiu como um patife! O meu pai não podia querer que atirassem migalhas de pão à sua filha. Ele esperava que o meu marido me amasse e me respeitasse. Primo, mais uma vez repito que o senhor está livre para sempre.
Angela."

A minha cabeça rodava com todos aqueles acontecimentos, e eu nem tinha tempo de repensar em tudo. Naquele instante, Berange, recuperando-se, voltou-se para os convidados estarrecidos e disse com voz maldosa:

— A dona do castelo fugiu. Aí está, meus senhores, em que consiste a felicidade da vida conjugal! Ei, vocês! — ele voltou-se para os criados. — Preparem os cavalos! Viva ou morta eu a trarei de volta ao castelo!

Os convidados trocaram olhares surpresos e significativos.

J. W. Rochester

Em seguida, até aqueles que deveriam ficar até o dia seguinte, apressaram-se em despedir-se do Barão.

— Essa pálida noiva deve ter fortes motivos para fugir assim — observou um dos convidados.

Berange estava terrível de se olhar. Ele arrancou o anel pendurado no pergaminho e colocou-o em seu dedo mindinho.

— Viva ou morta, mas ela irá colocá-lo novamente, pois é a minha esposa! — murmurou ele, descendo as escadas como um furacão.

— Soltem os cães de caça! Que os guarda-cães juntem-se aos soldados e cavalariços! — rugia ele. — Rápido! Tragam o meu cavalo, por todos os infernos! Vamos caçá-la, minha branca gazela. Que Deus tenha piedade daqueles que a esconderem ou lhe derem abrigo! Vou enforcá-los nem que sejam cem pessoas!

O horror e o desespero deram-me coragem. Enquanto penduravam no pescoço dos cães pedaços do vestido de Angela, ordenei para que trouxessem um cavalo para mim.

— O senhor vem conosco, padre Ambrósio? Para quê? Podemos muito bem passar sem a sua bênção!

Com essas palavras, ele arremeteu em frente. Os cães localizaram, imediatamente, a pista da moça e nós galopamos atrás deles pela floresta que tapava o horizonte de todos os lados. Entretanto, passamos a noite inteira procurando sem resultado e eu já começava a ter esperanças de que a pobre Angela tinha conseguido escapar da nossa perseguição. O Barão estava desencorajado. Ele parecia ter envelhecido e seu rosto desfigurado e pálido estava coberto de suor.

De repente, os cães começaram a latir e a caça recomeçou com novo ímpeto. Finalmente, nós saímos numa ampla clareira, no centro da qual havia um casebre de carvoeiro. A matilha de cães, latindo fortemente, correu para o casebre.

— Ah! — exclamou Berange. — Finalmente! Botem fogo nessa espelunca e enxotem as ratazanas para fora!

Naquele instante, do casebre saíram dois homens em roupas enegrecidas. Um deles levava nos braços uma mulher que reconheci ser Angela. Ele mal deu alguns passos, quando tropeçou numa raiz e caiu.

— Salve-se, bom homem, ou vocês estarão perdidos! — exclamou a moça. Os pobres coitados desapareceram como sombras na mata.

Começava amanhecer. Agora, sob a pálida luz da manhã, conseguíamos ver Angela nitidamente. Ela estava totalmente pálida, mas com ar decidido.

— Agarrem-na e tragam-na para mim! — gritou o Barão.

Como os soldados recuaram diante do olhar flamejante da

jovem, Berange obrigou o seu cavalo a dar um pulo à frente e repetiu severamente:

— Agarrem-na, imediatamente, ou vou enforcá-los a todos, miseráveis!

— Berange! Ela é sua esposa! Pelo amor de Deus, controle--se! — exclamei, segurando-o pela manga da camisa.

Indecisos e temendo feri-la, os soldados aproximaram-se da jovem.

— Renda-se, nobre dama! — exclamou, implorando, um dos soldados.

Mas antes que alguém pudesse adivinhar a sua intenção, Angela jogou-se sob as patas do cavalo de Berange e exclamou:

— Mate-me antes de me possuir!

Um grito de horror escapou dos lábios do Barão. Sem forças para controlar o cavalo assustado, ele temia esmagar a moça. Com a intenção de obrigá-la a recuar, ele empinou o cavalo e desferiu uma forte chicotada em Angela, cuja figura aparecia embaçada na nuvem de poeira.

Fazendo uma pirueta, ele obrigou o cavalo a dar um salto para o lado...."

O grito abafado de Alice interrompeu o orador. A jovem mulher ouvia tudo com crescente interesse. Durante a descrição do último episódio, ela ficou completamente pálida e escapou--lhe, involuntariamente, o grito que fez o Barão calar-se. Todos olharam para Alice.

— Deus do Céu, Alice! Você está com uma aparência tão desolada como se estivesse, pessoalmente, sob os cascos do cavalo do maldoso Barão! — exclamou Marion. — Confesso que essa cena também me impressionou bastante, mas não se deve levar tão passionalmente esse passado distante.

— Tem razão, Marion! Peço a todos que me perdoem por interromper o tio na parte mais interessante — respondeu Alice, corando. — O relato desse episódio me impressionou tanto que parecia estar vendo aquela clareira, o casebre, o carvoeiro, os homens armados e, a dois passos de mim, o rosto malvado do homem cujo cadáver vimos há pouco. Ele dirigiu-me um olhar tão horrendo, que soltei um grito involuntário e senti um ódio insano daquele ser imaginário.

Quando a questão referia-se a Mariam, Renoir ouvia com atenção redobrada e mostrava forte excitação nervosa. Naquele momento, ele olhou para Alice com olhar tão faiscante que dava uma expressão estranha à sua fisionomia.

— Imaginário? — repetiu ele, em tom irreverente. — Como,

J. W. Rochester

Marquesa, aquele rosto rude e desonesto pode ser imaginário, se essa antiga crônica revela as suas maldades e o seu corpo repousa a uns cem passos de nós?

— Só quis dizer que naquele momento quando me parecia estar vendo a cena, o Barão era para mim uma visão imaginária.

— Parece que todos vocês estão julgando com parcialidade o meu antepassado. No século XV, os costumes eram bem diferentes e a ofensa pública cometida pela fuga da esposa, pode ter deixado-o muito furioso e levado-o a cometer extremos — observou Berange, que estava muito pálido e mordia o bigode.

Renoir voltou-se, imediatamente, para ele e em seus olhos acendeu-se uma expressão de ódio e zomba.

— Que coisa feia, Marquês! — exclamou Marion naquele momento. — O que o faz defender aquele cavaleiro rude e indigno, que em vez de respeitar e defender as mulheres, ofende, rudemente, a própria esposa?

Antes que o Marquês pudesse responder, Renoir observou em tom zombeteiro:

— Talvez o desejo do Marquês de Bordele de justificar os maus atos do falecido Barão Berange provenha de um sentimento bastante natural, legal e desculpável. Aliás, nem quero me aprofundar nessa questão. Apenas acho que os costumes do século XV distinguem-se dos atuais muito menos do que geralmente se costuma imaginar. Mudou somente a maneira de agir. No nosso tempo, é possível impunemente ofender e humilhar uma mulher e maltratá-la, moralmente, da mesma forma como antigamente.

O Marquês ficou muito vermelho.

— O senhor faria muito bem, senhor Renoir, se parasse de explicar as minhas opiniões sobre o nosso antepassado do ponto de vista de suas... ideias estranhas. Certa vez, o senhor fez algumas insinuações engraçadas a esse respeito, mas prefiro não lembrá-las.

Ao ver Renoir levantar com um ar jocoso e que a discussão começava a passar para divergência, o Barão Ernest achou por bem intrometer-se.

— Chega, senhores! Parem com isso! Você, Berange, pare de esquentar pelos atos e conduta do falecido Barão de Bordele, pelos quais você, graças a Deus, não é responsável. E o senhor, meu caro vizinho, esqueça por hoje as suas opiniões místicas. Vou recomeçar a leitura e pedir aos presentes que não me interrompam, pois se formos discutir cada episódio, não terminaremos hoje a leitura da crônica, o que seria muito ruim, devido à integridade do relato. Portanto, voltemos ao momento em que Berange obrigava o seu cavalo a dar um salto para o lado, evitando atingir a pobre mulher.

"Quando a poeira assentou", prosseguiu a leitura o Barão, "nós vimos Angela. Ela estava disfarçada de criada e caída sem sentidos. Seu vestido estava rasgado. Da testa até o ombro desnudo, o sangue corria em profusão. Não sei como não enlouqueci naquela hora fatal. Até os rudes soldados ficaram sentidos. Ninguém ousava tocar na coitada e todos consideravam-na morta. Berange tinha um ar de demente. Seus lábios tremiam, nervosamente, e ele olhava para sua vítima com olhos esbugalhados.

— Levantem a nobre dama e entreguem-me aqui — disse ele, finalmente, recuperando-se.

Um dos cavalariços apeou do cavalo, levantou Angela, cuidadosamente, e entregou-a ao Barão. Este colocou-a atravessada na sela. Segurando a esposa com uma mão, ele colocou a outra em seu peito.

— Ela está viva! — disse ele, sem olhar para mim.

Nada respondi. Em seguida, vagarosamente, passo a passo, dirigimo-nos para o castelo. Angela não voltava a si. Examinando-a, notei que o cavalo tinha atingido a sua costela e que ela tinha um ferimento na cabeça. Na mesma tarde, ela teve uma inflamação cerebral. Trouxeram um médico da cidade mais próxima. Ele examinou a paciente e declarou que o seu estado era muito grave e que não podia prognosticar o resultado da doença.

Por três semanas Berange não deixou o quarto onde Angela oscilava entre a vida e a morte. Durante aquele período, ninguém ouviu dele uma única palavra. Sombrio e calado, ficou sentado junto à cabeceira da esposa e nem perguntava ao médico sobre o estado dela. Somente Deus sabe o que se passava em sua alma.

Certa noite, o estado de Angela agravou-se e ela voltou a si. A pobre mulher me reconheceu e sorriu. Mas, quando viu o Barão, soltou um grito de terror e desmaiou novamente. Então, o médico disse que se o Barão quisesse que a sua esposa sobrevivesse, não deveria mostrar-se para ela.

Berange afastou-se, obedientemente, mas proibiu que deixassem perto de Angela facas ou quaisquer outras ferramentas com as quais ela pudesse suicidar-se. Ele voltou para a torre, ordenando que o deixassem a cada hora informado do andamento da doença. Eu fiquei com a paciente, e nós cuidávamos dela como se fosse a menina dos nossos olhos.

Finalmente, a juventude venceu a doença e Angela começou a melhorar lentamente. Logo que ela ficou em condições de andar, declarou que desejava ir embora do castelo.

— Vou ver o Rei e pedir-lhe a graça e a justiça. Ele me

J. W. Rochester

conhece. Se isso não der certo, vou jogar-me aos pés de algum cavaleiro e implorar-lhe abrigo e proteção — dizia ela para mim. Com lágrimas nos olhos, eu tentava convencê-la que Berange jamais iria deixá-la ir embora e que ela tinha obrigação de perdoar o marido. Mas, Angela permaneceu irredutível. Em todo caso, para ela era difícil fugir, pois era uma verdadeira prisioneira. Sentinelas guardavam a porta do seu quarto; o castelo fora colocado em regime de cerco e os vigias guardavam todas as saídas.

Gradativamente, Angela entrou em profunda apatia. Ela tornou-se sombria e calada e rendeu-se, definitivamente, aos seus tristes pensamentos. Nem minhas lágrimas, nem meus pedidos, surtiam efeito sobre ela. Finalmente, o médico declarou que Angela precisava de ar puro. Então, foi transportada para um pequeno jardim dentro do castelo. O Barão observava-a pela janela e não permitia a ela nem um passo fora dos muros do castelo.

Uma visível impaciência começou a dominar Berange. Ele desejava, de qualquer forma, fazer as pazes com a esposa, mas temendo a ira e as reprimendas de Angela, queria que ela, previamente, concordasse em fazer as pazes com ele. Aliás, ele incumbiu-me de transmitir a Angela que se ela não jurasse sobre o Evangelho que desistia de qualquer ideia de fuga ou suicídio, então, permaneceria prisioneira até a morte dele, pois enquanto estivesse vivo, não a deixaria sair. A jovem mulher ouviu tudo com indiferença e nada respondeu.

Passaram-se dois meses e todos os meus esforços continuaram em vão. Não adiantou eu pregar, trazer citações dos Evangelhos que recomendavam perdoar as ofensas, e as palavras do Salvador, ordenando pagar o mal com o bem. A todos os meus argumentos, Angela respondia somente com o silêncio e um sorriso de desprezo.

Eu já não sabia o que fazer. Berange exigia, a cada dia com maior insistência, que eu concluísse a tarefa de que fui incumbido e sua irritação interior refletia-se, fortemente, nos que o cercavam. Não sei se ele sofria de dores de consciência. Me parece que sentia muita vergonha, mas não queria reconhecer isso.

Depois de usar todos os métodos de que dispunha, resolvi apelar para a severidade.

— Minha filha! — disse-lhe certa vez. — Devido à sua insistência em permanecer na ira anticristã, chego `a conclusão que qualquer ajuda espiritual é demais para a senhora. Portanto, estou me retirando para o mosteiro e deixo-a a sós com o seu maldoso coração.

— Vá, padre — respondeu Angela com indiferença —, já

que o senhor, em vez de compadecer-se da minha justa dor, fica defendendo corações realmente maldosos.

Fiquei numa situação realmente embaraçosa e não sabia o que fazer, quando um acaso colocou em minhas mãos um instrumento inesperado. Certa vez, o Barão informou-me, durante o jantar, que tinham capturado os dois carvoeiros e que ele decidiu enforcá-los, mas que estava pronto a perdoá-los se Angela pedisse isso pessoalmente.

Agora eu tinha um bom motivo, e passei o sermão diante de ouvidos mais atentos. Angela amainou um pouco e, pelo menos, respondeu-me:

— Não consigo vê-lo, padre! Isso para mim seria a morte — repetia ela.

Quando lhe descrevi que dores de consciência ela estava preparando para si, condenando à morte dois coitados que a receberam e tentaram salvá-la, Angela desandou a chorar e, finalmente, concordou.

— Tentarei recebê-lo, padre, mas somente em sua presença. E, ele deve me jurar que vai perdoar completamente esses coitados.

Transmiti aquelas palavras a Berange. Ele ouviu-me com um ar de preocupação.

— Malditos caprichos femininos! Mas, vou ter que concordar — resmungou ele. — Portanto, padre, diga-lhe que concordo com tudo, mas em troca exijo que ela jure que irá desistir de qualquer loucura no futuro. Algum dia eu preciso dormir sossegado, sem deixar o castelo em estado de alerta para conservar a esposa! Mas, o principal é que ela deve prometer que esquecerá as facas, os grampos e as cordas, sem que eu possa ter medo de encontrá-la pendurada ou cortada. Nessas condições, estou pronto a reconhecer que fui excessivamente cruel com ela. Agora isso tudo será esquecido! Depende dela demonstrar-me sentimentos melhores.

Transmiti aquelas palavras numa forma mais branda e Angela finalmente concordou em receber o marido. Ela, entretanto, estava tão desolada, tão nervosa pela espera da chegada do Barão, que senti por ela uma sincera compaixão e, com um peso no coração, afastei-me para o fundo parapeito da janela. Sentia-me meio embaraçado, pois tinha consciência que, em tais encontros, uma terceira pessoa seria demais.

Naquele instante, soaram passos rápidos e a porta do quarto abriu-se. Angela soltou um grito fraco e desmaiou ao ver Berange aproximando-se dela.

— Só me faltava essa! — exclamou o Barão. — Padre! Traga-me água.

Com as mãos trêmulas levei-lhe água e logo a jovem mulher voltou a si. Fiquei extremamente surpreso ao ver Berange abraçar Angela e, com expressões carinhosas e apaixonadas, pedir-lhe perdão por suas rudes palavras e pela crueldade, jurando-lhe amor profundo e fiel.

A jovem nada respondeu, mas encostando a cabeça no peito do marido, suportava em silêncio seus beijos e ouvia suas palavras carinhosas. Apesar da própria emoção, Berange não esqueceu do juramento prometido. Quando Angela jurou nunca mais tentar o suicídio ou fugir, o Barão pareceu ficar completamente satisfeito.

A vida a seguir passou em completa paz, e Angela aos poucos recuperou o seu antigo frescor e animação. Berange, aparentemente, tentava fazê-la esquecer seus erros e estava tão apaixonado pela esposa, que durante alguns meses mal visitava a maldita torre, onde continuava a residir o velho feiticeiro. Mais tarde, a paixão pelas ocupações diabólicas apossou-se dele novamente, mas não a ponto de atrapalhar a sua vida familiar. Quando nasceu o seu primeiro filho, o Barão ficou muito orgulhoso e sinceramente feliz por Angela, pois o pequeno Amori recompensou-a por tudo que ela ainda viesse a lamentar na profundeza de sua alma. Sua vida retirada e monótona adquiriu agora um novo objetivo.

Devo acrescentar que Angela nunca soube da chicotada que levou. Ela, naturalmente, jamais perdoaria tal ofensa. Berange ameaçou de morte a quem proferisse uma palavra sobre aquilo. Convencemos a jovem mulher que ela tinha sido ferida por um dos soldados que tentava tirá-la com a lança debaixo das patas dos cavalos.

Assim passaram-se dois anos. Angela deu à luz uma menina, quando um acontecimento inesperado destruiu para sempre a nossa paz e trouxe para dentro do castelo a desgraça e o crime.

Certa tarde, enquanto jantávamos, o criado informou a Berange que havia chegado ao castelo Mariam, a cigana que citei antes, e que implorava-lhe o favor de recebê-la. Um mau pressentimento apertou o meu coração. Eu via aquela megera como a culpada pela morte de Isabela e do pintor e sua volta ao castelo significava um mau presságio.

Infelizmente, o meu pressentimento não me enganou. Com inusitada velocidade e força, que até hoje são um mistério para mim, aquele ser repulsivo readquiriu a sua fatídica influência sobre Berange. Seu acampamento cigano instalou-se nos bosques vizinhos. O amante e confidente daquela megera, Haroldo, foi visto muitas vezes perambulando por perto do castelo.

O primeiro resultado da influência de Mariam foi que Berange começou a ignorar a esposa e, novamente, entrou de cabeça nos estudos da magia. A cigana ajudava-o nisso, passando com ele dias inteiros na torre. Logo me convenci que entre eles havia recomeçado a antiga ligação criminosa. Fiquei profundamente chocado. Angela, cujos direitos e orgulho foram ofendidos, começou a sentir hostilidade pelo marido. Mas, uma série de acontecimentos logo transformou aquele sentimento em impiedoso ódio.

No início, Mariam tratava Angela com a humildade de um cão. Mas esta não gostava daquele tipo de relacionamento e, no geral, a figura da cigana era-lhe odiosa. Angela ficava chocada com seu traje de cores berrantes e comportamento insolente.

Sentindo-se rejeitada com a repulsa de Angela, Mariam aumentou ainda mais o seu poder sobre o Barão e o transformou em um obediente instrumento de vingança. Ela divertia-se em demostrar, desavergonhadamente, a Angela que a verdadeira dona do castelo agora era ela. Desse modo, certa vez, ela levou sua insolência a tal ponto que surrou o pequeno Amori. Quando a mãe queixou-se ao Barão, ele respondeu severamente:

— O maldoso moleque mordeu-a e somente recebeu o merecido.

A partir daquele dia, Angela não tirava os olhos de seus filhos.

Um certo tempo mais tarde, nós estávamos no refeitório e aguardávamos Berange para sentarmos à mesa. Após longa espera, ele apareceu na companhia da cigana e declarou que ela iria almoçar conosco. Eu fiquei muito revoltado. Angela empalideceu e levantou-se da cadeira. Eu segui o seu exemplo e já nos preparávamos para deixar o refeitório, quando, de repente, Berange agarrou a esposa pelo braço.

— O que você está fazendo? Essa mulher é digna de sentar à nossa mesa. Ela é uma parente distante da nossa dinastia.

A nobre mulher encarou-o com indescritível desprezo.

— Não tenho dúvidas, senhor, de que ela seja digna de ser sua parente e até acho que seria uma companheira mais apropriada para o senhor do que eu. Lamento, profundamente, tê-la privado dessa posição, graças à teimosia com que o senhor me prendeu aqui. Mas, agora estou lhe declarando que não há lugar numa mesma mesa para uma legítima esposa e uma insolente amante.

A partir daquele dia, a situação ficou ainda mais delicada. Berange, incitado pela megera, passou a jantar, frequentemente, na torre. Além disso, a cínica rudeza da amante começou a refletir-se nos modos e palavras do Barão. Berange era, por natureza,

J. W. Rochester

severo, desconfiado e arbitrário; a partir da volta de Mariam as suas más qualidades desenvolveram-se com grande força. A severidade transformou-se em crueldade e a teimosia em tirania. Sua sombria desconfiança espalhou-se sobre todos que o cercavam, e a sua ponderação, em avareza. Todos que sempre temiam Berange, agora passaram a odiá-lo e espalhar sobre ele os mais maldosos boatos. Espalhavam, sussurrando, que ele tinha vendido a alma ao diabo em troca do segredo de fabricar ouro; que ele praticava magia negra e fazia sacrifícios humanos. O desaparecimento dos dois filhos e da criada de Angela só serviram para comprovar ainda mais aqueles boatos e fizeram o Barão ser odiado por todos.

Naquele tempo, eu nada sabia daqueles boatos e atribuí o desaparecimento da criada a um infeliz acidente. Agora, infelizmente, sei que tudo era verdade e que Berange carregava muitos crimes em suas costas. Senhores, me pergunto, será que não houve aqui uma estranha fatalidade do destino? O Barão nasceu no ano... , naquele mesmo ano, e no mesmo dia, foi executado o marechal Rets, monsenhor Gill de Laval [16] , um feiticeiro de maldita lembrança e assassino de crianças e mulheres. Quando a alma daquele maldito chegou ao inferno, não teria ela solicitado deixarem-na entrar no berço de um recém-nascido, ainda não protegido pelo Santo Batismo, e não teria um dos demônios de Gill encarnado em Berange, trocando-o pelo executado. Um mistério terrível que até dá medo investigar!

A alma do Barão obscureceu, definitivamente, e um caso que quero citar aqui me impressionou muito e cortou até aqueles vínculos superficiais que ainda o ligavam à religião.

Naquele tempo, a cigana, motivada pelo poder sobre o Barão, fez algumas tentativas de livrar-se de Angela, naturalmente sem consentimento de Berange, mas, sem dúvida, contando com a impunidade se fosse descoberta a sua cumplicidade. Assim, um vagabundo, que nunca foi encontrado, quase matou com uma faca a nobre dama durante um passeio fora dos muros do castelo. Numa outra ocasião, seu cavalo disparou assustado por algum malfeitor que surgiu, inesperadamente, de um fosso. Por fim, Angela quase foi envenenada.

Naquele dia, quando aconteceu esse repugnante atentado, eu vi quando Mariam, antes do jantar, entrou no refeitório com a alegação de pegar um objeto esquecido pelo Barão. Durante o jantar, Angela, como de costume, bebeu o seu cálice e, em seguida, despedindo-se do marido, retirou-se para os seus aposentos. Não passou uma hora, quando uma criada veio correndo e disse que a nobre dama sentia-se muito mal e pedia, imediatamente, a minha presença.

Quando cheguei, Angela estava sofrendo de terríveis espasmos no estômago, acompanhados de forte ânsia de vômito. Sendo, por necessidade, um pouco médico, eu imediatamente reconheci todos os sintomas de intoxicação. Corri para pegar a minha caixa de remédios e dei-lhe um antídoto, que, felizmente, funcionou. As dores cessaram, surgiu um abundante suor e a pobre mulher adormeceu um sono profundo e tranquilo. Ela proibiu-me de contar sobre aquele episódio ao Barão, pois desfrutar de sua presença tinha se tornado insuportável.

Na manhã seguinte, quando fui visitar Angela, ela ainda estava pálida e fraca, mas o perigo já havia passado.

— Decidi contar, hoje, ao Berange sobre o atentado — disse ela para mim. — Não posso acreditar que ele deseje a minha morte. Então, nesse caso, ele deve afastar daqui essa mulher, que é tão insolente a ponto de querer me matar. Será possível que ele vai suportar que a mãe de seus filhos seja envenenada, como uma ratazana, durante o seu próprio jantar?

— Certo, minha filha! — respondi. — Estarei ao seu lado para confirmar tudo.

Durante o almoço, o Barão nem perguntou o motivo da terrível palidez e visível fraqueza de Angela. Ao término da refeição, a nobre dama observou com um sorriso irônico:

— Nunca exigi, Berange, que você prestasse atenção na minha fisionomia, mas hoje devo pedir-lhe que o faça. Talvez, você note algo interessante.

O Barão levantou a cabeça. Seu olhar indeciso comprovou que ele tinha notado a aparência desolada da esposa, mas nada perguntou.

— Perdoe-me — prosseguiu Angela — por chamar sua atenção para algo tão insignificante como a minha saúde. Sei que você odeia tudo que possa fazer você interessar-se por mim. Entretanto, apesar de tudo isso, devo-lhe dizer que não estou certa quanto à minha segurança, mesmo sentada à sua mesa. Mariam, cuja insolência chegou às raias criminais, envenenou-me e você pode ver pelo meu rosto como sofri na noite passada. Não lhe peço nem amor, nem compaixão, mas tenho direito à sua proteção e os nossos filhos precisam de uma mãe. Por isso, para proteger a minha vida de constante perigo, você deve afastar essa asquerosa mulher daqui.

O Barão levantou-se.

— Isso é uma mentira! — disse ele, severamente. — Sei que Mariam é insolente, mas ela nunca faria tal coisa e nem desejaria nada disso, pois no fundo ela é muito bondosa.

J. W. Rochester

— Berange! Você fala contrariando as próprias evidências. Será que você perdeu, a tal ponto, o seu senso de honra e justiça, que defende a envenenadora? — exclamou Angela, ficando totalmente pálida. — Você sabe melhor que ninguém que Mariam atentou contra a minha vida. Mas se para você eu sou um estorvo tão grande, a ponto de você não querer defender-me, então, deixe-me ir embora daqui. Eu posso morar com as crianças em algum outro castelo seu; e lá, pelo menos, vou viver em paz. Você não ama as crianças tanto quanto eu e, por isso, nem vai notar a nossa ausência.

O Barão ficou visivelmente vermelho.

— Chega de tagarelar bobagens, Angela! Você bem sabe que nunca vai obter de mim a permissão para ir embora daqui. Você foi envenenada não por Mariam, mas pelo Cristóvão, o criado que me serve vinho. Ele queria livrar-se de mim, seu severo senhor, para servir somente a você, que todos amam. Mas eu mesmo julgarei esse caso. Confesse, ingrato, coberto de minhas benfeitorias! — gritou ele ao criado, que ficou pálido e estarrecido.

O infeliz caiu de joelhos e jurava que não tinha sido ele. Mas, foi tudo em vão. O Barão ouvia-o de braços cruzados e somente repetia:

— Você mente!

Em seguida, Berange ordenou que o levassem e entregassem ao chefe do destacamento para que fosse enforcado no dia seguinte. Ao ouvir aquela ordem, Angela deixou escapar um grito de desespero.

— Berange! Pelo amor de Deus, não mate esse homem inocente. Eu retiro a minha acusação.

O Barão, sem responder qualquer palavra, deu-lhe as costas e saiu da sala. Nós passamos uma noite terrível. O desespero enlouquecia Angela e eu sentia o peso da consciência da própria impotência. O boato sobre aquela conversa espalhou-se rapidamente. À tarde, uma multidão de camponeses e todos os moradores do castelo reuniram-se no paço principal. Eles discutiram, longamente, a possibilidade do perdão.

Sombrios e em terrível desespero, nós chegamos ao refeitório. O Barão ainda não tinha vindo. A esposa do criado condenado, junto com a filha e dois pequenos meninos, jogaram-se aos pés de Angela e imploravam-lhe que intercedesse junto ao Barão pela vida de Cristóvão.

— O que posso fazer? — repetia Angela, em prantos. — Vocês sabem que não tenho nenhum poder!

Mas os pobres coitados agarravam-na pelas vestes e repetiam com insistente desespero:

— A senhora pode, nobre dama! Tente, por favor! Deus a ajudará!

Ao ver aquela cena, lágrimas jorraram de meus olhos.

— Minha filha! — disse eu. — Pelo menos é preciso tentar. Ordene que se reúnam todas as pessoas que estão no paço. Pode ser que o senhor Berange, diante de tantas testemunhas, não vá negar um pedido seu.

Angela levantou a cabeça. Uma expressão de magnanimidade iluminou o seu lindo rosto.

— Está bem! — disse ela. — Que entrem no refeitório.

Quando todos se reuniram, ela disse:

— Assim que o Barão entrar, vou jogar-me aos seus pés. Vocês façam o mesmo.

Mandei trazerem o meu crucifixo e com toda a alma concentrei-me numa oração. Mariam chegou primeiro e, pondo as mãos na cintura, soltou uma sonora risada.

— Nobre dama, está se preocupando à toa — debochou ela.

— O senhor Berange prometeu a mim, Mariam — destacou bem esta palavra —, que vai enforcar Cristóvão para castigá-la por acusar-me de atentados imaginários. Agora você vai ver o que significa um pedido meu!

Angela deu-lhe as costas com desprezo. A cigana saiu altivamente da sala. Alguns minutos depois, chegou o Barão e parou, na entrada, vermelho de raiva.

— Que tipo de missa pretendem realizar aqui? Por que o povo está aqui como se isso fosse um quintal dos fundos? — gritou ele severamente.

— Berange! Essas pessoas vieram implorar-lhe o perdão para o seu velho e fiel servo — disse Angela, aproximando-se do marido com dignidade. — Fui eu que ordenei a essas pobres pessoas que se reunissem aqui. Eis a esposa, a filha e os dois filhos de Cristóvão. Eu estou junto com eles para amainar o seu coração.

Pegando o pequeno Amori pela mão, ela ficou de joelhos e abraçou as pernas do marido.

— Imploro-lhe em nome dos nossos filhos: perdoe Cristóvão.

Berange tapou os próprios ouvidos. Depois gritou fora de si de raiva:

— Por que ele ainda não foi enforcado como ordenei? Quem quiser fazer-lhe companhia que venha me perturbar com tais besteiras!

Todos os presentes também caíram de joelhos e olhavam com receio para o Barão. Então, eu me aproximei dele com o crucifixo na mão.

— Meu filho! — disse-lhe com severidade. — Se permanecer implacável e cometer esse asqueroso crime, Deus também será implacável com você. Tenha vergonha! Aos seus pés estão sua esposa, seus filhos e seu fiéis servos, e você continua inflexível. O Barão estava fora de si. Empalidecendo de ira, ele levantou Angela e segurou-a firmemente pelo braço para que não pudesse repetir a cena. Em seguida, voltou-se para a esposa do servo condenado e o seu olhar recaiu por acaso sobre a filha, uma bonita moça de dezesseis anos. O Barão já a havia visto antes. Mas, agora seu olhar faiscante ficou grudado nela.

— Não posso — disse ele — perdoar um atentado contra a minha vida. Vocês deveriam sentir vergonha por pedir perdão por esse malfeitor. Levantem-se e saiam daqui!

A filha do condenado, correu para ele, repetindo por entre lágrimas:

— Perdão, perdão, meu senhor!

— Eu lhe concederei o perdão e as honras, minha bela — respondeu ele. Em seguida, dirigindo-se para um dos criados, acrescentou: — Tragam-na essa noite aos meus aposentos!

A jovem empalideceu de horror e recuou.

— Ouviu a minha ordem, Ribond? Então, por que está parado e boquiaberto como um imbecil? Cuidado! Quanto a você, pobre mulher, vá para casa. Seu marido será enforcado amanhã. E não quero ouvir mais uma palavra sobre essa tediosa história! Quem comentar algo sobre isso terá o mesmo destino de Cristóvão.

Angela levantou-se e cambaleando afastou-se da mesa. A ofensa que sofreu do Barão, que insolentemente escolhia uma amante na presença dela, fê-la enrubescer fortemente.

— Desprezível! — exclamou ela. — Então, essa foi a sua resposta à filha que implorou pela vida do pai!

— Sim, senhora! — respondeu Berange, inclinando a cabeça. — Será que não aprova o meu bom gosto?

Angela agarrou da mesa um pesado cálice de ouro e jogou-o, diretamente, no rosto do Barão. Este recuou com a fisionomia ensanguentada.

— Eis a minha resposta! Você pode me matar, mas eu diante de todos os criados demonstro-lhe o meu desprezo.

— O que foi que você ousou fazer? — rugiu Berange, desembainhando o punhal e arremetendo contra a esposa.

Eu gritei de horror. Mas, movidos por um mesmo sentimento, todos os soldados adiantaram-se numa fileira de espadas desembainhadas que separou aquele louco da corajosa Angela.

— Para trás, senhor! Nós defenderemos a nobre dama! — Exclamaram os soldados a uma voz. Um deles, o filho de Cristóvão, acrescentou:

— Se o senhor matar a nobre dama, todos nós nos rebelaremos. Suas forcas não nos assustam!

Ao ver os rostos exaltados e olhares flamejando de ódio e de indignação, o Barão compreendeu que corria o risco de levante de todos os seus vassalos. Por isso, recuou, embainhou o punhal, e agarrou o chicote.

— Saiam já daqui, canalhas! Essa indignação irá custar caro a vocês! — gritou ele.

Sem ousar tocar nos soldados, o Barão caiu em cima dos camponeses. Seu chicote batia à esquerda e à direita pela multidão ululante, que dispersou-se rapidamente. A sala esvaziou-se num minuto. Eu segurava Angela, que perdeu os sentidos. Berange aproximou-se e inclinou-se para a esposa.

— Me aguarde! Você ainda vai pagar pela sua ousadia, que todos tanto admiraram! — resmungou ele, enxugando o rosto ensanguentado.

Na manhã seguinte, durante a refeição, o Barão pegou a pálida e desolada Angela pela mão.

— Venha comigo! — disse ele. — Quero mostrar-lhe algo.

O Barão levou-a até a janela que dava para o quintal interno. Levantando a cortina, ele abriu a janela e empurrou Angela para a frente. Segui atrás deles e também inclinei-me para ver melhor. Uma visão terrível e repugnante apareceu diante de mim. Na forca balançavam cinco pessoas com rostos desfigurados, inclusive o filho de Cristóvão, que tinha ameaçado o Barão.

Angela soltou um grito de horror e queria fugir, mas Berange segurou-a a força. A jovem mulher debatia-se como louca e, por fim, caiu em convulsões. O Barão, então, sentou-a na poltrona. Quando ela acalmou-se um pouco, ele disse num tom significativo:

— Agradeça a Deus que a castiguei, somente castigando outras pessoas!

Angela empurrou-o para longe horrorizada.

— Meu Deus! Que crime eu cometi para o Senhor me unir a esse monstro? — disse ela com voz entrecortada. — Não tenho forças para lutar com você, mas existe Deus que vai lhe retribuir por tudo!"

O Barão parou de ler e tomou um gole de água com açúcar. Seu olhar deslizou pelos presentes e ele sorriu, notando a impressão causada por sua leitura. De repente, ele percebeu que Renoir, com o rosto em fogo, parecia um tigre preparando-se para cair sobre a presa. Ele olhava para Berange com um ódio tão selvagem, que o Barão teve um desagradável pressentimento. Mas o Marquês parecia nada notar. Jogado no encosto da cadeira, ele parecia estar num choque nervoso e, impacientemente,

J. W. Rochester

brincava com a corrente do seu relógio. Assim que o tio parou a leitura, ele levantou-se rapidamente.

— Tio, acho que seria bom fazer um pequeno intervalo para tomar chá. Você poderia descansar e os nossos convidados se recuperariam das emoções desse relato.

— Ah! Essa crônica acabou, definitivamente, com o meu apetite! Deus do Céu! Que tempos terríveis eram aqueles! E eu que sempre admirava os tempos dos cavaleiros e lamentava que tivessem acabado! — exclamou Marion.

— Essa pequena desilusão vai obrigá-la a ser mais justa com o presente e mais compreensiva com seus contemporâneos — retrucou o Marquês, rindo, e saiu da sala para providenciar o chá.

Iniciou-se uma animada discussão geral. Somente Alice e Renoir não tiveram nela nenhuma participação. A jovem mulher parecia estar com um enorme peso no coração. Em sua imaginação, cada cena do relato revivia com tal realismo que ela, involuntariamente, colocava-se no lugar da pobre Angela de Bordele e lhe parecia sentir e sofrer toda a tristeza e todas as ofensas sofridas por aquela mulher falecida há séculos atrás.

Um inesperado e forte aperto de mão arrancou Alice de seus pensamentos. Ela levantou a cabeça e com um susto viu Renoir. Este sentou-se ao seu lado e sussurrou-lhe num tom significativo:

— E, então, Marquesa? Já se convenceu da veracidade do que lhe contei? Eu não sou louco. Eu somente consigo lembrar o passado e reconheço aqueles que viveram aqui sob diferentes formas. A maldita cigana continua a ser a mesma repulsiva víbora, mas, dessa vez, ela não vai prejudicá-la. Sua execução está próxima!

Notando que a jovem mulher estava olhando-o com medo e surpresa, Renoir acrescentou, misteriosamente:

— Eu fiz a justiça preguiçosa envergonhar-se por relaxar com seu dever. Então, ela entregou a mim o poder de julgar e me incumbiu de castigar os culpados.

Ele foi interrompido pelo criado, informando que o chá estava servido. Todos passaram para o refeitório, onde Marion começou a espicaçar o Marquês, perguntando-lhe se ele, depois de tudo aquilo, ia continuar justificando os atos do Barão Berange pelos costumes do século XV.

— Deus me livre aprovar atos tão injustos e cruéis, mas continuo a afirmar que grande parte da culpa de tudo o que aconteceu está nos costumes da época — respondeu o Marquês com uma seriedade estranha. — Pode crer que se as leis e os costumes não permitissem agir como tal, ele jamais ousaria cometer tais atos. Se eu começasse a enforcar meus camponeses, o procurador da república iria intervir imediatamente. Como temos consciência disso, nenhum de nós vai pensar sequer em atentar contra a vida de alguém.

— Mas, se o senhor estivesse convencido de sua impunidade, então, naturalmente, se permitiria essas repressões cruéis com qualquer um que não lhe agradasse? — perguntou Renoir, num tom zombeteiro e hostil.

— Ah, meu caro vizinho! O senhor me atribui coisas demais. Eu, realmente, odeio pessoas insolentes, mas a vingança, até a completa satisfação pessoal, é uma diversão da realeza. Mas, vivemos no século XIX, o que é uma felicidade tanto para mim quanto para os meus inimigos. Se, nos tempos do príncipe de Savari, o senhor começasse a expressar as mesmas opiniões estranhas e anti-religiosas que professa hoje, então, sem dúvida um tribunal religioso o condenaria a "in pace" [17] — respondeu Berange, e nos seus olhos acendeu-se também uma faísca hostil.

Aquela nova discussão causou nos presentes uma impressão extremamente desagradável, pois a excitação nervosa de Renoir saltava aos olhos. Todos se surpreendiam como o Marquês ainda o respeitava, mas, contrariando as expectativas, Renoir nada respondeu e calou-se com um enigmático sorriso. Em seguida, todos retornaram à sala-de- visitas, onde o Barão recomeçou, imediatamente, a leitura do manuscrito para prevenir maiores discussões.

"Alguns dias mais tarde, Berange desejou comungar, pois, naquela época ele geralmente jejuava, mas eu lhe neguei o perdão dos pecados e a Santa Comunhão. A partir daquele dia, ele nunca mais comungou.

Depois do ocorrido, Angela sentia pelo marido uma repulsa próxima ao ódio. Ela tentava de todas as maneiras evitá-lo, quase não saía de seus aposentos e não deixava os filhos sozinhos nem por um minuto. A pobre mulher vivia constantemente temendo sofrer novo atentado por parte da cigana e mal ousava tocar na comida. Com medo que lhe sequestrassem os filhos, ela exigiu que eu lhes fizesse uma marca no braço. Berange fingia nada notar, mas eu percebia que aquela situação pesava-lhe e um dos criados me contou que no dia da execução, à tarde, ele cruelmente surrou Mariam com chicote.

Neste ínterim, chegara ao castelo um jovem cavaleiro muito doente e foi recebido muito bem. Disse-nos chamar-se Gill de Savari e declarou que tinha caído do cavalo, quebrado a perna e

---

17 *In pace* - Do latim em paz, tranquilidade. No texto: ao isolamento.

J. W. Rochester

tido uma forte contusão na cabeça.

O velho cirurgião do castelo, eu e Brigitte, a fiel serva de Angela, cuidamos com dedicação do paciente sendo ajudados pelo servo do senhor Gill. Berange não manifestou qualquer interesse pelo homem que acolheu sob seu teto, mas Angela visitava-o frequentemente e, com sua atenção, tentava diminuir o sofrimento do paciente.

Por algumas semanas, Gill de Savari ficou entre a vida e a morte, mas a sua forte natureza triunfou e ele começou a melhorar. Somente a perna quebrada necessitava mais alguns meses de tratamento e não lhe permitia andar a cavalo. Mas, assim que Savari conseguiu levantar, ele quis agradecer, pessoalmente, a Angela. Com ajuda de seu servo, eu conduzi o cavaleiro ao pequeno quarto, onde geralmente ficava a nobre dama com suas crianças, e nós passamos cerca de uma hora numa conversa muito agradável.

O senhor de Savari era um rapaz muito bonito, amável e de elegantes modos. Além disso, ele possuía diversos talentos. Cantava muito bem, acompanhando-se ao alaúde como os trovadores provinciais e compunha cançonetas muito agradáveis. Seu caráter alegre, inteligência e amor às crianças conquistaram logo a predisposição de Angela. Ela sonhava e chorava, ouvindo suas canções e ria a valer quando ele contava sobre a vida militar e suas aventuras.

Senhor Gill sentia-se tão bem no castelo que não tinha a menor vontade de ir embora, apesar de usar da nossa hospitalidade durante oito meses.

Pode parecer estranho, mas Berange e seu convidado mal conheciam um ao outro. O Barão fez somente uma visita de cortesia ao paciente, quando este voltou a si depois de três meses de coma. Após saber por mim e pelo cirurgião, que o cavaleiro visitante ainda mancava e que a perna quebrada não lhe permitia montar a cavalo, ele parou de se ocupar do senhor de Savari. Mais do que nunca o Barão entregou-se às ocupações diabólicas, passando dias inteiros e, às vezes, noites, na torre na companhia do feiticeiro e da cigana. Com Angela ele continuou frio como de costume, apesar de ela estar grávida de um terceiro filho.

A repugnância que sentia pelo marido obrigava a jovem mulher a alegar mal-estar para evitar a necessidade de comparecer às refeições. Parecia que Savari percebia as desavenças que haviam entre o casal, pois evitava o Barão e saía de seu quarto somente quando sabia que ele encontrava-se na torre.

Neste ínterim, o castelo recebera a visita de mais uma pessoa, cuja aparição causou uma má impressão em Angela. O visitante não era outro senão o senhor René de Clorifon, que o acaso trouxe sob o nosso teto. Eu não presenciei o encontro deles, mas ele veio me visitar depois e nós tivemos uma longa conversa que me fez sentir um grande respeito e amizade pelo nobre rapaz e que me obrigou a lamentar, amargamente, que o destino fatal tivesse o separado de Angela.

Um pouco depois da visita do cavaleiro Clorifon, Berange, de repente, passou a interessar-se por senhor de Savari e expressou o desejo de vê-lo no almoço. Em conformidade com o convite do anfitrião, de cuja hospitalidade ele usou por tanto tempo, o senhor Gill apareceu no refeitório na hora marcada. Agora ele estava completamente curado. O rico traje do jovem cavaleiro destacava ainda mais a sua beleza.

Enquanto Savari agradecia com expressões requintadas ao Barão, este media-o com um olhar surpreso e olhava com tanta insistência no rosto do cavaleiro que ele, involuntariamente, enrubesceu e ficou embaraçado. Ao notar o embaraço, o Barão ficou vermelho e o seu olhar flamejante, com a rapidez de um raio, passou para Angela. Ela permaneceu sentada impassiva e respondeu com um aceno de cabeça à reverência do senhor Gill.

Berange, entretanto, conteve-se e o almoço passou sem quaisquer incidentes. Só eu percebi que o Barão olhava ironicamente para a esposa e para Savari. O amável cavaleiro não escondia a admiração pela nobre dama.

Alguns dias mais tarde, Angela chamou-me e disse:

— Padre! Peça em meu nome ao senhor de Savari para ir embora do castelo. Hoje me convenci que Berange está com ciúmes de mim e fica nos vigiando. O cavaleiro veio me ver como de costume e, sentado aos meus pés, cantava a minha canção preferida, quando a porta abriu, de repente, e entrou o meu marido. "O senhor possui um maravilhoso talento, senhor!", observou ele. Em seguida, pegou um livro e saiu, como se o tivesse esquecido ali. Mas ele não me engana. Sei, perfeitamente, quanta crueldade e raiva ocultam-se por trás daquele mau sorriso e o que significa o olhar com que ele nos mediu. Savari deve partir! Não quero que com ele aconteça alguma desgraça sob o meu teto.

No dia seguinte, fui ter com o cavaleiro para transmitir-lhe aquela mensagem. Para minha surpresa, ouvi alguns gritos e barulho que provinham do seu quarto. Naquele instante, Mariam, expulsa por um forte pontapé, desabou no chão à minha frente. A megera, de cabelos desgrenhados, parecia uma fúria. Levantando-se de supetão, ela fugiu pronunciando alto ameaças e maldições.

Encontrei o senhor Gill terrivelmente irado. Ele contou-me que, há muito tempo, aquela sem-vergonha perseguia-o, trombando com ele nos corredores, nas escadas e até penetrando em seu quarto sob vários pretextos. Mas, agora, a sua insolência ultrapassara todos os limites. Ele estava escrevendo e nem percebeu quando Mariam entrou. De repente, ela abraçou-o e, com um beijo apaixonado, disse-lhe que o adorava e que estava pronta para segui-lo até o fim do mundo, pois já estava saturada do amor ciumento e cruel do Barão de Bordele.

— Eu dei a essa víbora o que ela merecia — acrescentou ele, jogando o chicote na mesa.

O meu coração apertou-se. Veio-me a lembrança do pintor apaixonado por Isabela, morto por vingança daquela má mulher. Infelizmente, o que aconteceu foi somente um prelúdio de uma série de desgraças.

Passei ao senhor de Savari a mensagem de Angela e, de minha parte, implorei-lhe para deixar o castelo. A contragosto, ele prometeu atender ao nosso pedido. Mas, naquela mesma tarde, a nobre dama adoeceu fortemente.

O cavaleiro ficou no castelo e declarou que só iria embora quando Angela se recuperasse para que ele pudesse despedir-se dela. Mas Angela não saía do quarto e no décimo quinto dia, de manhã, deu à luz ao segundo filho.

Eu abençoei a mãe e o recém-nascido e voltei ao meu quarto para orar e descansar um pouco, pois não tinha dormido a noite toda, rezando a Deus por um parto feliz da nobre dama, a qual amava como a uma filha.

Eu já tinha dormido algumas horas, quando fui acordado por batidas na porta do meu quarto. Eu a abri e encontrei sentada, sem forças, na soleira, a criada de Angela, Elisa. Ela tremia com todo o corpo, seus olhos estavam esbugalhados e os dentes batiam como em febre.

Bastante assustado, levantei-a e perguntei o que houvera. No início, ela somente movia os lábios sem conseguir emitir um único som. Em seguida, de repente, começou a agitar os braços como louca e exclamou:

— Padre Ambrósio! O nosso amo matou o recém-nascido e envenenou a nobre dama.

Parecia que um raio tinha caído sobre a minha cabeça e eu, então, apoiei-me na parede como um bêbado. Depois, dominando, rapidamente, aquela fraqueza, corri para o quarto da Baronesa. Na sala contígua ao dormitório, estava caída como morta, no chão, a babá e junto com ela o cadáver do recém-nascido. O rostinho azulado e deformado da criança indicava que ele tinha sido estrangulado. Senti uma forte vertigem e tive que segurar-me na cortina para não cair. A voz de Angela fez-me voltar a mim.

A pobre mulher jurava pela salvação eterna que era inocente e que nunca havia envergonhado a honra do marido. As convulsões impediram-na de falar e ela começou a rolar na cama soltando gritos agudos.

Berange inclinou-se sobre ela. Ele parecia um louco.

— Ah! Mariam me enganou! — exclamou ele, de repente, e correndo para o armário tirou de lá um frasco.

Em seguida, voltou para a moribunda e tentou despejar em sua boca o conteúdo do frasco. Mas, Angela deve ter ouvido a sua exclamação, pois endireitou-se, tremendo de ódio e desprezo.

— Miserável! — disse ela, empurrando o Barão. — Deixe-me morrer em paz e malditos sejam vocês dois!

Ela jogou-se para trás e expirou num último espasmo. O Barão levantou-a como um louco, sacudiu-a, querendo reanimá-la, e tentou abrir os lábios azulados para despejar o antídoto em sua boca. Corri até ele e tentei retirá-lo de lá, mas Berange debatia-se em desespero. Não sei o que aconteceria, em seguida, se naquele instante não entrasse no quarto o velho Ferrari, pálido e emocionado.

— O que você foi fazer, infeliz! — exclamou ele, agarrando o Barão pelo braço. — Li nas estrelas e nos números sagrados que a sua esposa é inocente e que essa criança é realmente seu filho.

O Barão deixou-se levar, sem resistir, pelo seu asqueroso comparsa. Mas a visão da criança assassinada, muito provavelmente, despertara nele uma raiva terrível e a ânsia de vingança, pois ouvi quando gritou com voz estridente:

— Agarrem a cigana e enforquem-na na mais alta torre do castelo!

Chorei, amargamente, debruçado sobre Angela, que foi a alegria da minha velhice. Ela morreu. O Senhor misericordioso chamou para Si a sua alma inocente. Fechei os olhos da falecida e voltei para o meu quarto com intenção de recompor as ideias, mas não consegui o meu intento, pois as desgraças daquele dia ainda não haviam acabado. Eu soube pelo criado do senhor de Savari, que Berange antes de matar a esposa e o filho, liquidou o cavaleiro. Enganado pelas calúnias de Mariam e cego de ciúmes, Berange entrou, naquela manhã, no quarto do senhor Gill e passou a recriminá-lo, dizendo que ele pagava a hospitalidade com sedução de sua esposa e adultério. Por fim, ele até o acusou de ser o pai da criança recém-nascida. O criado ouviu como Savari protestou contra aquela acusação e respondeu ao Barão:

— Dizendo isso, o senhor está envergonhando a si próprio, Barão! A nobre dama é pura e inocente como um anjo. As suas suspeitas somente provam a sua ingratidão e injustiça.

Bordele pareceu se acalmar, pois o criado ouviu como eles

passaram a falar calmamente e, em seguida, saíram para o pequeno balcão. Mas, de repente um grito terrível atraiu-o para o quarto e ele viu como Berange levantou o cavaleiro de Savari e jogou-o no precipício".

Um grito rouco fez todos estremecerem. Com um frêmito involuntário todos olharam para Renoir que saltou para o centro do quarto com rosto desfigurado e olhos demenciais.

Desde o momento em que na crônica apareceram referências ao cavaleiro de Savari, o pobre doente mostrava sinais de extraordinária emoção. Um rubor escuro espalhou-se pelo seu rosto e, gesticulando com ambas as mãos, ele começou a falar, elevando cada vez mais a voz.

— É verdade! É tudo verdade! As últimas sombras estão se dissipando e o passado revive! Sim, as pedras do maldito castelo me revelavam a verdade... Oh! Agora lembro de tudo!

Renoir apertou a cabeça com as mãos e desabou na cadeira.

— Sim, agora lembro — prosseguiu ele com voz estridente.

— O maldito Barão agarrou-me, de repente, e, apesar da minha resistência, levantou-me sobre o balaústre. Naquele momento terrível, eu revivi toda uma eternidade! Enquanto estava pendurado sobre o precipício, enquanto a minha alma enlouquecida de horror afirmava: "Está tudo acabado! Agora você vai morrer!", diante da minha visão interior, toda a minha vida passou como num furacão. Depois... Oh! Estou caindo, todo o meu corpo queima, e com terrível sofrimento desintegra-se em milhares de átomos!

Soltando um terrível grito, Renoir caiu no chão feito morto. Por instantes, na sala reinou o silêncio. Todos olhavam paralisados para o pobre rapaz. Finalmente, Gunter e o velho Barão correram para Renoir e, com ajuda dos outros homens, levaram-no para um divã. Após longos esforços, conseguiram fazê-lo voltar a si, mas ele estava terrivelmente fraco e não conseguia lembrar nada do que provocara o seu desmaio.

Como Renoir quis ir para casa, o Marquês ordenou que preparassem a carruagem. Logo o doente foi embora, acompanhado do seu fiel camareiro, chamado às pressas, assim que o seu amo começou a passar mal.

Quando a emoção do acontecido amainou um pouco, as damas passaram a pedir ao Barão para concluir a leitura da crônica. Este recusava-se, alegando ser muito tarde e o cansaço geral, provocado pelo acontecimento com Renoir. Mas, elas afirmavam categoricamente que, exatamente aquela cena com o louco, as fizera perder o sono e que a interessante leitura iria acalmar os ânimos e dissipar o medo supersticioso, provocado por aquele fúnebre acontecimento. Por fim, o Barão rendeu-se, com um sorriso, aos apelos dos convidados e da sobrinha e continuou a leitura do manuscrito. Aliás, o relato do capelão já estava chegando ao fim.

"Os restos disformes e ensanguentados do pobre Savari foram retirados quase do fundo do abismo. Enquanto isso, ordenei a confecção do caixão. Com a chegada da noite, eu queria transportá-los para a abadia, pois não se deve deixar a vítima sob o teto do assassino.

Enquanto estava ocupado com aquelas providências, todo o castelo enchia-se de terríveis gritos; acontecera uma nova desgraça, talvez ainda mais terrível do que as anteriores. Todos os criados passaram a procurar com insistência, cheios de ódio, a maldita cigana para acertar as contas, mas não conseguiam achá-la. Como Mariam soubera do que a ameaçava, isso permaneceu um mistério, mas ela desapareceu do castelo e junto com ela os dois filhos de Angela.

Não posso dizer o que isso causou em Berange, pois não o vi. Foram enviados soldados a cavalo em todas as direções para agarrar a megera e o seu bando, mas foi tudo em vão; a cigana sumiu como se tivesse sido engolida pela terra. Esqueci de contar que o bando de malfeitores já estava há um certo tempo acampado no bosque vizinho.

Quando chegou a noite, fui levar o corpo de Savari para a abadia. O castelo amaldiçoado pelos Céus deixava-me aterrorizado. Voltei somente no dia seguinte à tarde e queria, imediatamente, ir para a capela orar e passar a noite com a falecida, mas veio correndo Elisa e contou-me, com lágrimas nos olhos, que na noite anterior o Barão e o velho da torre fizeram uma feitiçaria no corpo da nobre dama. Eles dispensaram todas a mulheres e trancaram-se no quarto da falecida, puseram-na sobre a mesa e fizeram algumas incisões no seu corpo. Em seguida, o velho feiticeiro pronunciou alguns encantamentos e despejou nos ferimentos um líquido fumegante. Elisa não viu as outras manipulações, pois, aterrorizada e com nojo, enfiou a cabeça nos cortinados. Mais tarde, ao vestir Angela, ela e as outras criadas viram as enegrecidas cicatrizes das incisões e notaram que o corpo estava enrijecendo rapidamente e assumindo uma suspeita coloração escura.

Ao ouvir aquilo, quase odiei Berange. Realmente, aquele homem desprezível tinha sido amaldiçoado! Ele não se contentou em matar a sua inocente esposa e ainda profanava o seu corpo com feitiçarias. E o fazia enquanto seus servos procuravam

　　　　　　　J. W. Rochester

em todas as estradas os seus pobres filhos, ameaçados de um terrível destino se não fossem arrancados das mãos da bruxa Mariam, que, naturalmente, não ia vacilar em descontar neles todo o ódio que alimentava por Angela.

Eu estava tão emocionado que nem conseguia orar. Somente após algumas horas de descanso e isolamento, consegui me acalmar o suficiente para cumprir a minha obrigação e fui para a capela. Mas, estanquei paralisado à porta da capela com o olhar preso no caixão de Angela, bem iluminado pelas velas de cera. As criadas vestiram a infeliz como uma noiva, mas o seu rosto delicado e as pequenas mãos, segurando o crucifixo, perderam a sua deslumbrante brancura e adquiriram uma coloração escura. Junto ao caixão, com a cabeça encostada nas dobras do vestido da falecida, estava Berange de joelhos. Em seu traje negro, ele parecia um espírito das trevas.

Ao ver aquele malfeitor, o meu coração encheu-se de indignação e horror e um gemido abafado escapou do meu peito. Provavelmente, Berange pensou que aquele gemido tivesse saído dos lábios da falecida, pois ficou completamente pálido e levantou-se tremendo todo.

Notando-me, ele acalmou-se, imediatamente, e mediu-me com um olhar maldoso.

— O que você quer aqui, assassino? — perguntei, subindo os degraus do altar. — Não teme que a falecida levante e o acuse de profanar o seu corpo? A sua presença aqui é um sacrilégio!

Berange endireitou-se e em seu olhar acendeu-se uma expressão de orgulho e raiva. Indignado com tal insolência, eu gritei:

— De joelhos, ímpio! Reverencie o Juiz Eterno e renegue o demônio que o levou para o caminho do crime! Se na Terra não há perdão para você, só lhe resta a Misericórdia Divina. Mas com essa aparência insolente não há lugar para você nesse templo.

O Barão cruzou os braços e seus olhos ardiam como os de um demônio.

— Monge idiota! Não existe Deus e nem justiça. Saia você, pois aqui sou o dono. Sou o juiz dos meus próprios atos e sou o meu próprio Deus!

Um frêmito de horror agitou-me. O próprio satanás falava por aqueles lábios! Cabia a mim, um servidor do altar, o dever de expulsar o maldito daquele lugar sagrado. Agarrei do altar um pesado crucifixo de prata e, brandindo-o, aproximei-me de Berange.

— Saia daqui, seu repudiado! A Justiça Eterna que você nega irá castigá-lo; cedo ou tarde irá castigá-lo. Mas eu, eu o amaldiçoo e o expulso não somente deste templo, como de qualquer outro, onde você queira procurar alívio para as suas dores de consciência! Saia, seu repudiado, expulso-o da lista de cristãos! Volte para o demônio que o adotou! Que a minha maldição o acompanhe!

O Barão ficou muito pálido e recuou, mas parou novamente na porta. Mas eu já não conseguia me segurar; parecia que de cada canto, de cada fresta, saíam roucos suspiros.

— Vá embora ou vou acertá-lo com o crucifixo! — exclamei, perdendo o autodomínio. — Veja! Até a falecida está indignada por interromperem sua paz.

O Barão desapareceu, mas a emoção que passei foi tão grande que desmaiei por algum tempo.

A partir daquele momento, me senti muito mal e pouco tive forças para acompanhar o corpo de Angela à abadia. Lembro, vagamente, que durante a fúnebre procissão juntou-se ao nosso cortejo um cavaleiro desconhecido em armadura completa e com a viseira do elmo abaixada.

Não consegui realizar a cerimônia fúnebre. Quando fecharam o caixão, eu desmaiei novamente.

Passaram-se muitas semanas até que voltei a mim e fiquei em condições de falar sobre o ocorrido. Então, soube que não conseguiram encontrar as crianças e que o cavaleiro que se juntou à procissão fúnebre era René de Clorifon. Ele retornava de uma viagem e o destino levou-o para lá pela última vez, para despedir-se da mulher amada.

Após o funeral, o senhor René desafiou Berange para um duelo, mas parecia que o maldito Barão lutava com uma espada mágica, pois mesmo não sabendo lidar com a arma, ele não só saiu ileso, como feriu gravemente um guerreiro experiente como Clorifon. O cavaleiro ferido passou mais de um mês deitado na nossa abadia. Eu voltei para sempre à minha velha cela. Por nada desse mundo, aceitaria voltar ao castelo.

Passaram-se mais de oito anos sem qualquer acontecimento digno de atenção.

No silêncio da nossa santa moradia, recuperei novamente a tranquilidade e a paz interior. Não vi mais Berange, mas, através de seu servo Gotier, que sempre comungava na nossa abadia, recebia informações fidedignas e podia seguir passo a passo o horrível castigo imposto sobre ele pela Justiça Divina que ele próprio rejeitara. Naquela época, na nossa linda França reinava a confusão e a guerra e, por isso, a justiça humana não prestava atenção nos crimes do Barão de Bordele, mas O Senhor e a própria consciência condenaram o criminoso senhor.

No início, Berange dedicou-se com maior ímpeto às suas ocupações satânicas, procurando nelas talvez o esquecimento. Depois, Ferrari morreu e o Barão ficou só naquele enorme castelo por conta de sua própria culpa. Então, foi dominado pela avareza e começou a encher seus baús de ferro com ouro, extorquindo-o do pobre povo. Ele próprio não saía para lugar nenhum e ninguém estranho podia entrar no castelo. Viajantes, peregrinos, vassalos, todos, persignando-se evitavam o castelo e aquele a quem o povo já havia apelidado de "o terrível louco da Torre do Diabo". O próprio Barão contou a Gotier que estava sendo perseguido por fantasmas. Ele obrigava soldados armados a pernoitar em seu dormitório e tinha pavor do escuro, que lhe parecia povoado de suas vítimas.

Certa noite, uma criada veio correndo à abadia e pediu à irmandade para rezar pela alma criminosa do seu pobre senhor.

— Já faz três dias que ele agoniza e não consegue nem viver nem morrer. Todos percebem que ele está disputando a própria alma com satanás que veio resgatá-la.

Eu me decidi, imediatamente, e pedi autorização para ir ao castelo.

— Vá! — disse-me o venerável ancião. — Ele representa o seu filho espiritual e nós representamos a misericórdia na Terra.

Apanhei o crucifixo, a água benta e saí. Era uma noite escura de inverno. O vento frio enregelava-me, mas enrolando-me melhor na capa apressei o passo. Quando, finalmente, cheguei às portas do castelo, este estava fechado de todos os lados.

— É proibido entrar no castelo! O Barão está morrendo — gritou severamente o vigia.

— Sou um humilde servo de Deus e venho tentar arrancar a sua alma de satanás — respondi.

A ponte foi baixada, imediatamente, e entrei no castelo. Num dos corredores encontrei Gotier, que me conduziu ao quarto do moribundo. De longe ouvi os gritos lamentosos, entremeados de maldições e mal reconheci Berange no resto de homem, terrivelmente, emagrecido que se debatia na cama.

Aquela miséria espiritual causava uma triste impressão em comparação à cama luxuosa e o orgulhoso brasão que enfeitava o leito de morte. Dois soldados continham com dificuldade o debater desordenado do moribundo, que parecia lutar com seres invisíveis, defendendo-se deles com fúria e horror. Um suor frio cobriu a testa dos soldados, aglomerados aos pés da cama. Levantei o crucifixo e aproximei-me de Berange.

— Moribundo! Você deseja as minhas preces? Você quer arrepender-se?

O Barão levantou-se e dirigiu-me um olhar faiscante.

— Saia daqui, maldito padreco! Suas besteiras não irão salvar-me! — rugiu ele, inesperadamente. — Não existe perdão pois não existe Deus! Saia! A sua presença só aumenta o meu sofrimento. Ai! Estou queimando... o inferno se apodera de mim...

Aspergindo água benta em todas as direções, eu subi corajosamente na plataforma sobre a qual estava a cama.

— Vade retro, santanás! Recue diante da Santa Cruz e deixe em paz essa alma que não lhe pertence — pronunciei. — E quanto a você, arrependa-se e reze!

Naquele instante, Berange estendeu os braços para a frente e o seu olhar parecia grudado no crucifixo que eu segurava à sua frente. De repente, ele balbuciou com voz trêmula:

— Angela, é você? Está me ordenando para rezar? Ó! Não se vá; eu obedeço. Deus Todo-Poderoso! Tenha piedade de mim e salve a minha alma criminosa!

— Meu filho! Deus o perdoou! — exclamei, alegremente, estendendo-lhe o símbolo da redenção.

Berange apertou os lábios no crucifixo e quase imediatamente morreu.

Depois daquela grande vitória, voltei à abadia. Há muito tempo não me sentia tão feliz. Orei longamente junto ao túmulo de Angela, cuja alma inocente ajudou-me a vencer o satanás.

Passaram-se muitos anos de paz. O baronato passou às mãos de outros proprietários, senhores nobres na acepção da palavra. Como de costume, um dos irmãos da irmandade ocupou o lugar de capelão no castelo.

Aos poucos, o tempo apagou as lembranças dos tristes acontecimentos de que fui testemunha, quando, de repente, um fato inesperado abriu novamente as minhas feridas espirituais.

Certo dia, fiquei sabendo que um vagabundo desconhecido tinha conseguido entrar à noite no castelo e matar um soldado e o velho pai do proprietário do castelo. Ele quase matou também este último, gritando ser seu filho e que tinha vindo vingar-se dele. O louco foi agarrado, mas, surpreendentemente, conseguiu escapar.

Ninguém entendia aquela história, mas veio-me à mente, com a rapidez de um raio, a ideia de que aquele estranho vagabundo podia ser Amori. Ao tomar conhecimento de sua origem e de seus direitos, ele penetrou no castelo para vingar-se do assassino de sua mãe. Eu não quis contar a ninguém sobre aquela suposição e chorei em silêncio. Mas, a partir daquele dia, decidi rezar uma oração especial à Virgem Santíssima para que ela salvasse e ajudasse o pobre filho de Angela.

Dois anos após aquele incidente lamentável, chegou à nossa

J. W. Rochester

abadia um certo cavaleiro, que orou longamente na igreja, baixando a cabeça sobre os braços. Ao término da missa, o cavaleiro prostrou-se diante do abade e, beijando-lhe os joelhos, pediu para ele recebê-lo na irmandade, pois estava cansado da vida e queria dedicar a Deus o resto de seus dias.

O prior beijou-o e aceitou-o na irmandade. Qual não foi a minha surpresa, quando reconheci no novo irmão o senhor René de Clorifon. O passado nos aproximou e nos fez amigos. Durante as nossas longas conversas, o irmão Anj — este foi o nome que o senhor René adotou ao ser tonsurado — contou-me toda a sua vida e os estranhos acontecimentos que serviram de epílogo ao meu relato. A meu pedido, ele escreveu as suas lembranças, pois na minha idade aquilo era um trabalho por demais exaustivo. A minha visão estava muito debilitada e a pena já tremia nas minhas mãos.

'Eu, René de Clorifon, tonsurado como irmão Anj, da Ordem de São Benedito, escrevi estas memórias a pedido do padre Ambrósio, que diz que a sua mão treme e não consegue segurar a pena. Mas, a minha mão não domina a arte de escrever, pois passei a vida inteira tratando somente com espadas e lanças e não com o pacífico instrumento do escriba. Mas, não há de ser nada. Muito provavelmente ninguém vai ler estas páginas. Os acontecimentos aqui descritos só interessam a nós — dois velhos. Essas longas noites de inverno quero dedicar à memória da única mulher que amei e junto ao túmulo da qual quero viver e orar até o fim dos meus dias. Vou começar o meu relato a partir do momento em que voltei à tenda do acampamento, e encontrando-a vazia, li as palavras de despedida de Angela. A perseguição aos fugitivos não trouxe resultado algum. Em terrível desespero, eu sepultei o Barão Gilbert na capela que escapou do saque e depois juntei-me ao exército. Me expus às situações mais perigosas, mas a morte provavelmente me poupava e somente fui ferido.

Como recompensa pelo meu ato de coragem, o Rei agraciou-me com o castelo Votur e com o título de Barão. Depois de algumas novas e infrutíferas buscas por Angela eu me instalei, definitivamente, no castelo Votur, o sepulcro de minhas esperanças de felicidade, apesar de possuir terras na Aquitania.[18] Instalei-me no mesmo quarto onde vivi como prisioneiro e onde Angela vinha me visitar para discutir a defesa do castelo.

Alguns anos depois, negócios de família obrigaram-me a viajar para Overne. Sentindo-me cansado, pedi a hospitalidade num rico castelo. Quando perguntei quem era o dono, disse-

---

18 Aquitania - Região histórica no sudoeste da França.

ram-me que o castelo pertencia ao Barão de Bordele. Aquele nome despertou em mim tristes recordações, mas eu ainda não suspeitava de nada. Quando me levaram ao salão nobre, eu reconheci, surpreso, na proprietária do castelo, que me recebia a noiva perdida. Ao ver-me, Angela também ficou muito emocionada, mas dominou-se rapidamente. Em resposta às minhas admoestações, ela pediu-me, com dignidade, para não esquecer que estava casada.

Enquanto conversávamos, perto de nós brincavam duas pequenas crianças, lindas como querubins. Mas, algo pesaroso na expressão dos olhos de Angela e na dobra de seus lábios me convenceu que ela era infeliz e que seu espírito estava cheio de amargura.

Durante o almoço, vi o Barão. Seu rosto pálido e a fria arrogância tiveram sobre mim um efeito de rejeição. Mas, o que mais me surpreendeu e indignou foi o aparecimento no refeitório de uma mulher suja e desgrenhada. A atitude rude daquela mulher com Angela e a sua repulsiva intimidade com o Barão eram para mim, absolutamente, incompreensíveis. Ela, sem qualquer constrangimento, bateu no ombro do Barão e disse-lhe para não perder tempo por ali, pois o trabalho na torre tinha ficado parado na sua ausência. Bordele levantou-se imediatamente, desculpou-se por deixar-me, e saiu junto com a sua suja amiga.

Quando ficamos sozinhos, comecei a fazer perguntas a Angela. Sob a influência da raiva e do orgulho ferido, ela foi mais sincera e eu entendi o papel que a cigana desempenhava no castelo.

O amor, a compaixão e a indignação enchiam o meu coração. Me decidindo, rapidamente, propus à jovem mulher que fugisse comigo para Votur, onde teria condições de defendê-la ou morrer junto com ela.

— O senhor não pensou no que acabou de dizer — respondeu ela num tom de insatisfação. — Será que o senhor me acha capaz de abandonar as crianças e entrar como sua amante no castelo dos meus antepassados?

Eu balbuciei algo sobre o divórcio, o direito de cada pessoa de defender-se, mas Angela balançou a cabeça impacientemente.

— Deixe de bobagens, senhor René! Não deixarei o meu posto da mesma forma como antes não entreguei Votur. Que se cumpra o meu destino sombrio! Se ouvir falar que morri, repentinamente, saiba que fui vítima dessa repulsiva mulher que anseia pela minha morte. Mas, tenho um pedido. O senhor acabou de me oferecer abrigo. Imploro-lhe não negar abrigo aos meus filhos, pois a cigana irá liquidá-los assim que eu não mais existir. Veja! Tenho tanto medo de eles serem sequestrados que

J. W. Rochester

coloquei marcas em seus braços.

Chamando o menino, ela levantou-lhe a manga da camisa e mostrou-me o brasão tatuado em seu braço.

— Portanto, René, se ainda me ama, tente ser o protetor dessas crianças. Eu as deixo para você. O capelão vai ajudá-lo a sequestrá-las do castelo quando a cigana ocupar o meu lugar. Essa mulher conseguirá consolar o pai, quando os filhos desaparecerem. Mas, quando Amori crescer ou quando Berange morrer, o senhor poderá revelar-lhes os direitos de órfãos.

Com lágrimas nos olhos, jurei cuidar das crianças legadas a mim como se fossem minhas próprias, mas expressei a esperança de que ela iria viver por muito tempo. Angela nada respondeu e somente balançou tristemente a cabeça. Em seguida, despedi-me dela, pois não queria pernoitar no castelo. Antes de partir, visitei o padre Ambrósio e discutimos, longamente, todos os detalhes do sequestro das crianças no caso da morte de Angela. No início, aquele plano assustou o bom capelão, mas, no fim, ele baixou a cabeça e disse:

— Que assim seja! Infelizmente é uma triste verdade; a sina das crianças será terrível se nem Angela e nem eu estivermos mais por aqui.

Retornando oito meses depois da minha viagem, passei novamente perto do castelo. Não desejando ver o Barão, pedi abrigo naquela mesma irmandade, onde o Senhor determinou que eu terminasse os meus dias. Encontrei na abadia um ambiente de indignação e preocupação. Soube com horror e tristeza que Angela tinha falecido e que seria sepultada na manhã seguinte na cripta do mosteiro. Imediatamente resolvi ficar, não só para despedir-me da mulher amada, mas para cumprir a sua vontade e levar comigo as crianças legadas. Com aquele objetivo, comecei a inquirir um velho monge sobre como chegar ao capelão, padre Ambrósio, e também sobre a morte de Angela de Bordele. É impossível descrever o que senti quando soube da série de crimes perpetrados pelo Barão sob a influência de seu selvagem e cruel ciúme, que teve como consequência a fuga da cigana e o sequestro das crianças.

Somente agora soube pelo padre Ambrósio de todos os detalhes do triste passado; naquele tempo as pessoas sugeriam temerosas sobre o assassinato da mãe e do filho recém-nascido, fato contado pela babá que enlouqueceu. Na versão oficial, Angela tinha morrido de parto dando à luz um natimorto.

Senti um ódio tão terrível do Barão que decidi, após os funerais, desafiá-lo para um duelo e matá-lo como a um cão. Então, no dia seguinte, vesti a armadura completa e pus na cintura a faixa de luto. Em seguida, baixando a viseira do elmo, imiscui-me na multidão que se aglomerava de ambos os lados da estrada aguardando o cortejo.

A espera pareceu-me uma eternidade. O meu coração esvaía-se em sangue. Eu olhava sombrio para o castelo imponente no penhasco sobre o qual tremulava a bandeira preta. Mas, logo a ponte levadiça baixou com rangido, ouviu-se o cantar dos monges e o cortejo começou a sair para a estrada. À frente iam os soldados, seguidos por uma fileira de cavalariços e pajens, levando nas mãos velas acesas. Mais atrás, levavam a bandeira do baronato e o brasão da falecida. À frente do caixão, iam lentamente os monges. Entre eles estava também o capelão do castelo amparado por dois monges. O pobre padre Ambrósio mal conseguia arrastar as pernas e rios de lágrimas corriam por sua face. Atrás do caixão coberto com um lençol dourado e levado por cavalariços, ia o Barão vestido de negro e de cabeça descoberta. Tinha os lábios apertados e estava completamente pálido. Ele acompanhava a sua vítima com frieza e arrogância, ocultando dos outros o estado de sua alma criminosa.

Atravessei a multidão e passei a andar ao lado do Barão. Ele levantou a cabeça e olhou-me com surpresa. Mas, isso não durou um minuto. Em seguida, baixou novamente a cabeça. Se eu tivesse obedecido, naquela hora, a voz do ódio que sentia, teria cravado nele o meu punhal.

Durante a cerimônia fúnebre, ele manteve o mesmo ar impassível. Mas, quando o caixão de Angela foi baixado para a cripta e nós saímos da igreja, comecei a recriminar o Barão pelos atos desonrosos e desafiei-o para um duelo.

— Não luto com loucos! — respondeu ele insolentemente. — Aqui na Terra, sou o único juiz de minha mulher e de meus filhos.

Então, bati em seu rosto com a minha luva de ferro e ele, empalidecendo de ira foi obrigado a aceitar o desafio.

Mesmo agora, não tenho dúvidas que lutei naquela época com o próprio diabo, pois um alquimista, que nunca estivera na guerra, não podia lidar com tanta maestria com as armas. A minha espada deslizava sobre ele como se estivesse protegido por um escudo invisível. O resultado do duelo foi que ele saiu incólume e eu, perigosamente ferido. Após me recuperar do ferimento, dediquei cerca de um ano à procura dos filhos de Angela, mas foi tudo em vão, pois a desprezível ladra desaparecera com seu bando sem deixar vestígios.

Desencorajado, voltei ao castelo Votur e instalei-me lá, definitivamente. Um pouco mais tarde, casei com uma de minhas primas. O casamento foi consequência de ideias de construir uma família, mas nada tinha nele que se relacionasse ao amor. Um ano depois, minha esposa morreu deixando-me, em vez de

J. W. Rochester

um herdeiro, uma filha. Dei-lhe o nome de Angela em homenagem àquela que, sozinha, reinava em meu coração.

Passaram-se dezoito anos, desde a morte de Angela de Bordele, e a minha pequena Angela já tinha completado quinze anos, quando ocorreu um fato estranho e triste que me incitou, a pedido do irmão Ambrósio, a escrever estas páginas.

Eu tinha o costume de passear ao cair da noite a uma certa distância do castelo pela estrada cercada de árvores e sebe. Certa vez, durante meu passeio habitual, detrás da sebe saltou sobre mim um vagabundo para me matar. Tanto quanto pude perceber na semi-escuridão, ele era jovem e alto. Mas, estava tão fraco que eu o derrubei sem esforço e o golpe que ele desferiu mal conseguiu arranhar-me.

Jogando-o por terra, eu assobiei. Apareceram, imediatamente, alguns camponeses. Sem prestar atenção ao miserável, ordenei que o amarrassem e o levassem ao castelo. Voltando para casa, mandei que o enforcassem na manhã seguinte.

Angela veio ao meu encontro e ficou olhando com curiosidade o prisioneiro. Quando entramos no castelo ela disse-me, implorando:

— Papai! Não mande enforcar esse coitado! Tenho pena dele; ele é tão bonito.

— Minha filha — respondi —, se deixarmos que qualquer vagabundo tente nos matar na estrada, a dois passos do castelo, muitos inocentes pagarão com a vida essa condescendência criminosa, pois esse miserável irá, sem dúvida, recomeçar o seu trabalho.

Após o jantar, fui ao meu quarto. Uma indescritível tristeza dominou-me. As lembranças do passado vinham-me em avalanche e fui dormir com um peso no coração. Mas, mesmo durante o sono, uma certa preocupação não me abandonava. Eu via Angela. Ela segurava nos braços o pequeno Amori e, com lágrimas nos olhos, repetia: "Salve-o, René! Você me prometeu isso".

Acordei de manhã de cabeça pesada e pensei que Angela estava me recriminando por eu ter passado tão pouco tempo procurando seus filhos. Mas, onde procurá-los, se já havia se passado tantos anos desde o seu sequestro? Triste, com o coração apertado, decidi dar um passeio para desanuviar as ideias.

Descendo do monte sobre o qual estava o meu castelo, vi uma multidão que se reunia em volta do carvalho. Sem pensar em nada, dirigi-me para lá. A multidão abriu-se, dando-me passagem, e eu vi o rosto pálido do vagabundo. Os traços do rosto do infeliz expressavam desespero e um terrível cansaço. O nó da corda já estava em seu pescoço.

De repente, eu estremeci. Os grandes olhos de azul-metálico que me olhavam eram, positivamente, os olhos de Angela.

— Parem! — gritei e corri para o infeliz. Quando arranquei os farrapos que o cobriam, vi em seu ombro o brasão de Bordele, que estava muito apagado, mas ainda era visível.

Para enorme surpresa de meus homens, abracei o rapaz e apertei-o contra o meu peito.

— Amori! Pobre criança! Finalmente eu o encontrei — repetia eu.

Levei-o para o castelo.

— Veja! — disse-lhe, quando entramos na pátio do castelo. — Este é o castelo de seu avô Votur, que a sua falecida mãe defendeu com tanta coragem.

Em seguida, levei-o para a capela, onde ambos oramos. Eu agradeci, fervorosamente, a Deus por Ele, em Sua Misericórdia, ter-me livrado de cometer um crime e não ter permitido enforcar o último dos Bordele na terra de seus antepassados.

Após alimentar e vestir Amori, de acordo com a sua origem, apresentei-o a Angela. Ela chorou de emoção e aceitou-o como a um irmão. Realmente, o rapaz era extraordinariamente bonito, apesar da aparência desnutrida. Quando, à noitinha, sentamos junto à lareira, perguntei-lhe onde estava a sua irmã e por que ele tinha abandonado o acampamento cigano e estava vagando sozinho.

Em resposta à minha pergunta, Amori desandou a chorar. A emoção do rapaz era tão grande que eu me recusei a ouvi-lo e somente dias depois retornei ao assunto. O relato de Amori impressionou-me tanto que acredito poder transmiti-lo palavra por palavra.

Amori não lembrava de sua infância. Em sua memória ficou guardada uma vaga imagem de uma mulher bonita e loura, que frequentemente o acariciava. Também lembrava da cansativa caminhada por um corredor escuro, pelo qual saíram numa floresta e apareceram entre as tendas, e uma multidão de pessoas bronzeadas de rostos severos, crianças peladas e mulheres em farrapos.

— Eu e Berangera éramos muito infelizes — prosseguiu ele. — Vivíamos com Haroldo e Mariam. Não havia crueldade que aquela nojenta mulher não nos obrigasse a suportar. Ela nos batia, não nos dava de comer e à noite nos jogava para fora da tenda e éramos obrigados a tremer de frio e dormir na relva úmida. Resumindo: ela descontou em nós todo o seu ódio e

J. W. Rochester

vingança. Sem dúvida, ambos teríamos morrido já nos primeiros meses de nossa estada no acampamento, se Haroldo não nos defendesse da fúria de sua concubina.

Assim, passaram-se três anos. Eu já tinha sete anos. Apesar da nossa terrível existência, eu possuía uma altura e força acima da idade e me destacava por um caráter tão severo e explosivo, que os ciganos me apelidaram de Satanos e diziam que eu era a encarnação do demônio. Já a minha pobre irmã era uma menina doente e fraca. A crueldade animalesca de Mariam tirou-lhe a sua habitual alegria e animação infantil. Os nossos melhores momentos eram quando ficávamos a sós e abraçados um ao outro, sentindo-nos, pelo menos por algum tempo, livres de pancadas.

Certa noite, quando Haroldo saiu para algum lugar, Berangera, que já estava há muito doente, sentiu-se muito mal. Ela gemia surdamente e agitava-se na palha do chão. Mariam ordenou que se calasse por diversas vezes, mas como ela continuava a gemer, a megera agarrou-a pelos cabelos e jogou-a para fora da tenda. Berangera soltou um forte grito. Corri para ela e encontrei-a banhada de sangue. Ao cair no chão, a coitada bateu a cabeça numa pedra e perdeu os sentidos. Apesar da minha pouca idade, a desgraça me deu uma certa experiência. Então, corri, imediatamente, para buscar água e molhei a testa da irmã. Depois, juntei um monte de mato e folhas secas, coloquei Berangera naquela cama improvisada e a cobri com uma velha e esburacada capa, que Haroldo tinha me dado. Pouco depois, ela abriu os olhos e murmurou: "Oh, tenho tanta sede!"

Eu me imiscui para dentro da tenda. Como Mariam roncava alto, eu tirei um pouco de leite do seu copo e levei-o para a irmã. Ela bebeu avidamente. Em seguida, apertou a minha mão com os seus dedinhos frios e disse: "Fique um pouco comigo, Amori! Está muito escuro à minha volta!"

Sentei ao seu lado e, mesmo tremendo de frio, acabei dormindo de cansaço. Haroldo nos encontrou pela manhã. Eu dormia, mas Berangera já estava morta.

Prosseguindo, Amori contou que a morte da irmã, o único ser que lhe era querido, indignou-o a tal ponto que quando Mariam chegou, ele agarrou a faca e jogou-se sobre ela com tal fúria que até a megera ficou assustada por instantes.

Quando Amori cresceu, começaram a ensiná-lo a roubar, esvaziar os bolsos alheios nas feiras e assaltar os estábulos das aldeias, por onde passava o acampamento cigano. Como tais expedições traziam lucro e o divertiam, ele tomou gosto e logo tornou-se o mais audacioso bandido do acampamento.

Mariam já não ousava bater-lhe. Mas, quando ele completou

dezoito anos, ela até passou a tratá-lo com carinho maternal. Os melhores pedaços sempre eram guardados para ele. Ela começou a cuidar do traje dele; fez-lhe uma capa da própria saia e deu-lhe de presente uma linda fivela.

Amori, ou Satanos, como o chamavam no acampamento, olhava com suspeita aquela mudança e quanto mais a megera ficava carinhosa e afável, mais ele a tratava com desprezo.

"Deixe-me em paz, velha bruxa! Não fique me sussurando besteiras!", gritava ele, quando Mariam tomava coragem para expressar com maior ênfase os seus sentimentos.

O velho Haroldo, chefe da tribo, observava com raiva e ciúme aquela repentina amabilidade que Mariam dedicava a Satanos. Para ela, ele há muito desempenhava um papel secundário. Déspota e esperta, a cigana era a verdadeira chefe da tribo, mantinha amantes jovens e, às vezes, surrava o velho. Mas, Haroldo era esperto. O relato seguinte irá provar que ele estava de olho em sua antiga amante e não confiava nela.

Certa noite, quando todos do acampamento dormiam, e Haroldo estava ausente, Mariam aproximou-se de Amori, que consertava uma roda de carroça. Passando os braços em seu pescoço, ela disse: "Eu te amo, Satanos, e quero casar contigo."

"Vá pro inferno, imbecil! E não ouse tocar-me!", respondeu ele, empurrando-a rudemente.

Mas Mariam não se ofendeu com tal tratamento e continuou: "Você está cometendo uma bobagem, desprezando o meu amor. Ainda estou bela e sei que lhe agrado. Além disso, se eu quiser, posso dar-lhe riquezas e torná-lo um grande senhor."

Amori, de início, soltou uma louca gargalhada.

"Pare de falar bobagens! Estou avisando; não se aproxime de mim, seu espantalho velho, ou arrebento-lhe os dentes!"

"Eu sei quem é seu pai e posso levá-lo ao castelo de sua família. Mas, só farei isso se você casar comigo", retrucou Mariam, com insistência.

As palavras da megera despertaram em Amori um enxame de vagas e quase apagadas lembranças. Ele empalideceu e levantou-se, tremendo por inteiro.

"Então, não era sonho", disse ele, "as minhas lembranças de viver num castelo e num outro ambiente, além desse maldito acampamento de vagabundos".

"É verdade! Sua mãe, uma nobre dama, colocava você para dormir sob lençóis de seda", zombava Mariam. "Mas se você se recusar a casar comigo, nada mais vai saber."

"Está bem, caso com você, mas somente quando você me contar tudo e nós estivermos perto do meu castelo", respondeu Amori.

J. W. Rochester

A cigana concordou e declarou que no dia seguinte o acampamento seguiria viagem, mas que o casamento aconteceria antes dela entregar-lhe todos os documentos.

Haroldo, sem dúvida, vigiava-a e ouviu aquela conversa, pois na manhã seguinte, enquanto todos preparavam-se para comer algo antes de partir, ele chamou Amori para um canto e disse-lhe: "A velha está lhe enganando. Ela não tem nenhum documento que prove a sua origem e o casamento com uma cigana não tem qualquer validade diante da lei. Mariam só quer alcançar o seu objetivo. A única verdade é que você é filho de um rico e poderoso senhor."

Haroldo, então, movido pela raiva e ciúme, contou a Amori tudo o que sabia sobre o seu passado. Pode-se imaginar os sentimentos do pobre rapaz! A fúria e o desespero, ao recordar a vida destruída fizeram-no perder a razão. Haroldo ficou assustado com as consequências de suas revelações e tentou acalmá-lo. Só quando pareceu-lhe que Amori tinha recuperado o sangue-frio, eles retornaram ao acampamento.

Mariam estava ocupada, arrumando algumas malas. O rapaz, pálido e desolado, entrou na tenda e sentou-se perto dela.

"O que você tem, Satanos? Está com um aparência muito ruim!", perguntou ela, carinhosamente.

"Não é nada. Eu só quero agradecer-lhe com um beijo pelo assassinato de minha mãe e minha irmã e pela minha vida destruída", respondeu Amori, agarrando-a e puxando-a para perto de si.

Em seguida, com a velocidade de um raio ele puxou do cinto um punhal e enterrou-o até o cabo no peito de Mariam. Esta soltou um grito selvagem e caiu por terra, morrendo após algumas horas.

Cometendo aquele assassinato expiatório, Amori anunciou que ia deixar o acampamento. Haroldo, que conservou sob a severa aparência cigana um bom coração, deu-lhe um cavalo e uma carta de recomendação para o chefe de outra tribo. Mas o rapaz não pretendia aproveitá-la. Sentia repulsa pela vida de vagabundo e nômade. Em sua mente, só havia um objetivo: voltar para o castelo Bordele, seu castelo, encontrar o pai que envenenou a sua mãe e permitiu que Mariam sequestrasse seus filhos, mostrar-lhe o filho-vagabundo e, depois, matá-lo com as próprias mãos.

O terrível relato de Amori sobre a sua visita ao castelo de Bordele impressionou tanto a mim e a Angela que a minha filha anotou-o conforme ouviu. Eu achei aquelas anotações, as reli inúmeras vezes e agora tenho a triste alegria de recopiá-las aqui.

— Após milhares de privações e perigos — contou-nos o senhor Amori — finalmente consegui chegar a Overne e um belo dia encontrei-me diante do castelo. Escondendo-me na mata, passei a observar a maciça edificação e pensar num modo de penetrar lá. A minha mente estava tão excitada que não conseguia raciocinar e nem pensei em me informar quem agora vivia no castelo. Eu não tinha nenhuma dúvida que dentro daqueles muros dentados vivia o homem que eu odiava mortalmente.

Em seu relato, Haroldo lembrou sobre a passagem secreta que Mariam utilizou para escapar. Ele também acrescentou que um dos cavalariços do pai, amante daquela desprezível mulher, avisou-a da sentença de morte. Na confusão daquele dia horrível, foi fácil para ela levar-nos junto. Aquela passagem secreta saía perto da floresta. O cigano descreveu tão bem aquele local, que eu achei-o facilmente. Quando anoiteceu, desci para o subterrâneo. Era muito difícil orientar-me, mas no final encontrei a escada estreita e íngreme descrita por Haroldo. Subi por ela e saí num corredor comprido e iluminado. Lá havia um sentinela. Fui em direção a ele como uma sombra.

"Quem vem lá?", gritou o soldado, ao me notar.

"A morte!", respondi baixinho e enfiei-lhe o punhal na garganta.

O soldado caiu sem soltar um pio e eu fui em frente com todo o cuidado. Abri a primeira porta que encontrei e entrei numa sala iluminada pela suave luz do luar. O meu coração batia fortemente e tive de me encostar na parede para não cair. Aquela sala, eu reconheci. Agora as lembranças, numa incontrolável corrente, começaram a afluir à minha mente. Reconhecia aqueles tapetes pendurados nas paredes e aquela grande lareira. Junto à lareira sentava-se, habitualmente, um venerável padre e lá, junto à janela, sentava-se na poltrona, com encosto alto de madeira entalhada, uma bonita e loura mulher. Ela me acariciava e me beijava e eu brincava sentado no seu colo. Muito provavelmente aquela era a minha mãe. A lembrança dela encheram os meus olhos de lágrimas. Mas a minha tristeza logo se transformou em um ódio agudo e sede de vingança. Eu me aprumei e segui adiante com bastante cautela.

Aquela parte do castelo revelou-se totalmente vazia. Mas, por fim, eu penetrei num quarto onde vi um velho octogenário e encarquilhado lendo um grande livro sob a luz de duas velas. Meu olhos pareceram grudar nele.

"Este deve ser Ferrari, o ignóbil comparsa de meu pai!", passou-me pela cabeça.

Sem vacilar, atirei-me sobre ele e enterrei o punhal em suas

J. W. Rochester

costas. O velho soltou um forte grito e caiu no chão. Com o grito, a porta do quarto contíguo abriu-se e de lá saiu, rapidamente, um senhor magro e alto de uns cinquenta anos. Ele trajava-se de negro e eu, absolutamente, convicto que aquele era o meu pai, agarrei-o pelo pescoço.

"Veja!", exclamei, apontando-lhe o cadáver. "Cometi um ato de justiça com o seu ignóbil comparsa. Agora saiba que sou seu filho que virou ladrão e assassino. Você também vai morrer pelas minhas mãos!"

Eu quis matá-lo, mas ele resistiu tenazmente. O barulho da nossa luta atraiu os criados e fui agarrado.

"O que está acontecendo por aqui?", exclamou o novo proprietário do castelo, pois era ele. "Como este louco furioso conseguiu penetrar no castelo?"

Somente, então, eu soube que o meu pai havia morrido, que o baronato passara para mãos de terceiros e que eu matara duas pessoas inocentes, uma das quais era o velho pai do novo senhor. O novo dono ouviu-me com surpresa.

"Amanhã interrogarei este maluco sobre as estranhas histórias que está contando e depois ele deve ser enforcado, pois é um sujeito muito perigoso", anunciou ele. "Mas, por enquanto, tranquem-no em algum lugar."

Fui trancafiado num quarto baixinho, iluminado por uma janela com grades de ferro e fiquei sozinho com o meu desespero e fúria. Eu amaldiçoava a memória do pai, graças à qual eu tinha me tornado mendigo e deveria morrer vergonhosamente em meu próprio castelo. Por fim, as lágrimas acalmaram-me tanto que pude pensar em como evitar o destino que me ameaçava.

Subi na janela e serrei as grades de ferro com uma pequena lima que sempre trazia comigo. Como era ágil e muito magro, não tive dificuldade de passar pela grade serrada, alcançar a passagem secreta e sair do castelo. Lançando um último olhar para o ninho familiar dos meus antepassados, eu adentrei na mata. O medo de ser capturado dava-me asas. Mas eu não tinha nada e fui obrigado a roubar e matar para não morrer de fome. Aquela existência horrível, eu levava já há alguns meses, quando ataquei o senhor René e graças à sua pessoa todas as minhas desventuras terminaram.

Eu abracei o rapaz e mais uma vez confirmei-lhe que cuidaria do seu futuro como se ele fosse meu filho.

Passou-se mais de um ano. Amori pareceu ressuscitar no novo ambiente. Sua beleza e inteligência desenvolviam-se rapidamente. Eu comecei a ensiná-lo o uso das armas e tudo que um cavaleiro precisava saber.

Angela tratava o rapaz como um irmão pelo que ele expressava franca gratidão. Logo percebi que eles se apaixonaram, o que me deixou satisfeito, pois nenhum pretendente à mão de minha filha ser-me-ia mais agradável do que o filho de Angela de Bordele. Fiquei feliz em devolver-lhe, como dote de minha filha, o castelo de seus antepassados. Além disso, decidi ir com ele a Paris e obter do Rei o reconhecimento dos direitos de Amori e a devolução a ele se não do baronato, ao menos o nome e título dos seus antepassados.

A data de nossa viagem já estava marcada. Mas, antes de viajar para Paris, nós queríamos ir a Klermon para um torneio organizado pelos nobres locais, pois Angela queria muito assisti-lo. Amori ardia de vontade de tomar parte no torneio, mas como a sua situação ainda não tinha sido legalizada, eu o convenci a desistir, pedindo-lhe para contentar-se em assistir os exercícios militares.

As festividades deveriam durar três dias, durante os quais os jogos de guerra alternavam-se com danças. A beleza de minha filha, que nunca tinha aparecido na sociedade, impressionou a todos. Para a infelicidade de Angela, ela despertou o amor de Tebaldo de Molear, um dos mais ricos e orgulhosos senhores. Ele, abertamente, mostrava preferência por minha filha; usava as suas cores e depositava aos seus pés os troféus de suas vitórias.

A corte do nobre cavaleiro despertou ciúme e ira no coração de Amori. Notando a sua irritação e tristeza, convidei-o para o meu quarto, conversei com ele e dei-lhe a entender que, com o tempo, Angela ia pertencer a ele.

Aquela conversa acalmou-o um pouco e devolveu-lhe toda a autoconfiança. Enfim, chegou o dia do torneio. Infelizmente, eu nem suspeitava que tristes acontecimentos ele traria consigo.

Parece-me ainda estar vendo aqueles brilhantes jogos de guerra, as tribunas luxuosamente decoradas e a guirlanda de jovens e lindas damas, que enfeitadas e alegres incentivavam os combatentes com seus sorrisos e exclamações.

Tebaldo de Molear superou-se em agilidade e coragem. Por três vezes, ele foi aclamado vencedor. Em sua volta triunfal pela arena para cumprimentar as damas, o cavaleiro, a cada vez, depositava aos pés de Angela os troféus de suas vitórias. Embaraçada e emocionada, Angela ficou lisonjeada com aquilo e até deu a Molear o seu lenço de seda e uma flor do seu buquê. Por fim, o cavaleiro entregou a ela na ponta de sua lança um magnífico bracelete de ouro, que recebeu como prêmio pela vitória e, em troca, exigiu o laço que enfeitava o corpete da moça. Quando Angela atendeu o pedido do cavaleiro, Amori franziu o cenho. E quando o cavaleiro amarrou o laço à empunhadura de sua espada, o rosto do rapaz cobriu-se de cor púrpura e ele sufocou de ciúme.

O torneio terminou. Eu tentava de todas as maneiras acalmar Amori, mas todos os meus esforços foram em vão. Vendo que Molear seguia Angela para todos os lugares e, cheio de si, mostrava a todos o laço enfeitando a sua espada, Amori foi ficando cada vez mais irritado e procurava, insistentemente, um motivo para brigar.

Aproveitando o momento que Molear, junto com um grupo de rapazes, saiu para o jardim, Amori aproximou-se de seu rival e disse-lhe que não suportava que ele usasse as cores da dama que ele namorava e que tinha escolhido como a dona do seu coração. Furioso e esquentado pelo vinho, Molear respondeu-lhe com palavras ofensivas. Quando Amori desafiou-o para um duelo, o cavaleiro declarou que para ele era indecoroso cruzar espadas com um vagabundo cigano.

Perdendo totalmente a cabeça, Amori jogou-lhe no rosto a luva e desembainhou a espada. Começou uma luta desesperada. Quando me comunicaram o ocorrido e eu corri para separar os rapazes, Amori estava caído, esvaindo-se em sangue. Molear também fora ferido, mas sem gravidade.

É difícil descrever o nosso desespero. Eu e Angela cuidamos, dia e noite, do ferido. Houve um momento em que nós até começamos a ter esperanças em salvá-lo, pois o ferimento fechou e ele recuperou-se tanto que pudemos transportá-lo para Votur. Mas a recuperação foi só aparente. Amori passou a tossir sangue e, três meses depois, faleceu de um mal incurável do peito.

A morte de Amori quase enlouqueceu Angela. Quando ela, finalmente, acalmou-se um pouco, então, anunciou a sua inabalável decisão de dedicar o resto de sua vida a Deus. Eu não ousei contrariá-la. Sua saúde estava muito abalada, ela começara a tossir como Amori e seu espírito doente procurava paz em intermináveis preces.

Quando a grade monasterial separou-me para sempre da minha única filha, decidi seguir o exemplo de Angela e também vestir a batina de monge. A vida me desgastou demais. E, onde mais eu poderia passar o resto dos meus dias e adormecer no sono eterno, senão junto ao túmulo daquela que nunca deixei de amar na vida?'

Eu e o irmão Anj relemos, pela última vez, tudo que escrevemos neste documento. Agora estou guardando o manuscrito no porta-jóias de ébano que René de Clorifon encontrou certa vez no castelo Votur no quarto onde vivia Angela de Bordele. Ele, cuidadosamente, conservou-o junto com as jóias que havia nele. Colocamos nesta caixa o retrato de Angela de Bordele, que Berange trazia pendurado no pescoço. Quando o Barão morreu, eu retirei o retrato, pois me parecia um sacrilégio colocar no caixão do assassino uma imagem de sua vítima. Este retrato, assim como o retrato de Amori, foi pintado por um pintor itinerante que certa vez visitou o castelo. O terceiro medalhão contém o retrato de René de Clorifon, quando ainda jovem.

Em seguida, o irmão Anj colocou nesta caixa os sapatinhos de sua filha, que ela usou no dia de sua tonsura, pois ele não queria que após a sua morte os sapatinhos caíssem nas mãos de pessoas estranhas.

Amanhã de manhã irei ao castelo e, com a ajuda do irmão Josef, capelão atual, que jurou guardar segredo, vou colocar esta caixa num esconderijo que conheço. Ela vai ficar lá até alguém a encontrar, se essa for a vontade Divina.

Se isso acontecer algum dia, então, peço-lhe, ó mortal, quem quer que você seja, que não trate com frivolidade esse achado, pois ele representa os restos mortais de duras vidas humanas. Que Deus o afaste, desconhecido, das desgraças que eles passaram. Reze a Deus por suas almas! E peça a Deus para que Ele julgue com misericórdia dois de seus indignos servidores: capelão Ambrósio e o seu amigo, irmão Anj".

O Barão calou-se e dobrou o manuscrito. Ele estava muito emocionado, apesar de não querer demonstrá-lo. Os rostos dos ouvinte refletiam diferentes sentimentos, que os emocionaram durante a leitura. O misterioso sopro do passado parecia percorrer toda a silenciosa sala e selar os lábios, geralmente tão sorridente e falantes. Pelo rosto lívido de Alice rolavam duas grandes lágrimas. Berange encontrava-se sob a pressão de uma sensação doentia. Ele pensava na estranha visão do espelho na noite de sua chegada e na incrível coincidência das revelações de Renoir com as ações transmitidas pela lenda. Com um tremor, que não conseguia conter, Berange lembrou do rosto maldoso do cadáver sepultado no subterrâneo da torre. Uma voz soprava-lhe insistentemente: "Será verdade que o homem vive várias vezes e que aquele Barão criminoso era ele próprio, que, por um estranho acaso, apareceu sob nova forma na antiga arena de suas maldades? Mas, com que objetivo? Para pagar ou redimir o mal que cometera?"

Novamente um tremor gelado passou pelo corpo do Marquês. Mas, ele não era do tipo de pessoa capaz de entregar-se por muito tempo a tais divagações. Como que querendo afastar os pensamentos incômodos, ele sacudiu a cabeça e exclamou:

— Voltem a si, senhores! Parece que o bom padre Ambrósio hipnotizou a todos com sua terrível e sangrenta história. Se não sacudirmos de nós esse pesadelo sombrio, então, nos entregaremos à influência do sobrenatural e cairemos no completo misticismo. Eu proponho, agora mesmo sentarmos, jantarmos bem e com uma taça de champanhe afastarmos as lembranças desse triste passado. Depois, devido à hora tardia, talvez os nossos queridos convidados prefiram aceitar a nossa hospitalidade e pousar aqui em vez de voltar para casa.

Aquele discurso quebrou o encanto em que se encontravam todos os presentes e o champanhe alegrou-os de vez. Como a noite estava bonita, Marion decidiu ir para casa logo após o jantar.

No dia seguinte, na refeição matinal, Alice só falou no manuscrito. Berange contava com ironia que ela não tinha dormido a noite inteira, revirando as jóias da caixa e olhando os retratos. Notando que a jovem mulher já começava a ficar irritada e jogava-lhe olhares furiosos, o Marquês parou com a brincadeira. Quando Alice convidou o tio para dar uma passeio nas ruínas, ele foi junto.

Eles examinaram a sala dos cavaleiros, a Torre do Diabo e a capela que escapou, miraculosamente, da explosão e onde foi encontrada a caixa do velho capelão. Em seguida, os três dirigiram-se à abadia pela velha trilha descoberta por Renoir. Por aquele mesmo caminho, seguiu um dia o cortejo fúnebre levando Angela de Bordele à sua última moradia. Cansados da caminhada, eles sentaram-se para descansar perto da estátua tumular do cavaleiro de Savari.

— Sabe, tio, agora que soubemos tanto sobre o passado do castelo, cujos personagens desse distante drama ressurgiram diante de nós, nos parece um sacrilégio destruir esses muros antigos. Será que o padre Ambrósio e a própria Angela não estão pedindo por eles? — observou Alice, tomando pelo braço o seu ex-tutor.

O Barão sorriu e olhou com amor nos olhos úmidos e suplicantes da sobrinha que o encaravam.

— Se dermos crédito a Renoir, então, a própria Angela de Bordele está agora defendendo o castelo, apesar de não ter motivo algum para gostar dele — respondeu ele em tom de brincadeira.

— Quanto a mim, estaria feliz com o desaparecimento dessas ruínas junto com suas sinistras lembranças — disse Berange.

— Você deveria ter mais piedade para com esse antigo berço de sua família! Para mim é até estranho ver que o último dos Bordele anseia pela destruição do castelo, que se eleva com tanta imponência sobre o vale e em cima do qual, durante tanto tempo, tremulava a bandeira de sua família — retrucou a Marquesa com irritação.

— Mas, eu não pretendo ser o último dos Bordele — protestou Berange, beijando, amavelmente, a mão da esposa. — Somente penso que esses restos mortais do passado seria bem melhor serem substituídos por algo mais útil. Mas, se você está a favor do castelo e o tio concorda com isso, então, vamos deixar as ruínas em paz até que o tempo derrube definitivamente essas paredes.

— Eu acho que posso acabar com essa discussão, meus filhos! Tive uma ideia que me parece vai satisfazer a todos. Vamos construir a fábrica aqui, no lugar da abadia. Pouco restou dela e as paredes restantes estão tão frágeis que podem ruir a qualquer momento e são uma ameaça aos visitantes. Existe muito espaço para construir aqui, além da fábrica, lojas e depósitos para diversos materiais. Já no castelo nós retiraremos somente os montes de pedras e tijolos sem qualquer significado e também os restos das fortificações que outrora guarneciam o castelo pelo lado do vale. A Torre do Diabo, a parte residencial junto com o salão nobre, a capela e o balcão fatídico não serão tocados. No espaço limpo, construirei casas para os trabalhadores da fábrica e vou separá-las do castelo com um espesso jardim, de forma tal, que, ocultas pela vegetação, elas não vão estragar a paisagem.

— Ó, tio, fico muito agradecida por esse maravilhoso projeto. Ele demonstra os sentimentos de um verdadeiro Bordele! — exclamou alegremente Alice, agarrando com as duas mãos a cabeça do Barão e beijando-o, sonoramente, nas duas faces. Este riu a valer, mas Berange observou:

— Cuidado, tio! Alguém vai querer alguma coisa de troca, pois as mulheres nunca concedem de graça tais favores.

— Você quer dizer, tais favores a homens velhos como eu?

— Não ouça o que ele diz, tio! Logo se vê que o Marquês sempre se relacionou com mulheres muito interesseiras — respondeu Alice, irritada.

— Não se irrite, minha pequena entusiasta! Sei que os seus beijos se referiam ao castelo. Mas termine de ouvir o meu projeto, que, aliás, será entregue para aprovação ao meu arquiteto. Se ele aprová-lo, então, ordenarei que examine bem as ruínas e conserte o telhado sobre o salão nobre. Naquela sala, nós colocaremos a estátua tumular de Savari e também as outras lembranças que poderão ser encontradas durante as escavações. Em seguida, restauraremos a capela. Além disso, gostaria de conservar uma parte do parapeito, que cerca a estrada do lado do abismo e a ponte levadiça que servirá de entrada, mas, naturalmente, não mais se elevará.

Depois, eles voltaram à vila, discutindo animadamente o novo projeto que entusiasmava Alice. Quando, à noite, chegou o arquiteto Leflo, a jovem mulher quis participar da reunião. Para sua extrema satisfação, o arquiteto não se opôs a nenhuma das propostas do Barão e declarou que, em alguns dias, iriam começar as escavações.

Oito dias mais tarde, o vale e as ruínas do castelo já estavam cheios de barulho e movimento. De todos os lados ouviam-se batidas de picaretas e pás. Os antigos muros desmoronavam com estrondo, e centenas de carroças transportavam ao local indicado todo o material aproveitável.

Alice passava dias inteiros ou no castelo ou na abadia, que desaparecia com rapidez. Frequentemente, juntavam-se a ela Marion, Nerval e Gunter. As jovens mulheres divertiam-se conversando com os trabalhadores, entre os quais estava também o velho Gaspar. O ancião ficou feliz em saber que a Torre do Diabo não seria tocada e que o lugar santo seria restaurado, resguardando, assim, os trabalhadores das ideias maléficas do maldito feiticeiro sepultado no porão do castelo.

Certa manhã, quando o Barão tomava a refeição matinal com os seus sobrinhos, chegou Leflo e contou que os trabalhadores tinham acabado de descobrir a cripta do mosteiro. Ela estava oculta sob os muros desmoronados da antiga igreja e encontrava-se perfeitamente conservada.

Muito interessados por aquela descoberta, todos dirigiram-se, imediatamente, ao local das escavações. Acompanhado por trabalhadores, que levavam tochas acesas, o grupo desceu para um amplo subterrâneo, cujo teto abobadado era sustentado por sólidas colunas. Mais adiante, havia mais duas criptas de dimensões semelhantes. Por todo lugar viam-se monumentos tumulares das mais variadas formas e tamanhos. Até mesmo uma parte das paredes estava coberta de lápides tumulares.

— Que magnífico subterrâneo! Que incrível e resistente construção! — exclamou o arquiteto, entusiasmado. — Senhor Barão, acho que esse lugar poderia servir para guardar todos os materiais necessários à fábrica, evitando, assim, a necessidade de construção de depósitos.

O Barão olhou, com admiração, as abóbadas maciças e balançou afirmativamente a cabeça.

— Tem razão, senhor Leflo! Poderíamos ter aqui magníficos depósitos, mas não gostaria de profanar todos esses sepulcros, o que seria inevitável para a limpeza das criptas.

— Que coisa feia, senhor Leflo! Como pôde propor um projeto tão sacrílego? Transformar um lugar santo em depósito de materiais! Que vandalismo é esse? — exclamou Alice, ficando vermelha de indignação.

— Mas, Marquesa, se deixarmos o cemitério aqui, teremos de desistir de construir a fábrica nesse local, pois nenhum trabalhador iria querer trabalhar nela.

— Calma, senhores! Acredito que encontrei uma saída para esse impasse — disse Berange, intrometendo-se animadamente na conversa. — Tio, o senhor pretende conservar a parte do castelo que não desmoronou. Correto? Então, ótimo! Vamos transportar para o salão nobre os monumentos e as lápides tumulares mais interessantes. Assim, teremos o nosso próprio "campo santo", como o que existe em Pisa, na Itália. Limparemos o restante dos túmulos, e os ossos recolhidos sepultaremos, solenemente, em outro lugar. Assim, esses subterrâneos poderão ser utilizados para as necessidades da fábrica.

— O projeto do Marquês é magnífico! — exclamou o arquiteto. — Posso acrescentar que, se esses subterrâneos evitarão a construção de depósitos, então, no lugar dos últimos poderemos construir casas para os trabalhadores. Isso, na minha opinião, será muito mais confortável e útil para a fábrica.

— Sim, é uma boa ideia — disse o Barão. — Em épocas de chuvas seria muito cansativo para os trabalhadores deslocarem-se do castelo até a fábrica. Portanto, penso que vamos ficar com o projeto de Berange. Aliás, esse projeto também tem a vantagem de manter o castelo, exclusivamente, como um monumento histórico.

Ficou decidido começar logo a limpeza das criptas e, durante a reforma do salão nobre do castelo, guardar todos os caixões e monumentos no porão, onde foi sepultado o Barão Berange, nos corredores adjacentes e nos subterrâneos da Torre do Diabo.

Graças a grandes somas de dinheiro colocadas à disposição do arquiteto, os trabalhos desenvolviam-se rapidamente. Já se preparavam para a abertura dos caixões, quando o representante de negócios do Barão convocou-o em caráter de urgência a Paris. O Barão viajou, incumbindo o sobrinho de dirigir os traba-

J. W. Rochester

lhos até a sua volta.

Berange cumpria aquela tarefa com muita negligência. A presença do tio atrapalhava, sobremaneira, as suas relações amorosas com Mushka que ele, por precaução, via muito raramente.

Com a partida do Barão, a cortesã reiniciou, imediatamente, o seu comportamento obsceno e novamente dominou Berange, atiçando habilmente a sua paixão. Alegando diversos negócios, o rapaz voltou a passar dias e noites inteiras com a amante.

Além de tudo, o Marquês estava ocupado com a preparação do grande baile à fantasia nas ruínas e, por isso, tinha frequentes reuniões com Marion, para quem aquele baile era muito especial. As reuniões eram tão longas que até Nerval passou a sentir ciúmes, para enorme satisfação da senhora de Laverdi. Ela dizia que era muito útil reavivar, de vez em quando, os sentimentos do amante e não deixá-lo repousar tranquilamente nos louros da conquista.

Ficou decidido iluminar as ruínas e, de tempos em tempos, soltar fogos de artifício. No baile iriam tocar duas orquestras. A festa deveria terminar com um "show" pirotécnico. Todos os convidados usariam trajes da época de Ludovico XI. As damas podiam usar máscaras até o jantar, para assim despertarem a curiosidade dos homens, que não as usariam. Desse modo, todos estavam ocupados com a escolha e confecção dos trajes e também com a decoração das ruínas para a festa.

Ao limparem a entrada para o salão nobre, os trabalhadores descobriram lá um outro grande salão, que Berange decidiu transformar em sala de jantar. Imediatamente, foram consertados os telhados e as escadas que conduziam àquelas salas. Além disso, foi inspecionada e consertada a escada que conduzia ao quarto do balcão fatídico, e que foi chamado de quarto do Savari.

Enquanto Berange se ocupava com aqueles preparativos e com a intriga amorosa com Mushka, Alice seguia com febril atenção os trabalhos na abadia. Seu fiel acompanhante era Gunter Rentlinguen. Ele, como a jovem mulher, interessava-se pelo passado e acompanhava as escavações com dedicação de verdadeiro arqueólogo. Já haviam chegado à fase de abertura das sepulturas. Parte delas, que se encontrava na primeira cripta, havia sido saqueada durante os ataques à abadia. Mas, os saqueadores não conseguiram concluir o furto, devido, provavelmente, a uma explosão, pois foram encontrados alguns esqueletos junto a uma sepultura saqueada. As escavações também trouxeram à luz muitos objetos interessantes, como diversos anéis, cajados, espadas e punhais.

Encontraram um esqueleto usando armadura completa de cavaleiro. Ele não foi mexido e somente trocaram o seu caixão, que havia se deteriorado. Os ossos, espalhados por todo lugar, foram recolhidos e colocados num único caixão, que foi, temporariamente, deixado na primeira cripta.

Alice recolheu os objetos encontrados e, com a ajuda de Gunter, montou algo semelhante a um pequeno museu. Aquele trabalho aproximava, cada vez mais, os dois jovens e fazia-os perceber que tinham muitos gostos, opiniões e impressões em comum. Eles, entretanto, mantinham as relações de amizade de modo a não dar motivos a mexericos e sempre arranjavam uma maneira de manter uma terceira pessoa presente durante as suas conversas.

Naquela época, um achado inesperado despertou novamente em Berange e Marion o interesse pelas escavações na abadia. Durante a limpeza da segunda cripta, os trabalhadores descobriram um pequeno porão lateral, oculto por um estreito cercado de pedra. Para surpresa geral, constatou-se que os pesquisadores toparam, por acaso, com a cripta familiar dos Bordele, que há duzentos anos atrás ficara lotada e fora completamente selada. Desde aquela época, somente uns poucos membros da família Bordele eram sepultados na abadia, pois os restantes dormiam o sono eterno em Paris.

Marion e Gunter almoçavam na vila quando o mensageiro do arquiteto foi comunicar ao Marquês sobre o interessante achado. Os jovens correram, imediatamente, para a abadia e pediram para que lhes mostrassem a cripta recém-aberta. Mesmo com toda sua frivolidade, Berange sentiu um estranho calafrio quando adentrou no local do sono eterno de seus antepassados, ou talvez a umidade do arcaico porão tenha lhe provocado aquela desagradável sensação.

O senhor Leflo ordenou que instalassem tochas acesas nas argolas embutidas nas paredes, próprias para aquela situação e entregou aos jovens algumas velas para que pudessem iluminar os pontos que mais lhes interessassem.

O grupo examinou toda a cripta, lendo com certa dificuldade as inscrições semi-apagadas. Diante de todos ressurgia a crônica do velho capelão. Lá estava o monumento com a imagem de um cavaleiro e uma dama, tendo na inscrição os nomes de Goshe de Bordele e Izora, sua esposa. Mais adiante, via-se uma lápide com a imagem de uma mulher ajoelhada. Era o túmulo de Isabela de Bordele, irmã e primeira vítima do terrível Barão Berange.

— Sabe, Alice! — exclamou Marion, pálida e emocionada.

— Tremo só de ver este lugar lúgubre, onde descansam todos os personagens do horrível drama descrito pelo velho capelão.

— Por que chama de lúgubre este local de sono eterno? Sem dúvida, a pobre Isabela encontrou aqui a paz e, talvez, o espírito da pessoa amada — respondeu Alice, olhando pensativa para a sepultura daquela vítima inocente do preconceito de sua época.

Naquele instante, Berange que se distanciara do grupo, exclamou com voz emocionada:

— Vejam o que achei!

Todos aproximaram-se, rapidamente, do sarcófago de pedra localizado num nicho na parede. O Marquês estava ajoelhado e, sob a luz da vela, decifrava a inscrição feita acima do brasão: "Aqui jaz a nobre e poderosa dama Angela, Baronesa de Bordele, finada em... Que Deus conceda-lhe a bem-aventurança eterna no Paraíso", leu o Marquês com voz levemente trêmula.

Em seguida, todos ficaram olhando com curiosidade e emoção a imagem da mulher esculpida de forma grosseira na tampa do sarcófago.

— Senhor Marquês, vai ordenar que abram o sarcófago? Este porão também será esvaziado como os outros? — perguntou, finalmente, Gunter.

— Antes de iniciar a limpeza deste local, sinto-me na obrigação de consultar meu tio. Quanto ao sarcófago, vou mandar abri-lo por causa do interesse que representa para nós, isto é , se as damas concordarem. Confesso, sinceramente, que estou extremamente interessado em ver o que sobrou da linda Angela — respondeu Berange, que realmente foi dominado por um irrefreável desejo de ver os restos mortais da vítima inocente de seu cruel antepassado.

Após um rápido vacilo, as senhoras concordaram. Imediatamente, foram chamados dois trabalhadores para abrir o sarcófago. Estes levantaram, rapidamente, a tampa do sarcófago e retiraram de dentro um caixão de madeira de carvalho com cantoneiras metálicas. Os séculos, entretanto, haviam deixado a sua marca de destruição. Quando colocavam o caixão no chão, as suas tábuas apodrecidas estalavam, ameaçando quebrar-se a qualquer instante. Os trabalhadores tiveram muita dificuldade em abrir a pesada tampa do caixão. Quando a nuvem de pó, que se elevou de dentro do caixão, dissipou-se, todos viram o véu roto sobre o qual ainda se viam restos de flores secas.

Por instantes, os jovens estancaram indecisos. Alice ficou muito pálida e, toda trêmula, encostou-se na parede. Marion tapou os olhos com a mão, enquanto Berange parecia não conseguir decidir-se em retirar o véu. Então, Gunter debruçou-se sobre o caixão e arrancou rapidamente o véu. Na mesma hora, recuou com um grito de surpresa, pois no caixão havia o corpo perfeitamente conservado de uma jovem mulher.

O rosto, levemente enegrecido, era muito bonito e conservava ainda os sinais do encanto que tinha em vida, demonstrando uma expressão solene e de grande paz. As longas e grossas tranças chegavam à altura dos joelhos. Nas pequenas mãos, cruzadas no peito, via-se um crucifixo de ouro.

O grito do marinheiro fez Berange aproximar-se rapidamente do caixão e seu olhar pareceu grudar no cadáver. Algo apertou fortemente o seu coração e um caos de estranhos e incompreensíveis pensamentos invadiu a sua mente.

Alice também foi dominada por um sentimento sobrenatural. Seu coração batia, dolorosamente; a respiração ficou difícil; e teve a impressão de que um sopro gélido empurrava-a para o caixão aberto, no qual iria desaparecer como num abismo que se abrisse a seus pés.

A voz sonora de Marion arrancou Alice daquele estranho pesadelo. Com um suspiro de alívio, ela enxugou o suor frio que apareceu em sua testa.

— Veja! Como era linda Angela! — exclamou Laverdi, esquecendo o medo e inclinando-se com curiosidade sobre o caixão. — Agora entendo porque Clorifon não conseguia esquecê-la e porque o cruel Berange estava no íntimo sob a influência de seu encanto.

— Nota-se que a orgulhosa dona do castelo Votur foi uma criatura linda e encantadora — observou Rentlinguen.

— Pelo jeito, aquele tal de Ferrari possuía um segredo especial de embalsamamento, que faria os nossos médicos ficarem envergonhados — acrescentou o Marquês.

Gunter tocou e apertou levemente os pequenos e finos dedos da múmia que seguravam o crucifixo de ouro.

— O corpo está duro como pedra e, mesmo assim, parece vivo. Veja, até os longos cílios conservaram-se e isso é muito raro. Na minha opinião, Marquês, acho que deveria tirar uma fotografia dessa extraordinária múmia!

— É uma ótima ideia e vou, imediatamente, colocá-la em prática! Trouxe comigo a máquina fotográfica e, até hoje, não tive oportunidade nem tempo de usá-la! — exclamou Berange.

— Essa fotografia será um curioso anexo à crônica do capelão. Vou correndo buscar a máquina! Fiquem aqui e cuidem para que ninguém mexa na senhora Angela — acrescentou ele, rindo, e saiu correndo da cripta.

Duas horas mais tarde o corpo de Angela foi recolocado no

J. W. Rochester

sarcófago, o qual selaram, cuidadosamente, até novas ordens. Depois, o grupo voltou à vila, animado e emocionado com os acontecimentos do dia.

Naquela mesma tarde, Berange enviou uma carta ao tio. Ele comunicava sobre a descoberta da cripta, solicitava instruções de como proceder com os corpos sepultados naquele local e pedia, enfaticamente, ao tio para que viesse ao baile que aconteceria dali a dez dias e prometia ser muito interessante e original.

O Barão respondeu no correio seguinte. Escreveu que, na sua opinião, os corpos sepultados na cripta familiar dos Bordele não podiam ser exceção, já que não foram poupadas tantas outras sepulturas. Ele somente gostaria que não tocassem naquela cripta, enquanto não estivesse pronto um novo lugar de sepultamento de seus antepassados. Mais adiante, comunicava que, para sua grande decepção, não poderia comparecer ao baile, pois os médicos estavam enviando-o por três semanas para um tratamento em Vichi.[19] Após o tratamento, retornaria a Bordele onde permaneceria até fins de outubro dirigindo as obras. Nesse intervalo de tempo, o jovem casal poderia realizar a planejada viagem à Algéria.

À medida que se aproximava o dia do baile, os jovens anfitriões ficavam cada vez mais ocupados com os inúmeros preparativos da festa. Berange fazia tudo com exuberância, pretendendo, ostensivamente, impressionar os convidados. Assim, para os inúmeros criados foram encomendados trajes de pajens, de cavalariços e de arqueiros do século XV. Para o jantar, um cardápio medieval.

Num raio de cinquenta quilômetros em volta do castelo, só se falava daquela festa original. Todos ansiavam participar dela; até mesmo pessoas pouco conhecidas do Marquês usavam de todos os truques possíveis para conseguir um convite para o baile.

Berange apresentou a esposa ao amigo Bertrand, que tornou-se um assíduo visitante da vila, ajudando energicamente o amigo nos preparativos do baile. Quando contaram ao Bertrand o teor da crônica do capelão, ele disse, rindo, que iria fantasiado de cigano.

— Perfeito! Então, você fará o papel de Haroldo — aprovou o Marquês, rindo. — Sem ele, a festa estaria incompleta.

— Nesse caso, então, estará faltando a Mariam, o que é uma pena, pois ela é o centro de todo esse drama — observou Bertrand.

— Sim, é uma pena! Como muito poucas pessoas conhecem

19 Vichi - Estação de águas termais muito famosa na França.

O Castelo Encantado

a crônica, então, nenhuma dama vai ter a ideia de fantasiar-se de cigana. Assim, Renoir será privado do prazer de cortejar o objeto de sua estranha antipatia.

— Não me diga que esse louco perigoso também estará no baile? Berange, você não devia ter convidado-o!

— O que fazer? Ele estava em sã consciência quando veio visitar a minha esposa e obrigou-a a convidá-lo. Não consegui dissuadir Alice e terei de enviar um convite a ele.

Neste ínterim, a pobre Mushka suportava todos os sofrimentos de Tântalo.[20] A visão dos preparativos, os relatos de Bertrand e suas reuniões com Berange na presença dela, incendiavam a curiosidade da cortesã e despertavam nela um enorme desejo de ir ao baile.

A impossibilidade de estar presente naquela festa levava-a ao desespero e à fúria. Ela até perdera o sono e o apetite imaginando planos mirabolantes para afastar as barreiras que trancavam-lhe as portas daquele paraíso. A notícia de que as damas não podiam tirar a máscara até o jantar, foi para Mushka como um raio de luz. Quem a reconheceria por trás da máscara? Enquanto isso, ela poderia ver tudo, ter o picante prazer de ser confundida como uma convidada pela Marquesa, e desaparecer antes do jantar. Agora só lhe restava obter o convite.

Sabendo que Bertrand iria fantasiado de cigano, Mushka encomendou, em segredo, um traje de cigana espanhola que, na sua opinião, serviria, perfeitamente, para a ocasião. Dois dias antes do baile, ela dirigiu um ataque decisivo sobre Berange. Lágrimas, adulações, tudo foi posto em ação. Exausto e vencido, Berange rendeu-se finalmente aos pedidos de sua amante, mas, antes, fazendo-a jurar que deixaria o castelo antes da meia-noite.

Berange ficou extremamente preocupado com aquela sua descuidada promessa e não disse uma palavra sobre aquilo nem a Bertrand. Aliás, devido à habitual frivolidade, ele logo acalmou-se, convencendo-se que, na multidão de convidados, ninguém notaria uma dama a mais, e Alice jamais ficaria sabendo daquela sua impertinência.

No início, Alice também ficara interessada no projeto de Marion e participava, ativamente, dos preparativos da festa

---

20 Tântalo - Figura lendária, cujo suplício, por haver roubado os manjares dos deuses para dá-los a conhecer aos homens, era estar perto da água, que se afastava quando tentava bebê-la, e sob as árvores, que encolhiam os ramos quando tentava colher os frutos.

e do seu traje. Todavia, à medida que se aproximava o dia do baile, um vago pressentimento, uma certo nervosismo passou a dominá-la. Aquele nervosismo aumentava ainda mais graças aos boatos que se espalhavam pelo povo e que Suzanna lhe transmitia com muita aflição. O pessoal que trabalhava na instalação da iluminação e, especialmente, os vigias noturnos das ruínas, contavam coisas realmente terríveis.

O velho Gaspar, que passou a noite no castelo, viu o próprio satanás, que passeava vestido de vermelho com o feiticeiro em volta da Torre do Diabo. Outro trabalhador, ao voltar tarde da noite para Bordele, viu um grupo de fantasmas que dançava em volta do túmulo ainda intocado de Savari. Por fim, algumas pessoas juravam ter visto um jovem cigano, com uma tocha acesa na mão, andar pelas ruínas da Torre do Diabo, de cujos subterrâneos ouviam-se gemidos de súplica e gritos dilacerantes de mulheres e crianças.

Na opinião de todos, preparava-se algo maléfico, uma terrível vingança dos fantasmas irritados com a destruição de seu abrigo e com a festa sacrílega que seria realizada no local, onde sofreram tanto e onde até aquela data estariam jogados seus ossos não sepultados.

Todos aqueles boatos, além dos próprios pressentimentos, fizeram Alice querer até desistir do baile; mas, quando ela contou a Berange os seus temores e os contos lúgubres dos trabalhadores, este soltou uma gargalhada.

— Que vergonha, Alice! Você, uma mulher inteligente e instruída, acreditar nessas bobagens! É obvio que esses boatos estão sendo espalhados por alguns miseráveis que sabem que foram levados ao castelo muitos objetos e louças para o baile. Eles, naturalmente, querem assustar os vigias noturnos e fazê-los correr dali, mas vou rapidamente dar um basta nessa história. Quanto aos fantasmas, não se preocupe, pois eles não ousarão aparecer sob a forte luz elétrica.

— O que posso fazer? Estou sendo atormentada por um pressentimento de alguma desgraça.

— São seus nervos, minha querida! Tome algumas gotas de tranquilizante e, acredite, tudo vai passar.

Na noite da véspera do baile aconteceram presságios ainda mais terríveis. Na torre do castelo apareceu a Dama de Branco e agitou, ameaçadoramente, um pano ensanguentado. Em seguida, doze pessoas que, tarde da noite, penduravam guirlandas e bandeiras, juraram ter visto o abismo iluminar-se, de repente, com uma luz vermelho-sangue.

Marion chegou cedo para fazer uma última inspeção na decoração do castelo e ocupar-se com o seu traje na vila. Estava muito alegre e ficava irritadíssima com a tristeza e a sombria preocupação de Alice. Fazendo uma rápida refeição, as amigas foram vestir-se, pois a festa deveria começar às oito horas da noite. A senhora Laverdi estava lindíssima. Trajava um vestido de veludo cor de rubi, bordado a ouro e levemente levantado sobre uma saia de cetim branco com faixas prateadas. O chapéu de veludo negro, com um longo e desfraldado véu, completava o traje que destacava, sobremaneira, a figura alta e esbelta da jovem mulher.

— Nerval não sabe o que estarei vestindo e estou contando com isso para flertar bastante com ele e, se possível, leva-lo à traição — disse ela, maliciosamente, vestindo uma máscara de veludo.

Naquele momento, no quarto vizinho soaram passos masculinos. Ao ouvi-los, Alice disse:

— Deve ser Berange, que vem para me buscar! Vou ao seu encontro e você fica aqui até que possa sair sem ser notada.

— Vá, então! Hoje você está linda como num sonho, e a Mushka só resta arrumar as malas. O Marquês cairá aos seus pés. E Gunter também — acrescentou ela baixinho.

Alice ficou vermelha e deu uma última olhada no espelho. Realmente, o traje medieval ia-lhe muito bem. Trajava um vestido prateado com gola de pele de arminho, em cuja saia estava bordado o brasão dos Bordele. Um aro de ouro com rubis, cópia fiel do aro que fora encontrado no porta-jóias de Angela, segurava sobre sua cabeça um longo véu de gaze prateada. Ela não vestiu a máscara, dizendo que os convidados deveriam conhecer e ver a anfitriã.

Quando Alice entrou no seu quarto, o Marquês já não se encontrava lá. A jovem aproximou-se do espelho para ajeitar as dobras do véu e o colar de pérolas que enfeitava seu pescoço. Naquele momento, a cortina levantou-se, silenciosamente, e na soleira da porta apareceu Berange. Ele trajava um casaco vermelho de veludo e uma boina da mesma cor, que tinha uma pena branca presa por uma fivela de brilhantes. Trazia no cinto uma espada com cabo de ouro, enfeitada de pedras preciosas. Em volta do pescoço tinha uma grossa corrente de ouro.

Por instantes, o Marquês ficou admirando a encantadora jovem mulher; em seguida, aproximando-se, abraçou-a pela cintura. Alice voltou-se rapidamente, soltou um grito surdo e jogou-se para trás com tal ímpeto, que acabaria caindo se o marido não a segurasse.

J. W. Rochester

— Minha doidinha! Essas escavações e boatos imbecis acabaram, definitivamente, com seus nervos — disse ele num sorriso. — Não me diga que imaginou estar vendo o próprio Barão Berange? Acalme-se! Além desse traje, nada tenho em comum com o meu maléfico antepassado. Agora, vamos indo! Está ouvindo as cornetas? Os convidados estão chegando!

Alice esforçou-se para controlar a própria emoção. Quando, dez minutos depois, ela subia as escadarias que levavam ao salão nobre, apoiada no braço do Marquês, e seu olhar passou pelas fileiras de pajens e outros criados com o brasão de Bordele estampado no peito, um calafrio percorreu novamente o seu corpo, pois aquilo fê-la lembrar com dolorosa clareza o casamento de Angela descrito pelo capelão. Apesar dos protestos do próprio bom senso, ela, mais uma vez, sentiu que um dia já entrara naquela mesma sala e de braço com aquele mesmo homem.

As ruínas adquiriram realmente uma aparência mágica e fantástica. As linhas de fogo dos lampiões desenhavam no fundo negro do céu os contornos dos muros impressionantes e as maciças endentações da Torre do Diabo, no topo da qual agitava-se a bandeira do baronato. Lampiões e tochas resinosas iluminavam, em todos os lugares, guirlandas, bandeiras e a multidão alegre espalhada pelas ruínas. De tempos em tempos, raios de luzes azuis, verdes, laranja ou branca iluminavam o velho castelo, acentuando ainda mais a sua aparência mágica. Até a própria natureza colaborou com a festa. A noite estava linda, tépida e aromática.

Entrando no salão nobre, que ostentava um brilho arcaico e estava iluminado com luz elétrica, os jovens anfitriões começaram a receber os convidados, encantando a todos com sua beleza e amabilidade. Logo juntou-se uma multidão, pois foram convidadas mais de cem pessoas. Como todos cumpriram o programa, quanto ao traje, ficou fácil imaginar-se na corte de Ludovico XI.

Renoir chegou tarde. Seu aparecimento causou sensação geral e uma impressão muito ruim em Berange, que mal conseguiu disfarçar. O rapaz estava realmente com uma aparência bastante inusitada. Tinha o rosto extremamente pálido e, nos olhos sombrios e ardentes, uma expressão estranha.

Exceto pela capa preta que trazia nos ombros, todo o traje de Renoir era de cor vermelho-sangue. No peito estava bordado um brasão, em cujo centro havia uma caveira. Acima do brasão, duas faixas com os dizeres: numa, "Justiça" e na outra, "Vingança". Trazia no pescoço um colar caríssimo, cujos elos estavam enfeitados com grandes brilhantes.

Cumprimentando os anfitriões, Renoir misturou-se na multidão. Ele, entretanto, não participou das danças, concentrando toda a atenção no Marquês e numa dama, cujo aparecimento despertou a curiosidade geral. Era uma cigana muito bem mascarada, cujo traje rico e fantástico destacava-se, sobejamente, entre todos os outros trajes históricos.

Esbelta e ágil, ela andava no meio da multidão flertando, provocantemente, com todos os homens. Quando começaram as danças e a atenção do público sobre ela diminuiu, a cigana insinuou-se para perto de Berange e passou a flertar com ele. Pendurada no braço do Marquês, ela acabou levando-o ao "buffet". Em seguida, ambos desapareceram sem que ninguém prestasse atenção, exceto uma pessoa, cujo olhar ardente e malévolo não abandonou nem por um segundo aquele casal.

Alice não prestou qualquer atenção ao desaparecimento do marido e da cigana de mau gosto, que também não lhe despertava nenhum interesse. Ela dançou e depois ficou conversando com Gunter, que estava encantador em seu luxuoso traje e cujo olhar ardente traía a paixão que sentia pela jovem mulher. Sob a influência de sentimentos que ela própria não conseguia entender, Alice ficou corada e seguia, involuntariamente, com os olhos, o belo e elegante rapaz, enquanto ele dançava com alguma dama.

A valsa tinha acabado. Alice dançou-a com Rentlinguen e, naquele momento, descansava enquanto seu cavaleiro tinha ido buscar limonada. Então, Renoir aproximou-se dela e, inclinando-se, sussurrou:

— Marquesa, peço-lhe alguns minutos a sós para conversarmos. Preciso comunicar-lhe algo muito importante.

Alice levantou-se surpresa e tomou Renoir pelo braço. Este cobriu com a capa preta a trágica fantasia que trajava.

— Marquesa — disse Renoir, dirigindo-se para a saída, — devo pedir para acompanhar-me até a vila.

Vendo que a jovem estremeceu e, apavorada, tentou soltar o seu braço, ele acrescentou:

— Não precisa ter medo! Só lhe desejo o bem. É necessário que a senhora veja com seus próprios olhos o que está acontecendo, nesse instante, em sua casa.

Seu tom era sério e o olhar tão tranquilo e nobre, que Alice ficou envergonhada da própria desconfiança e seguiu-o em silêncio. Evitando locais iluminados, Renoir saiu das ruínas e, por uma pequena trilha, dirigiu-se para a vila.

A Marquesa, segurando um pouco mais alto o vestido, seguiu atrás dele. A vila estava praticamente deserta, pois a maior parte dos criados encontrava-se no castelo. Renoir entrou

J. W. Rochester

na alameda escura que passava ao longo da casa.

— Onde o senhor está me levando? — murmurou Alice, com preocupação.

— A senhora já vai saber, pois estamos chegando lá — respondeu Renoir baixinho.

Eles dobraram a esquina. Alice percebeu com surpresa e preocupação que o seu guia parou diante da janela de seu próprio "budoir", que estava aberta apesar de a Marquesa ter ordenado, veementemente, que trancassem todas as janelas. De repente, a jovem mulher estremeceu. Do "budoir" ouvia-se o sussurrar de duas vozes e uma das quais, sem dúvida, pertencia a Berange. Naquele momento, Renoir levantou Alice como a uma criança e ela pôde olhar para dentro do quarto.

A lâmpada rosa pendurada no teto iluminava o quarto com uma penumbra leve e misteriosa. No divã de cetim rosa, que ficava em frente à janela, estava sentado Berange. Em seu colo, passando os braços pelo pescoço sentava-se a cigana, na qual Alice, imediatamente, reconheceu Mushka.

A jovem mulher ficou estarrecida. Ela não tirava os olhos dos amantes, que trocavam beijos apaixonados e palavras ardentes. Nunca antes ela tinha visto, num rosto feminino, uma expressão coquete tão cínica e rude.

"Uma bacante seduzindo um sátiro!", esse pensamento passou como um raio pela mente da Marquesa, cujo sangue fervia com a ofensa que seu marido lhe causava, arranjando, insolentemente, um encontro com a cortesã em seu próprio "budoir."

Naquele instante, Mushka que sussurrara algo no ouvido de seu amante, repentinamente, elevou a voz com irritação:

— E, então? Afinal, quando vai me jurar que irá se separar da esposa e me dar o seu nome? Pare de vacilar! Não seja covarde, Berange! O que significam esses preconceitos mundanos quando a paixão fala mais alto? Será que aquela sombra pálida que você chama de esposa pode lhe dar pelo menos uma hora como essa? Ó! Seja mais enérgico, Berange! Se soubesse como eu o amo!

Uma expressão de terrível ódio e desprezo passou pelo rosto de Renoir. Ele colocou a jovem mulher no chão e teve de ampará-la, pois ela tremia como em febre. Em seguida, ele mais carregou do que conduziu-a para um banco.

— Volte a si, Marquesa! O tempo está passando e a senhora precisa decidir-se! — disse ele imperiosamente, após um momento de silêncio.

— O senhor tem razão! O que me aconselha a fazer? — respondeu Alice, passando a mão na testa úmida.

— Aquilo que lhe recomenda a dignidade feminina: abandone, imediatamente, essa casa desonrada e volte a Paris para o seu tutor. Tire logo esse traje, escreva algumas palavras ao senhor de Bordele e vá embora! Se agir rapidamente, conseguirá pegar o trem que sai a uma hora da manhã. Mas, consegue entrar em casa?

— Sim. A porta que sai do refeitório para o terraço é fechada com cadeado americano, cuja chave está no meu bolso.

— Nesse caso, vá logo! Vou esperá-la e ajudá-la a pegar um fiacre. Gostaria que a senhora estivesse longe dessas paredes, pois, antes do galo cantar, coisas importantes acontecerão por aqui.

Alice não prestou atenção nas últimas palavras de Renoir. A grande excitação fê-la recuperar toda a energia. Ela passou como uma sombra para o terraço e abriu a porta do refeitório. Então, parou por um instante.

— Volte para as ruínas Renoir! Não quero que lá notem que nós dois sumimos. E agradeço o grande favor que me prestou.

Renoir não retrucou. Beijando a mão da Marquesa, desceu correndo as escadas e desapareceu por entre a espessa folhagem das árvores. Alice foi rapidamente ao gabinete do marido, trancando à chave a porta que dava para o "budoir".

Com mão trêmula pegou uma folha de papel de carta e escreveu rapidamente:

"Acabei de vê-lo em meu 'budoir' com a cortesã que você teve a insolência de trazer aqui. Depois disso, não há lugar para mim nesta casa. Estou indo embora e, adiantando-me ao seu desejo, exijo o divórcio. Faça de sua amante a Marquesa de Bordele, pois ela é inteiramente digna de você.
Alice."

Lacrando e acrescentando o destinatário, ela colocou a carta num lugar visível. Terminando, Alice correu para o seu banheiro. Quase arrancou o traje que usava e pôs um vestido preto simples, um xale e um chapéu. Não levou nada consigo além de uma pequena mala, onde enfiou todo o dinheiro que conseguiu achar na pressa, pois em Paris havia ficado parte do seu guarda-roupa de solteira. Lançou um último olhar no quarto, onde passara tantas horas terríveis, e saiu da casa.

Ao passar pelo jardim, Alice quase deu um encontrão em Gunter que, desolado, corria para algum lugar.

— Marquesa, é a senhora? Finalmente! Procurei-a em todo lugar, pois não conseguia entender o seu repentino desaparecimento na companhia do louco Renoir. Disseram-me que

J. W. Rochester

a senhora tinha saído de braço com ele. Deus do Céu! Aonde vai? Por que trocou de roupa? — acrescentou o rapaz, empalidecendo.

— Estou indo a Paris! Não fico nem um minuto na casa onde fui tão ignobilmente ofendida — respondeu Alice com voz entrecortada.

Perdendo o sangue-frio e a discrição pela primeira vez, ela contou, em poucas palavras, tudo o que viu.

— A minha paciência esgotou! Quero me livrar desse miserável! Vou exigir o divórcio.

Um forte rubor cobriu o rosto de Gunter. As palavras que acabara de ouvir fizeram-no também perder o sangue-frio habitual.

— Alice! A senhora quer ser livre? Ó! Como essas palavras me fazem feliz! — exclamou com ímpeto o rapaz, apertando os lábios contra a mão da Marquesa. — A senhora não é cega! Deve ter percebido o meu amor! Eu não podia ver com indiferença a docilidade e a paciência angelical com que a senhora suportava todas as amarguras e o indigno tratamento de seu marido. Eu a adorava como a uma santa, mas não tinha coragem de me declarar. Agora que a senhora deseja cortar os laços que a prendem, diga-me se permite que eu a procure quando estiver livre. Se a senhora me conceder o direito de arrancá-la dessa atmosfera de mentiras e vícios, eu a levarei para minha casa, no interior da Turíngia.[21] Naquele abrigo pacífico, viverei somente para a senhora, logo que der baixa da marinha. Vou dedicar toda a minha vida para fazê-la esquecer as terríveis desilusões que passou!

Alice ouvia tudo com o coração palpitante. A certeza de ser amada com um amor puro e profundo agiu beneficamente sobre o seu coração maltratado. Naquele instante, ela amava tanto Gunter quanto desprezava e odiava Berange. Sem vacilar, ela estendeu-lhe ambas as mãos.

— Sim, Gunter, venha me buscar e me ame como eu o amo, de todo coração. Eu anseio por paz e por amor puro e essa felicidade encontrarei certamente em seus braços. Mas, deixe-me ir embora, pois não posso me atrasar para o trem. Agora mais do que nunca tenho pressa de sair daqui e iniciar a luta que me livrará desse marido indigno e me abrirá o caminho para a felicidade.

— Agradeço por essas palavras, minha querida! Elas me darão coragem e paciência — disse Gunter radiante, oferecendo o braço a ela.

Ele conduziu Alice à saída, onde logo encontrou um cochei-

---

21 Turíngia (Thuringen) - Região da Alemanha.

ro que concordou em levar a jovem mulher à estação, pois teria bastante tempo de voltar até a hora do encerramento do baile.

Gunter instalou a dama na carruagem. Alice sorriu para ele através das lágrimas; o rapaz, pela última vez, apertou os lábios em sua mão. Então, a carruagem partiu rapidamente.

Aproximando-se de Berange, Mushka apelou para todo seu coquetismo e poder de persuasão para excitar o seu amante. Sensível e frívolo, Berange logo se deixou levar. Então, Mushka atraiu-o para fora da sala e das ruínas. Em seguida, com a desculpa de troca de beijos, arrastou-o para a escura alameda que levava à vila.

Percebendo que conseguiu deixar o Marquês excitado a ponto de obter dele o que desejasse, Mushka implorou-lhe para leva-lá à vila. Berange protestava fracamente, cobrindo a voz da consciência com o habitual: "Alice não saberá de nada!" Quanto à cortesã, era guiada pelo baixo desejo de ofender a mulher odiada, escolhendo o seu "budoir" para o encontro amoroso, mesmo que Alice não soubesse daquilo. Aliás, Mushka pretendia comunicar a ela o dia e a hora em que eles estiveram no "budoir".

Sem suspeitar que tinham sido vistos, os amantes saíram do "budoir" quase na mesma hora em que a Marquesa trocava de roupa no banheiro. Lembrando das obrigações de anfitrião, Berange correu para o salão de baile. Mushka seguiu-o a uma certa distância. O Marquês tentou convencê-la a voltar para casa, mas ela não tinha a menor intenção de ir embora do baile tão cedo.

Quando atravessava a ponte levadiça, iluminada por lampiões e tochas, dela aproximou-se amavelmente Renoir, cobrindo-a de galanteios e dirigindo-lhe um olhar estranhamente ardente.

Mushka mediu-o com olhar perscrutador, pois Renoir era muito bonito. Ele agradou a cortesã e os reflexos coloridos dos brilhantes do seu colar, encantaram-na definitivamente. "Não seria ruim ter um pequeno caso com esse belo rapaz e conseguir dele o colar ou, pelo menos, o enorme solitário que brilha em seu dedo", pensou Mushka. "Jamais vou conseguir nada semelhante de Berange, pois ele não cumpre o que promete."

Aquele raciocínio durara menos de um segundo. Em seguida, com um gesto coquete, ela observou:

— Você é muito amável e me agrada, belo cavaleiro, mas o seu lúgubre traje me assusta.

— Assusta-a, por quê? O meu lema é terrível somente para aqueles que desprezam as leis e têm motivos para temer a sua

J. W. Rochester

vingança. Mas, para você, encantadora mulher, as palavras "justiça" e "vingança" não passam de sons vazios. Aceita o meu braço?

Mushka apoiou-se, enfadonhamente, no braço de Renoir. Prosseguindo a conversa, eles dirigiram-se para a parte das ruínas que saía para o abismo e onde a escada reformada conduzia para o balcão fatídico, enfeitado com duas bandeiras e iluminado por lampiões.

— Linda cigana, adivinhe o meu futuro! Eu a recompensarei regiamente se me disser o que vai me acontecer hoje — disse Renoir com sua voz sonora.

Mushka inclinou-se para ele e, olhando bem fundo em seus olhos, disse com um leve riso:

— Hoje você perderá seu coração e amará uma mulher que jamais conheceu antes.

Renoir riu.

— Adivinhou, linda cigana! A minha alma incendiou-se ao vê-la; uma mulher linda como o inferno e ardente como o fogo. O que posso lhe dar de lembrança desse momento em que adivinhou o segredo do meu coração?

"Bem, esse vai rápido ao assunto! Preciso fazê-lo entender que compartilho de seus sentimentos", raciocinou Mushka.

Em seguida, respondeu alto:

— Preciso pensar, lindo cavaleiro, o que devo lhe pedir. Enquanto isso, vamos descansar, pois estou muito fadigada. Essa pedra plana pode muito bem servir de banco. Que vista maravilhosa! Essa torre e aquele balcão grudado nela, como um ninho de andorinha pendurado sobre o abismo, parecem até decoração de ópera.

— Ó, mas tem muito mais! A vista daquele balcão é muito impressionante. Quando se está lá, tem-se a impressão de pairar-se no ar, muito acima da terra e das pessoas. Gostaria de ir até lá?

"Pronto! Ele quer ficar a sós comigo", pensou Mushka. "Este sujeito me agrada cada vez mais."

— Vamos, cavaleiro! Lá deve estar mais fresco e eu estou sufocando de calor — respondeu ela, retirando a máscara e lançando para Renoir um malicioso olhar.

— Como você é linda! — murmurou Renoir com admiração.
— Nunca imaginei que a Providência me daria a felicidade de encontrar o ideal de meus sonhos!

Mushka derreteu-se completamente ante o olhar ardente de seu cavalheiro e, sem protestar, deixou-se levar pela escada acima.

Para reduzir o medo de convidados supersticiosos, o Marquês mandou iluminar todos os recantos e até o interior das ruínas. Ali também estavam pendurados muitos lampiões e tochas, e a cortesã, sem suspeitar de nada, começou a subir a escada. Renoir ia atrás dela para impedir a passagem se ela, de repente, quisesse voltar. Mas Mushka não pensava em nada disso. O bonito rapaz agradava-lhe cada vez mais e a única coisa que a preocupava era como conquistá-lo em definitivo.

Tagarelando, alegremente, ela passou com o seu acompanhante por uma sala vazia, um corredor e um quarto semicircular que dava para o balcão. Daquela altura realmente abria-se um panorama fantástico. De um lado elevavam-se as ruínas bem iluminadas, do outro, estendia-se o vale, alagado pela luz do luar. Sob os pés, o negror do precipício, em cujo fundo rugiam as águas de um riacho caudal.

— Meu Deus! Como é maravilhoso! — exclamou Mushka.

Em seguida, tomada de repentina preocupação, acrescentou:

— Mas, esse balcão está firme? Não seria nada agradável cair daqui!

— Sim! Uma queda daqui é mortal. Um dia, desse balcão foi jogada uma pessoa que se estatelou nas pedras.

— Quando isso aconteceu? — perguntou Mushka curiosa, olhando para Renoir, que inclinou-se para ela e parecia devorá-la com os olhos.

"Isso é que é a verdadeira paixão! Acho que vou casar com ele. Já está na hora de me arrumar!", pensou ela com jactância. Vendo que o seu acompanhante ficara calado, ela acrescentou:

— Por que o senhor não me conta? Quando aconteceu essa desgraça?

— Esse crime aconteceu há muito tempo, mas o sangue da vítima até hoje clama por vingança — respondeu finalmente Renoir.

Então, em poucas palavras, contou a história de Savari, as intrigas de Mariam e a morte trágica de Angela e do cavaleiro.

— O cruel Barão atraiu o cavaleiro para esse mesmo balcão em que estamos agora, agarrou-o de surpresa e jogou-o no precipício. Somente um grito, o grito da hora suprema, soou no ar. Mas ele soa até hoje, pois esse assassinato ainda não foi vingado — concluiu Renoir com voz surda.

À medida que ele falava, a cortesã foi sendo tomada por uma crescente preocupação, que se transformou em horror. Realmente, naquele momento, o rapaz estava horrível. Em sua roupa vermelha, ele lembrava um carrasco. Seu olhar malévolo e ameaçador, parecia transpassar Mushka. Um sorriso diabólico distorceu os seus lábios, revelando dentes de uma cegante alvura.

Mushka sentiu seu sangue enregelar e os cabelos arrepiarem. Um suor frio cobriu seu corpo. Ela não sabia o nome de seu acompanhante, mas, repentinamente, lembrou que o Marquês contava sobre um louco que imaginava ter vivido naquele mesmo castelo há quatrocentos anos atrás. Seria aquele o tal indivíduo perigoso?

— Sente medo, linda cigana? — perguntou novamente Renoir. — Veja que ele também sentiu... aquele que caiu no abismo... Não gostaria de saber que nome usam, atualmente, o cavaleiro e a Mariam?

O sangue afluiu para o coração da cortesã e um gélido calafrio correu por seus membros. Sim, esse era o tal louco e ela estava sozinha com ele naquele lugar perigoso! Mushka correu para a porta e quis sair para o quarto vizinho, mas Renoir impediu a sua passagem, empurrando-a com tanta força que ela cambaleou e bateu contra o balaústre de pedra. Naquele momento, da Torre do Diabo ouviu-se o longo badalar do sino.

— Ah! Eis o sinal! O próprio satanás a aguarda, maldita cigana! — exclamou Renoir com o rosto desfigurado. — Veja! Lá está ele, vermelho e terrível, estendendo a mão para cá. Tome! Pegue-a! Ela, há muito tempo, pertence-lhe! — gritou ele com voz rouca e irreconhecível.

Com extraordinária agilidade e força, Renoir levantou a cigana e jogou-a no abismo. Naquele instante, fogos de artifício, lançados nas ruínas, iluminaram com luz sangrenta a torre, o abismo e a figura humana que apareceu por um segundo sobre o abismo e, em seguida, desapareceu na escuridão. Um grito horrível soou no ar, mas foi abafado pelo som da orquestra e o rugir das águas turbulentas. Depois, tudo ficou silencioso, pois a música parou.

Pálido, de olhos esbugalhados, Renoir, coberto de suor, jogou o corpo para trás e encostou-se na porta. Mas, aquela fraqueza não durou mais de um minuto. Tranquilo, como se nada tivesse acontecido, Renoir aprumou-se, inclinou-se sobre o balaústre e dirigiu o olhar para o abismo silencioso. Em seguida, com passo firme, começou a descer as escadas.

Quando Renoir passava perto do monte de pedras, onde Mushka queria descansar, ele encontrou Berange, que andava apressado e parecia procurar alguém. Na verdade, o Marquês estava inspecionando as ruínas para certificar-se de que Mushka já tinha ido embora, pois a qualquer minuto as cornetas soariam chamando os convidados para o jantar. Ele soube, por acaso, que alguns deles viram a excitante cigana dirigir-se para os muros de braço com Renoir. O Marquês, então, ficou muito preocupado. Aquele doido varrido poderia ser perigoso, especialmente durante aquela festa, que confirmava as suas estranhas ideias.

— Ah, senhor Renoir! Viu, por acaso, alguma dama fantasiada de cigana por aqui? Ela é uma amiga minha e prometeu dançar comigo a próxima quadrilha — perguntou respeitosamente Berange.

Renoir parou e seus lábios formaram um sorriso.

— Uma cigana? Conheço. Também sei que ela é uma velha amiga sua. Sim, eu a encontrei... Ela agora está onde deveria estar — junto com o diabo que a levou e que também o aguarda.

Com a rapidez de uma pantera, Renoir atirou-se sobre Berange, agarrou-o e arrastou-o para perto do precipício. Apesar do ataque inesperado, o Marquês reagiu energicamente. Iniciou-se uma luta terrível e mortal. As forças do louco pareciam duplicadas. Ele apertou a sua vítima com violência e, passo a passo, aproximava-se do precipício, apesar da desesperada reação do Marquês.

— Socorro! Socorro! — gritava Berange.

Naquele momento crítico, apareceu Bertrand. Ele procurava o amigo para perguntar-lhe onde estava Alice, pois a ausência dela já se fazia notar.

Ao ver Berange debatendo-se nos braços de Renoir, a dois passos do abismo, onde ambos estavam prontos a cair, ele agarrou o Marquês pelo braço, na esperança de salvar a ambos. Para o seu indescritível horror, naquele mesmo momento, Renoir perdeu o equilíbrio ao pisar em falso numa pedra. O peso do corpo arrastou-o, quebrando a fivela do cinto do Marquês. O infeliz, sem um grito sequer, rolou da colina, enquanto Berange, seguro pelo amigo, caiu para trás com grande impacto. Na queda, ele bateu a cabeça numa pedra e desmaiou.

Os gritos de Bertrand chamaram a atenção de algumas damas e cavalheiros que passeavam por perto. Pode-se imaginar a surpresa deles, ao verem o Marquês caído sem sentidos, com a cabeça ensanguentada, roupa rasgada e ao ouvirem o incrível relato sobre o que tinha acontecido.

O Marquês foi levantado imediatamente. Felizmente, entre os convidados estava o doutor Arnold, que lhe fez um curativo temporário e disse que o ferimento não era grave. Depois, começaram a procurar Renoir. Um dos homens teve a ideia de jogar uma tocha acesa no abismo e, então, todos viram o corpo do infeliz preso nos arbustos.

Com a ajuda de escadas e cordas conseguiram içá-lo. Renoir estava muito ferido e não apresentava sinais de vida. Após ser tratado dos curativos, o rapaz foi levado numa maca para a sua própria vila. O médico disse que ainda não podia prognosticar sobre o seu estado. Ele resolveu acompanhar Renoir e, para Berange, passou um remédio que devia ser imediatamente mandado buscar na farmácia. Ao amanhecer, ele viria novamente ver o Marquês.

Aquele foi o triste fim do baile que todos aguardaram com tanta ansiedade. Os convidados apressaram-se em ir embora, discutindo alto o triste acontecimento e falando baixinho sobre a estranha ausência da anfitriã, que não apareceu nem para acudir o marido ferido.

Duas horas após aquele trágico acontecimento, Marion e Gunter estavam sentados sozinhos na sala de visitas da vila. O Marquês ainda estava desmaiado, sendo cuidado por Suzanna, completamente desolada.

— Deus do Céu! O que aconteceu com Alice? Será que o louco fez algo com ela? Eu vi quando eles saíram juntos e agora ninguém consegue encontrá-la. Encontrei no chão do banheiro o traje e as jóias que usava! — exclamou a senhora Laverdi, andando pela sala em febril preocupação.

Gunter, que estava sentado pensativo, levantou a cabeça e disse com um sorriso:

— Acalme-se! Não aconteceu nada de ruim com a Marquesa, além de uma ofensa sem precedentes da parte de seu marido. O resultado disso foi que ela deixou, imediatamente, a vila e retornou a Paris, para a casa de seu ex-tutor.

— Mas, o que aconteceu? Como ficou sabendo disso, Gunter?

O jovem marinheiro contou-lhe, resumidamente, tudo o que ouvira de Alice e sugeriu a Marion irem para casa, pois a situação do Marquês não era grave. Além disso, não sentia por ele nenhuma compaixão ou simpatia.

Quando já estavam chegando ao seu castelo, Marion, mais uma vez, rompeu o silêncio e exclamou:

— Simplesmente não consigo esquecer esse Renoir. Acho que essa infeliz festa e os trajes reforçaram, de repente, a sua demência, provocando essa catástrofe.

— Pois é. Desde o início da festa ele estava muito estranho e acho que era preciso tê-lo deixado sob observação — disse Gunter.

— Estranho, não? Ele estava horrível e já falava coisas sem sentido. Dancei com ele. Como estava muito quente no salão, eu quis descer. De repente, ele apontou-me a Torre do Diabo e disse com ar misterioso: "Senhora, preste atenção! Exatamente à meia-noite soará o sino da Nêmesis,[22] o sino mágico... Olhe para aquela janela! Lá está Samuel, em trajes festivos, aguar-

22 Nêmesis - Deusa grega da vingança e da justiça.

dando duas almas desprezíveis, que até hoje escaparam-lhe." O senhor acredita que senti um calafrio e, naturalmente, tive medo de olhar para a janela que ele apontava. Mas para transformar a conversa numa piada, perguntei: "Mas, senhor Renoir, de quem são essas almas?" E ele respondeu com um olhar funébre: "Daqueles que estarão faltando após o baile." Uma das vítimas é o Marquês, que Renoir considerava o barão-feiticeiro. Mas, quem seria a outra vítima?

— Esperemos que não haja mais vítimas! Quanto ao Marquês — seja ele barão-feiticeiro ou não — mereceu o susto.

— Tem razão, Gunter! A insolência de trazer a cortesã para o nosso meio, e arranjar um encontro com ela no "budoir" da própria esposa, ultrapassou todos os limites. Fico contente que Alice tenha tido energia suficiente para partir de imediato. Eu também vou embora! Essas ruínas me incutem medo e horror. Se Renoir morrer, então, ele também vai começar a perturbar aqueles que o conheciam. Brrr! Amanhã mesmo volto a Paris.

— Nesse caso, interceda por mim junto à sua amiga e ajude-a a reunir forças para a ação de divórcio que pretende iniciar. Não irão faltar pessoas que tentarão conciliá-los, — disse o rapaz, apertando a mão de sua acompanhante.

— O que significa esse pedido, Gunter? Confessou seus sentimentos a Alice?— exclamou Marion, emocionada.

— Sim, nós nos declaramos! Ela me ama. Assim que se realizar o divórcio irei vê-la e ficaremos noivos. O Marquês prometeu à sua amante que se casaria com ela e, por isso, da parte dele não haverá problemas.

— Pode contar comigo, Gunter! Desejo muitas felicidades tanto para você quanto para Alice. Mas, devo prevenir a ambos que terão de enfrentar grandes dificuldades. O Barão de Bordele fará de tudo para impedir o divórcio. Ele, naturalmente, não vai querer que o seu sobrinho e único herdeiro case com uma mulher de rua. O melhor meio de impedir essa loucura é o casamento oficial de Berange. Por isso, o tio tomará todas as medidas para que esse casamento não seja desfeito.

— Tem razão! Mas Alice é um ser humano e possui direitos. Não se pode usá-la como escudo contra as maluquices do Marquês.

— Naturalmente que não! De minha parte, tudo farei para atrapalhar a conciliação, mesmo que para isso tenha de brigar com o velho. Mas, quanto ao senhor, Gunter, está completamente livre? Baseado em certas indiretas de minha sogra, eu supunha que o senhor já estava noivo.

— Noivo? Não. Simplesmente existe um projeto de casamento, ao qual não respondi nem sim, nem não, pois, naquele tempo, ainda não amava Alice. O meu irmão mais velho quer que eu me case com a sobrinha de sua esposa, que possui uma linda propriedade e é vizinha de minhas terras, na Turíngia. Seria uma união bastante vantajosa. Thea é uma moça muito bonita e boa, apesar de não possuir a beleza ideal e transparente e o caráter angelical de Alice. Quanto ao interesse monetário, jamais sacrificarei a minha felicidade pelo dinheiro.

❀

No dia seguinte, quando Bertrand foi visitar o amigo, este sentia-se bem melhor, apesar de estar bastante fraco. O médico disse-lhe que após duas semanas não restaria nem sinal daquele acidente. O Marquês precisava somente ficar em casa e gozar de completa paz. O médico contou-lhe que Renoir tinha recuperado a consciência, mas estava escarrando sangue, o que indicava, sem dúvida, uma hemorragia interna mortal. Como a Marquesa não se encontrava em casa, ficou acertado que uma enfermeira iria cuidar de Berange.

— Não consigo entender o que fez Alice ir embora, tão inesperadamente, e sem me avisar — disse o Marquês num tom de insatisfação. — A senhora Laverdi disse para Suzanna que Alice recebeu um telegrama e viajou com urgência para visitar a tia doente. Não consigo entender o objetivo dessa mentira idiota, pois sei que ela não tem nenhuma tia!

— Acabei de ver em sua escrivaninha uma carta endereçada a você. Muito provavelmente é de sua esposa. Vou buscá-la.

Ao ler a carta deixada por Alice, o Marquês empalideceu e franziu o cenho. Depois, amassou o papel com raiva e enfiou-o no bolso.

— Por que ficou zangado? Alguma notícia ruim? — perguntou Bertrand, que o observava.

— Sim! Um capricho feminino! Infelizmente, cometi o descuido de ceder aos pedidos de Mushka e permiti que ela viesse ao baile. Em seguida, aquela diabinha quis, porque quis, visitar a vila, pois aconteceu algo com o seu traje. Fomos até a vila e durante uns quinze minutos namoramos no "budoir" de minha esposa. Por um diabólico acaso, Alice nos viu. O resultado disso foi a viagem, os gritos, as ofensas e, provavelmente, uma série de cenas com o tio.

— Bem, a Marquesa tinha o direito de agir assim. Trazer a "Alegria dos rapazes" ao "budoir" dela! Isso foi demais!

— Ela podia fazer uma cena para mim e não precisava levantar um escândalo público e apelar para o tio! — exclamou Berange, vermelho de raiva.

Ele nada disse sobre o divórcio, mas a perspectiva do processo deixava-o desesperado.

Temendo que uma forte emoção prejudicasse o paciente, Bertrand aconselhou-o a acalmar-se:

— Não se preocupe! A raiva das mulheres não costuma ser duradoura. Mas, me conte, por que estava brigando com o louco?

— Não houve motivo. Logo que Renoir apareceu, usando o ridículo traje de carrasco, ele já me pareceu muito suspeito. Quando eu soube que o viram de braço com Mushka, fiquei muito preocupado. Mushka teve a infeliz ideia de fantasiar-se de cigana. Você conhece o ponto de loucura de Renoir. A crônica do capelão, que confirmava tão estranhamente as alucinações dele, enlouqueceu-o definitivamente e a cigana desempenhava um papel fatal naquela lenda. Por isso, corri a procurá-lo. Encontrei-o sozinho e perguntei-lhe, respeitosamente, se não tinha visto uma certa dama em traje cigano. Renoir, imediatamente, começou a falar suas besteiras, dizendo que o diabo já tinha carregado a maldita cigana e que também estava me aguardando, pois eu ainda não tinha pago pelos meus pecados. Então, ele me agarrou e começou a me arrastar, sem parar de repetir que as minhas vítimas exigiam o meu sangue. Ó! Aqueles foram momentos terríveis que jamais vou esquecer — concluiu o Marquês, estremecendo.

Quando algumas horas depois Bertrand se despediu de seu amigo, este disse-lhe:

— Como a minha mulher achou necessário deixar-me, peça a Mushka para vir me visitar na minha solidão. Isso vai me distrair um pouco. Mas diga-lhe para vir à noite para que a criadagem não a veja. Ela pode deixar a carruagem na estrada e entrar na vila pelo pequeno portão do jardim. Pegue a chave do portão na mesa de cabeceira e entregue-lhe.

— Não, hoje não vou fazer o que me pede, pois você precisa descansar! Durma e reúna forças. Amanhã mesmo lhe mandarei a sua Mushka, apesar de achar que a visita dela não vai ajudar muito na sua reconciliação com a esposa.

— Não admito que ninguém me dê ordens! — retrucou Berange com raiva e teimosia.

Voltando ao hotel, Bertrand encontrou um bilhete de Casimira, informando que Mushka não tinha voltado para casa e que a sua porta estava fechada à chave; perguntava ainda se ele sabia onde ela estava.

Bertrand teve um mau pressentimento. Foi imediatamente ver Casimira, mas ela só sabia que a amiga fora ao baile. Então, ele voltou para as ruínas e começou a inquirir os trabalhadores e

J. W. Rochester

criados, mas eles nada sabiam. Somente o cocheiro Jack contava que tinha visto a cigana passear de braço com Renoir. Depois, pareceu que ouvira um grito dilacerante, mas não distinguiu de onde vinha aquele grito, que fora abafado pela música.

"Será que ela realmente foi morta pelo louco?", pensou Bertrand. "Em todo caso, não vou falar nada a Berange, até que tudo se esclareça."

Por via das dúvidas, deu mais uma volta pelas ruínas, visitou o balcão fatídico e examinou, atentamente, o precipício, mas não havia nenhum sinal da cortesã. Ela, entretanto, estivera sem dúvida no balcão, pois lá encontrou caída no chão a sua máscara de veludo negro.

Bertrand voltou para casa muito preocupado. Como a linda cigana não retornara nem à noite e nem no dia seguinte, ele achou por obrigação informar as autoridades.

Após o almoço, o cocheiro que levou à cidade uma carta do Marquês, retornou muito desolado e contou no setor da criadagem, que a cortesã tinha desaparecido!

— Desde aquela noite ninguém mais a viu. Hoje, o comissário abriu a porta do seu quarto. Lá tudo estava em desordem. Os vestidos espalhados de qualquer jeito, as gavetas da cômoda abertas e na escrivaninha havia uma carta somente iniciada. Nenhum sinal de Mushka. Casimira chorava sem parar, pois Mushka era sua patrocinadora e juntou-a com o senhor Bertrand, que lhe pagava muito bem. Entre as malfeitoras também existe amizade.

— Deus poderia castigar essa criatura nojenta que causou tanto mal à nossa pobre senhora. Eu poderia jurar que essa mulher foi o motivo da viagem da Marquesa— observou Suzanna. — Mas, quem iria mexer com ela? Ah, não! Tenho certeza que será encontrada.

— Eu não acho! Na minha opinião, o pobre louco Renoir quebrou-lhe o pescoço. Para seu conhecimento, Mushka esteve no baile do castelo. Só eu sabia disso. Depois eu a vi com o louco e ouvi aquele grito horrível.

— Mas onde ele esconderia o corpo dela?

— Muito simples! Nas ruínas existem inúmeras covas e frestas; isso sem falar no precipício.

— Em todo caso, se o senhor Renoir resolveu esse caso diabólico, então, a nossa Marquesa está livre daquela desavergonhada e insolente malfeitora.

O cocheiro balançou a cabeça.

— Ela pouco vai lucrar com isso, pois o Marquês substituirá

Mushka por uma criatura semelhante. Tal é o gosto dos nobres senhores. Se uma mulher é famosa por suas aventuras escandalosas, ou se os homens duelam por sua causa, então, ela adquire um enorme valor e todos a disputam. Mushka pertencia, exatamente, a esse tipo de mulher. Se não tivesse a proteção de ricos amantes, ela já estaria, há muito tempo, na cadeia.

Algum tempo depois daquela conversa entre os criados, Berange encontrava-se sentado em sua escrivaninha, pálido e sombrio, amassando nervosamente a carta que acabara de receber. Na carta, Alice enumerava todas as ofensas que suportara desde o dia do casamento, incluindo a carta de Mushka, que achara durante a viagem de núpcias.

"Se soubesse que era-lhe repulsiva e que iria somente constrangê-lo e atrapalhá-lo, eu, naturalmente, jamais me casaria com o senhor. Agora, estou devolvendo-lhe a liberdade que o senhor tanto lamentava. Coloque-a aos pés da mulher que o fez esquecer a honra e o dever.

Como despedida, permita-me transmitir-lhe as palavras que Renoir disse-me certa vez e que ficaram gravadas em minha memória. 'As maldades de um bandido são punidas pela lei com a prisão e a deportação. Mas, como são punidos os assassinos morais que não roubam dinheiro—um bem material—, mas um tesouro muito mais valioso: a confiança, o respeito, a felicidade, a fé e as puras aspirações da alma? Como são punidas as pessoas que assassinam, lentamente, uma vítima inocente com o seu comportamento vergonhoso, provocando ferimentos incuráveis em seu espírito?'
Alice."

Aquelas últimas linhas tiveram em Berange o efeito de uma bofetada. Uma voz interior sussurrava-lhe que Alice estava certa e que o seu comportamento em relação ao ser inocente, que lhe confiara o seu amor e e a sua felicidade, era indigno e criminoso. Algo parecido com dor de consciência moveu-se em sua alma depravada e ele procurou, com os olhos, o retrato de Alice, colocado sobre a sua escrivaninha, que trazia a imagem da jovem mulher em vestido de noiva. Em seus grandes e claros olhos refletia-se a tranquilidade da inocência. O olhar puro parecia estar dirigido a ele e penetrava fundo em seu desonrado e traiçoeiro coração. Ele aprumou-se, de repente, e arrastou-se com dificuldade até o dormitório. Deitou na cama, mas a imagem de Alice e as palavras de Renoir continuavam a persegui-lo. Alice

　　　　　　　　　　J. W. Rochester

exigia o divórcio! Não, ele nunca iria concordar com aquilo e não iria abrir caminho para Gunter, de quem suspeitava por interessar-se demais por Alice.

As horas bateram meia-noite e deram nova direção aos pensamentos do Marquês.

"Então, parece que Mushka não vem! Bertrand, provavelmente, conseguiu convencê-la por se preocupar demais com a minha saúde", pensou o Marquês.

Naquele instante, o farfalhar de um vestido acompanhado de um estranho ruído que lembrava o estalar de galhos na fogueira fez Berange estremecer. Ele endireitou-se rapidamente e dirigiu o olhar para a mulher que estava em pé no meio do quarto, enrolada numa capa preta.

— Mushka! É você? — perguntou Berange, surpreso e emocionado.

A mulher afastou o véu e aproximou-se dele com passos leves e silenciosos. Era realmente Mushka. Ela estava terrivelmente pálida e suas olheiras tinham um reflexo azulado, como acontece com os mortos. Seus olhos ardentes tinham uma expressão indescritível e os lábios semi-abertos estavam vermelhos como sangue.

— O que você tem, Mushka? Está doente?

A cortesã balançou a cabeça.

— Não, estou bem. Se você não contar a ninguém sobre essas minhas visitas, virei visitá-lo sempre, meu Berange. Mas uma indiscrição de sua parte pode acabar comigo! Se me ama, então, ficará aqui. Virei visitá-lo e lhe darei o meu amor.

— Ó! Se você deseja assim, eu, é claro, ficarei calado. Mas, conte-me o que aconteceu? De quem você se esconde?

— Numa outra hora lhe contarei tudo; agora só quero a felicidade de ver você novamente — respondeu a cortesã, caindo nos braços de Berange. Os lábios com que beijou o seu amante estavam frios como gelo.

Berange respondeu, apaixonadamente, aos seus abraços. Mas, de repente, sentiu uma vertigem e caiu no encosto do sofá. Ele foi tomado por um torpor agradável que, aos poucos, transformou-se em exaustão total, acompanhada de uma estranha sensação. Parecia que de seu corpo saíam fluídos de calor e vida e que seus membros esfriavam e tornavam-se pesados. Ele próprio não conseguia determinar quanto tempo tinha durado aquele estado, quando acordou de repente.

Mushka estava sentada ao seu lado e apertava as suas mãos. Seu rosto estava levemente corado e somente os olhos fosforescentes olhavam para o Marquês com a mesma estranha expressão, provocando nele sensações nunca antes sentidas. Parecia que nunca a tinha visto tão linda e sedutora. Um ímpeto de paixão tomou conta dele e, esquecendo de tudo, apertou-a contra o próprio peito.

Assim que apareceram os primeiros sinais do amanhecer, Mushka levantou-se.

— Até logo, querido! Devo deixá-lo agora. Se guardar o meu segredo como prometeu vou continuar a visitá-lo.

Ela passou os braços em seu pescoço e, de despedida, encostou os seus frios lábios nos lábios do amante. Em seguida, com incrível agilidade e leveza dirigiu-se para a porta e sumiu tão depressa, que poderia-se pensar que tinha se dissolvido na cortina.

Berange ficou só. Sentia um cansaço tão grande, que não conseguia mover-se; e ficou deitado, completamente exausto. Dava a impressão que toda a energia vital o havia abandonado. Depois adormeceu um sono profundo, mas pesado e intranquilo, como pesadelo.

No dia seguinte, o Marquês acordou muito tarde. Estava tão debilitado que na refeição, em vez do leite prescrito pelo médico, tomou um copo de vinho velho. Em seguida, foi ao gabinete, releu mais uma vez a carta de Alice e, com a cabeça fria, escreveu-lhe a resposta.

Bertrand, que o encontrou naquela ocupação, tinha um ar preocupado e contou ao Marquês sobre o desaparecimento de Mushka. A aparência debilitada de Berange e sua terrível palidez surpreenderam-no.

— Você está com uma aparência feia, Berange! O que tem? Está doente, ou a partida de sua esposa entristeceu-o a tal ponto? Essa carta que escreve deve ser para ela, acertei?

— Acertou! E que carta! Mas, é melhor que leia você mesmo — disse o Marquês, fazendo uma careta e entregando a carta ao amigo. Bertrand colocou o "pince-nez" e leu a meia-voz:

"Querida Alice!

Nunca poderia imaginar que em seu pequeno e angelical coração pudesse caber tanto ciúme e raiva. Como pode você levar tanto ao coração a minha extravagância, que reconheço como indigna e idiota, mas provocada por excesso de champanhe? E digo mais! Como pode você pensar por um minuto sequer que em vez de você eu prefiro uma mulher caída, que somente brinca de amor? Não e não! Amo só a você! Descarte todas as minhas loucuras; você sempre foi e será a verdadeira rainha do meu coração, o anjo puro do meu lar!

Você fugiu de mim, minha querida, e escreveu-me uma carta cruel e rude, na qual exige o divórcio. Permita-me dizer que nunca concordarei em separar-me de você. Em compensação, juro-lhe que jamais se repetirá a cena que tanto a ofendeu. Se eu não estivesse doente agora, então, em vez desta carta, iria pessoalmente implorar-lhe de joelho o perdão.

Talvez você ainda não saiba que o Renoir quis me matar e que estou sofrendo com um ferimento na cabeça. Assim que melhorar irei imediatamente a Paris para cair aos seus pés, minha adorada Alice! Espero que até lá a sua raiva já tenha passado e você trate com condescendência o seu frívolo e arrependido,

Berange."

— Bravo! Que estilo! Que linguajar envolvente! O seu arrependimento é incontestável. Se a Marquesa não estiver com segundas intenções, então, ficará sensibilizada e o perdoará — disse Bertrand, rindo. — Mas, você realmente não quer se separar de sua esposa ideal?

— Mas, que diabos! Por que iria me divorciar? Alice quase não me oprime!

— Mas, você a oprime! E, se ela, de repente, encontrar alguém que a console de suas loucuras? Então, na certa vai exigir o divórcio. Aliás, o alemão louro me parece muito suspeito.

— Ela que experimente exigir a separação! Não vou dar e basta! Uma esposa tão conveniente como ela, é uma ótima garantia contra quaisquer pretensões de outras mulheres. A Mushka, por exemplo, ia querer preencher a sua vaga imediatamente. Não, nunca vou fazer isso! Apesar de toda a minha adoração, a perspectiva de transformar em Marquesa uma mulher capaz de enfiar a mão no meu bolso não me agrada nem um pouco.

— Compreendo tudo isso — disse Bertrand. — Mas, agora você já não precisa se preocupar com a concorrência de Mushka. Vim aqui exatamente para transmitir-lhe tristes novidades sobre ela.

— Que novidades? — perguntou curioso o Marquês.

— Ela desapareceu e ninguém consegue localizá-la. Deixou tudo bagunçado no quarto, como alguém que iria se ausentar por algumas horas. Mas não voltou para casa desde o dia do baile e temos motivos para acreditar que morreu.

— Ó! Como vocês chegaram à essa conclusão? — perguntou

Berange com um sorriso malicioso.

— Bem, ontem à noite faleceu Renoir. Antes de morrer, ele quis se confessar com um padre e revelou na confissão que, por ordem dos Céus, realizou uma execução e jogou a maldita cigana no abismo, daquele mesmo balcão de onde certa vez foi jogado Savari. O padre achou por obrigação comunicar às autoridades aquela declaração do louco, mas a procura do corpo não trouxe qualquer resultado.

Ao ver o Marquês soltar uma sonora gargalhada, Bertrand calou-se.

— Por que está rindo? — observou ele, intrigado.

— Rio, porque tudo isso é um absurdo! Nunca vão achar o corpo de Mushka, pois ela está viva.

— Isso é incrível, Berange!

— Se você jurar guardar absoluto segredo...

— Eu juro!

— Então, saiba que Mushka esteve comigo na noite passada.

— Mas, que diabos! Nesse caso, por que fica se escondendo? Onde está ela? — indagou o amigo ao Marquês.

— Isso, nem eu sei. Mas ela me implorou para não dizer a ninguém que a vi. Começo a imaginar que ela se esconde, porque durante o baile deve ter furtado alguma jóia... talvez até do Renoir. Ou, pode ser que tenha roubado alguma coisa da loja, pois a pobre coitada sofre de cleptomania. É provável que eu tenha de pagar por isso.

O senso de delicadeza e da própria dignidade estavam atrofiadas a tal ponto no Marquês que, apesar de seu aristocrático orgulho, ele não ficava chocado com suas relações íntimas com uma ladra, que escapara da polícia correcional somente graças ao acaso e à bondade de seus amantes.

Bertrand tinha ainda menos capacidade de entender toda a sujeira e a indecência da piada do amigo. E eles, dignos um do outro, riram alto. Depois, passaram a falar de Alice.

— Então, ela está irredutível em sua decisão de não dar o divórcio?

— Totalmente! Ela pode apelar até ao próprio papa!

— Mas a culpa é toda sua; e as visitas atuais de Mushka, obviamente, você não vai reduzi-las, não é?

— Aquilo foi uma pequena besteira cometida por causa da raiva provocada pela partida de Alice. Sem dúvida, agora a pobrezinha está muito furiosa e enciumada. É preciso dar-lhe tempo para acalmar-se. Depois, vou jogar sobre ela o monsenhor Borken, o prelado que nos casou. Ele lhe falará sobre o dever, as obrigações cristãs de perdoar as ofensas, sobre a santidade do matrimônio etc.

— Para ele é fácil falar, pois indica um caminho que jamais irá seguir— observou Bertrand.

— Isso não tem importância! Bons sermões sempre têm bons efeitos sobre as mulheres, especialmente quando elas são do tipo de minha esposa. Em seguida, assumo a aparência de pecador arrependido, que também funciona bastante. Quero ser amaldiçoado se não conseguir o perdão "In Urbi et Orbi"![23]

— Ah-ah-ah! E depois, vai passar a noite na companhia de Mushka? — exclamou Bertrand, segurando a barriga de tanto rir.

O Marquês nada respondeu e, sorrindo, ficou torcendo o bigode. Instantes depois, observou num tom irreverente:

— Agora nota-se que você carrega o jugo matrimonial há muito mais tempo que eu! Você conhece bem todos os segredos da vida conjugal.

— As circunstâncias obrigaram-me a isso! Como não se tornar corajoso com um pouco de bom senso, se por qualquer besteira paga-se tão caro. Basta esquecer um lenço com marcas suspeitas no bolso, luvas deixadas por acaso na mala ou bilhetes deixados cair à vista da legítima esposa e, pronto, a tempestade está formada!

— Infelizmente, você está absolutamente certo. Às vezes penso que as nossas esposas nos odeiam, em vez de nos amar — disse o Marquês.

— Em todo caso, elas dão-nos as costas sem qualquer compaixão e traem-nos com prazer, para pagar-nos na mesma moeda. Depois de uma cena e repreensões mútuas (isso aconteceu seis meses depois do nosso casamento), eu disse à minha mulher que nossas aventuras amorosas são passageiras, que pertencemos até a morte às nossas legítimas esposas e, por isso, exigimos a sua fidelidade. Sabe o que ela respondeu? "Sei que vocês só tornam-se caseiros quando as suas pernas deixam de obedecê-los. Quando chegam ao fim da linha e as mulheres não mais os atraem, vocês voltam para casa com reumatismo, gota e rabugice. Aí, então, a esposa deve cuidar de vocês. Portanto, não é bastante justo que ela se divirta antes de assumir essa alta missão?"

— A bondosa senhora Bertrand não está tão errada! Por isso, quem teve a sorte de conseguir um anjo que reconhece somente a segunda parte da missão feminina, deve fazer de tudo para mantê-la consigo — respondeu o Marquês, rindo.

Com isso, os amigos se despediram de muito bom humor.

---

23 "In Urbi et Orbi" - Do latim, para a cidade e para o mundo. No texto: em toda parte.

À noite Berange ordenou que servissem o jantar em seu quarto e trancou-se à chave. Dispensou a enfermeira, dizendo que não precisava de seus préstimos. Ele queria ficar só e aguardava Mushka, por quem estava apaixonado como nunca.

Mas, o relógio bateu dez horas, depois onze e ninguém aparecia. Berange sentiu uma insuportável preocupação. Algo apertou o seu coração e pela pele passava, alternando-se, um gélido calafrio ou um forte calor. Com a cabeça pesada, o rapaz saiu para o terraço querendo refrescar-se no ar frio noturno, mas a excitação nervosa era tão grande que cada sopro do vento, o menor ranger da areia sob os pés de algum criado atrasado, fazia-o estremecer. Com febril impaciência, o Marquês apurava o ouvido, tentando, captar o ruído de passos leves ou o farfalhar do vestido de seda da cortesã.

Por fim, jogou-se na poltrona e fechou os olhos pensando em tirar um cochilo para matar o tempo, mas a excitação era tão grande que agitava todo o seu corpo e ele caiu numa espécie de torpor.

O toque de algo frio fê-lo estremecer e endireitar-se. Sobre ele debruçava-se Mushka, vestida com o mesmo traje e enrolada num véu negro. O toque de seus dedos frios tirou-o do torpor.

— Enfim, você veio! — exclamou Berange, abraçando-a apaixonadamente. — Sabe, Mushka, que nunca a amei tanto quanto agora?

A cortesã sorriu e seus olhos faiscaram com um fogo estranho.

— Ó! Eu também nunca o amei desse jeito. Você, você é a minha vida!

Ela apertou os seus lábios púrpura e frios nos lábios de Berange e este novamente sentiu a força vital escapar-lhe.

O Marquês levantou-se e, com dificuldade, foi com Mushka para o outro quarto. Um calafrio gélido passava por sua espinha e ele ansiava pelo calor e luz do quarto.

À luz da lâmpada, Berange novamente ficou estarrecido com a terrível palidez azulada de Mushka. Ofereceu-lhe uma torta e carne, mas ela não quis comer e somente molhou os lábios no vinho.

— Ouça-me, querida! Você está doente e com má aparência. Sente-se mal? Precisa de algo? Espere um pouco, vou dar-lhe algum dinheiro.

O Marquês abriu a carteira e queria tirar uma cédula, mas Mushka deteve-o com a mão. Um estranho sorriso vagava por seus lábios.

— Não, não! Não preciso de dinheiro. Tenho tudo o que

quero e o resto me dá o seu amor.

Muito impressionado, o Marquês pôs a carteira de volta no bolso e olhou para a companheira com incredulidade. Pela primeira vez, a ávida e insaciável Mushka recusava dinheiro. O que lhe teria acontecido para provocar tal mudança?

Como na noite anterior, Mushka foi embora ao amanhecer, prometendo voltar. Berange estava completamente quebrado e esgotado e sentia-se ainda mais apaixonado por ela. Parecia que não conseguiria sobreviver nem algumas horas sem aquela mulher e que ela era-lhe necessária como o ar. Sentia que certos laços prendiam-no a Mushka e que até o seu respirar estava ligado a ela.

Passaram-se dez dias. Berange emagrecia a olhos vistos e ficava cada vez mais pálido. Seu rosto assumiu um reflexo de palidez cadavérica, e os olhos, ou ardiam febrilmente ou embaçavam e ficavam apagados. O médico não conseguia entender aqueles estranhos sintomas, enquanto o Marquês não dizia uma palavra sobre o fato de estar definhando devido às orgias noturnas. Assim, encontrava-se completamente em poder de sua terrível amante. Dormia a maior parte do dia e somente com a chegada da noite parecia reanimar-se numa excitação febril.

Enquanto isso, corriam pela casa boatos estranhos. Os misteriosos jantares diários despertaram suspeitas entre a criadagem. Passaram a vigiar o Marquês, mas não conseguiam saber quem o visitava, apesar de ouvirem os sussurros de duas vozes vindo do seu quarto.

Certo dia, Suzanna chegou na cozinha visivelmente desolada.

— Agora sei quem visita todas as noites o Marquês! Não é outra senão a sua amante. Será que esse homem perdeu completamente a vergonha a ponto de receber essa malfeitora no dormitório da nossa querida senhora?

— Você pode estar enganada, Suzanna! Mas, uma coisa é certa, a mulher que visita o Marquês é muito esperta. Não dá para entender como ela chega até lá.

— É verdade — prosseguiu o mordomo — eu e Jack ficamos vigiando o terraço, o portão do jardim e o saguão e não conseguimos ver nada. Não passa ninguém e, de repente, num piscar de olhos, ela já está com ele e estão conversando.

— Isso tudo é verdade. Mas, não pode ser Mushka, pois ela morreu— disse o cocheiro.

— O que está dizendo, Jack? Acabei de escutar com meus próprios ouvidos, quando o Marquês falou: "Minha adorada Mushka!" Ah, não! Esse sem-vergonha e aquela sua Mushka fazem um verdadeiro escândalo! — exclamou a governanta, dando uma cusparada de raiva.

De repente, todos emudeceram e se entreolharam.

— Nesse caso, é o próprio demônio que está lá! — exclamou Jack. — Mushka sem dúvida desapareceu. Hoje, de manhã, Rosa, a criada de Casimira, me confirmou que não há notícias dela e que o senhor Renoir, ao morrer, confessou ao padre ter jogado a cigana no precipício e, até hoje, ninguém voltou vivo de lá..

— Santo Deus! — exclamou a cozinheira. — Então, o pastor André não estava mentindo!

— O que foi que ele falou?

— Ele veio hoje para receber o pagamento pelo serviço de pastar gado. Começamos a falar do baile que terminou tão tragicamente. Então, ele me contou que estava sentado no vale querendo apreciar os fogos de artifício. Como as ruínas estava bem iluminadas, ele enxergou no pequeno balcão duas figuras humanas. Em seguida, ouviu um grito horrível e algo caiu no precipício. Muito assustado, ele correu até as ruínas e começou a perguntar às pessoas quem tinha caído no abismo, a fim de tentar ajudar o infeliz. Mas, todos riram dele e o enxotaram, dizendo que estava bêbado.

— Ah, não! É preciso desvendar esse caso. Senhores, prometo que amanhã mesmo lhes contarei quem visita o Marquês — disse o cocheiro, energicamente, mas recusou-se a explicar como pretendia fazer aquilo.

No dia seguinte, todos os criados reuniram-se no quarto da cozinheira, exceto o cocheiro Jack. Este demorou tanto a chegar que os outros não sabiam mais o que pensar. O mordomo já queria ir ver onde ele estava, quando a porta abriu-se, de repente, e entrou o cocheiro. Estava totalmente pálido e suas pernas tremiam como galhos de árvore ao vento. Ele entrou e desabou na cadeira sem forças. Todos correram para ele, enchendo-o de perguntas, mas Jack somente se recuperou após beber um copo de vinho e descansar por quinze minutos.

— O nosso Marquês realmente recebe a visita do demônio! Agora não me surpreende mais o fato de ele estar derretendo como cera. É o preço que paga por se relacionar com o inferno.

— Mas, o que foi que você viu?

— Vou contar-lhes tudo pela ordem. Decidi saber de qualquer jeito o que acontece nos aposentos do Marquês e, durante o dia, fiz um buraco na porta do quarto dele e o tampei. Quando ouvi a conversa no quarto, esgueirei-me como uma sombra para perto da porta. Como podem ver, estou calçando sapatilhas. O meu ponto de observação situava-se diretamente em frente à mesa bem iluminada e pude ver claramente o Marquês e, ao lado dele, a Mushka. Ela sentava-se de frente para mim. Trajava um vestido negro e tinha na cabeça um véu também negro. Mas, por Deus, como estava horrível! Seu rosto tinha um tom pálido-azulado e os olhos ardiam como duas brasas. Fiquei olhando-a como enfeitiçado. De repente, ela estremeceu, olhou com horror para a porta e começou a contorcer-se como se desejando esconder-se de alguém. Podem imaginar o que senti quando ela exclamou com voz sufocada: "Jack está nos olhando!" Seu rosto nojento ficou desfigurado e parecia que os ossos apareciam através da pele. Nunca na vida vi nada tão horrível! Nem sei como fugi, mas, provavelmente, desmaiei no corredor, pois quando voltei a mim estava no chão. Em seguida, com o que me restava de forças corri para cá. Agora não há mais dúvidas de quem é a linda visitante: ela vem diretamente do inferno, pois somente um demônio consegue enxergar o que acontece atrás da porta — concluiu o cocheiro, enchendo para si outro copo de vinho.

Todos estavam muito pálidos e, tremendo com todo o corpo, olhavam para Jack.

Quando Alice chegou a Paris, seu ex-tutor ainda não tinha retornado de Vichy. Em sua excitação, ela queria inicialmente enviar-lhe um telegrama pedindo que ele voltasse imediatamente a Paris, mas quando soube que o Barão estava sendo aguardado, o mais tardar, em oito ou dez dias, desistiu de seu intento. Um chamado inesperado assustaria o tio e poderia prejudicar o seu tratamento. Achou melhor aguardar a sua volta, além do que o caso do divórcio não sofreria com aquele adiamento. Por isso, ela se limitou a escrever uma carta a Berange.

Passaram-se alguns dias. O silêncio e a solidão total, na qual vivia, devolveu-lhe aos poucos a sua tranquilidade habitual. Mas, à medida que diminuía a sua raiva e excitação, um sentimento agudo e indescritivelmente amargo enchia o coração de Alice.

A jovem mulher instalou-se no seu quarto de solteira. Tudo ali estava cheio de recordações do tempo em que era noiva. Diante dela desfilou, involuntariamente, aquele passado, cheio de felicidade e esperança, quando Berange ocupava todos os seus pensamentos, quando ela amava-o com o primeiro arroubo de seu inocente coração. Agora, após quatro meses de casamento, ela voltava novamente para lá com a firme intenção de separar-se do marido e já tendo prometido a sua mão a outra pessoa.

Quanto mais refletia, mais reforçava o seu estado de depressão. A natureza correta, religiosa e, profundamente honesta, fazia Alice sentir dor de consciência e tristeza com a ideia de ter assumido um compromisso com Gunter sem ter cortado os laços sagrados e misteriosos que a ligavam ao marido. Naturalmente, o comportamento proibitivo de Berange iria justificá-la diante da opinião pública, mas será que Deus e a própria consciência não a culpariam?

A chegada de Marion diminuiu um pouco o sombrio estado de espírito da Marquesa. A senhora Laverdi deixara o seu castelo no dia seguinte ao baile. Ela contou à amiga, com todos os detalhes, o tresloucado gesto de Renoir, que quase custou a vida de Berange. Depois, informou que Gunter viajara para Alemanha e implorava-lhe que lhe escrevesse diretamente ou através dela, Marion.

— Ó, não! — disse Alice, com preocupação. — Enquanto eu usar o nome Bordele não posso corresponder-me com Rentlinguen!

E desandou a chorar amargamente, desabafando para a amiga tudo que se passava em sua alma.

— Entendo a sua situação, minha pobre Alice — disse Marion, suspirando. — Não é nada fácil separar-se do marido, mesmo quando ele é um homem indigno. É pior ainda quando isso acontece após um casamento tão curto como o seu, por causa das falações que o processo de divórcio vai provocar. Mas, não sofra por antecipação. Depois de tudo o que aconteceu, você deve afastar-se do marido e precisará de toda a sua energia para superar as barreiras que surgirão à sua frente. Vamos esperar que o amor de Gunter a recompense por todo esse sofrimento.

Alguns dias depois, Marion foi novamente visitar Alice e convidou-a a passar uma tarde em sua casa.

— Em casa vai reunir-se um pequeno grupo. Isso poderá distraí-la um pouco. Não, não! Não aceito desculpas. Chega de ficar se escondendo, como se tivesse cometido algum crime. Em sua testa não está escrito que você quer se separar do marido!

Alice concordou a contragosto. Na véspera, ela recebera a resposta de Berange. Cada palavra daquela frívola e insolente carta ofendia o seu orgulho e novamente provocava a sua ira. Por isso, ela foi visitar a senhora Laverdi de muito mau humor.

O grupo que se reuniu era bem maior do que supunha. Compunha-se de alegres, e não muito sérias, jovens mulheres, do tipo que Marion gostava e, principalmente, de rapazes da alta sociedade. Alice conhecia a maioria deles, pois encontrava-

-os nas reuniões sociais, quando ainda era moça. Dois deles até fizeram-lhe a corte, mas ela preferiu o Marquês, que parecia mais bonito e mais nobre do que eles.

Alegando uma dor de cabeça nervosa, a Marquesa pouco participou da conversa, mas, involuntariamente, examinava com curiosidade os sedutores cavalheiros. Agora eles lhe pareciam totalmente diferentes, pois a sua avaliação já não era mais de criança, julgando tudo de um ponto de vista inocente. A esposa de Berange aprendeu a desvendar os hieróglifos escritos naqueles rostos jovens que relatavam, com eloquência, o reverso da medalha. Aquela palidez que antes lhe parecia tão atraente e aqueles olhos cansados eram resultado de orgias e noites em claro, passadas em jogo e todo tipo de excessos.

A conversa em tom alto arrancou a Marquesa de seus pensamentos e observações. O assunto da conversa interessou-a sobremaneira. Falavam de uma jovem mulher que ela conhecia de vista e que, no ano passado, entrara com processo de divórcio. O caso se prolongou por mais de um ano e, finalmente, o divórcio saiu, pois a infidelidade do marido foi claramente comprovada.

Para grande surpresa de Alice, todos culpavam a mulher ofendida.

— O marido não queria a separação e até o último minuto tentou fazer as pazes com a esposa, mas essa idiota exaltada nem queria escutar. Ela, sem dúvida, já estava de olho em alguém que lhe agradava mais do que marido— observou um dos homens.

— Não estaria o senhor julgando com exagerada frivolidade o comportamento de uma mulher levada ao extremo por milhares de ofensas? — disse Alice, ficando vermelha de raiva. — Se não me engano, o senhor Revellion sustentava, abertamente, uma dançarina, ignorava a esposa e deixava-a sozinha. É bem provável que a pobre mulher tenha suportado uma grande luta moral antes de decidir-se pelo divórcio.

— Marquesa, nada se conserta com escândalos. A mulher que se preza, não vai levar à corte seus problemas familiares. A função de uma esposa divorciada é sempre dúbia; especialmente quando se casa pela segunda vez. Fica sempre no ar a questão: se ela separou-se porque seu marido era um homem indigno, ou porque gostou de um outro.

— Realmente, Revellion é um homem bonito e todos na sociedade gostam dele. Então, quem sabe? Se a esposa dele tivesse paciência, talvez ele sossegasse e voltasse para ela — disse uma das damas.

— Sem dúvida! As ligações com damas de classe baixa são sempre passageiras. Costuma ser não mais do que um fogo de palha que se apaga tão rapidamente quanto inflama.

— E a senhora Revellion fez tanto alarde por causa dessas bobagens? Ela nunca parou para pensar se era capaz de agradar um marido como Revellion.

— Ela não tem classe e, nos tempos atuais, a esposa, além de virtuosa, deve ser elegante e possuir o coquetismo de uma cortesã. Em vez de reconhecer a própria incapacidade de amarrar em casa uma brilhante borboleta, a senhora Revellion fez um escândalo e acabou sem o belo marido e sem a invejável posição, pois Revellion possui um ganho de mais de cem mil francos — acrescentou outra dama.

— O que se há de fazer? A juventude fala mais alto e, nos tempos atuais, já não se acham mais maridos sem pecado, que fiquem em casa e sejam irrepreensivelmente fiéis. As damas deveriam conformar-se com isso.

— Bem, isso é mais fácil falar do que cumprir! As esposas aprendem essas coisas somente após uma longa série de sofrimentos, exceto aquelas que, como a senhora Reveillon, decidem-se pela separação definitiva e se condenam à dúbia e triste existência de divorciada— observou um senhor maduro, parente da senhora Laverdi. — Tudo isso acontece porque as moças recebem uma educação absolutamente irracional. Em vez de mostrarem-se as coisas como são realmente e prepará-las para isso, enchem-lhes a cabeça com todo tipo de ilusões e poesia, deixando-as totalmente despreparadas para a realidade da vida. Ao casar, elas imaginam que estão iniciando um romance infinito e exigem do marido eterna admiração e irrepreensível fidelidade. Com suas pretensões, elas somente os constrangem e afastam, pois o homem casa não para ser escravo de uma mulher.

— Mas, primo, vocês, maridos, exigem que nós sejamos escravas de um homem só! — disse Marion.

— É verdade! Exigimos isso, prima, mas as mulheres raramente se submetem a isso — respondeu ele com um sorriso malicioso. — Mas raro ainda quando mulheres inteligentes suportam pacientemente, sem reclamar, as liberdades de seus maridos. Elas não querem entender que a felicidade conjugal nem sempre depende da fidelidade do marido.

O tema levantou uma acalorada discussão. Por fim, chegaram à conclusão que a esposa deveria calar e tudo suportar, pois o divórcio somente a comprometeria.

Alice voltou para casa ainda mais preocupada e nervosa. Então, aquela era a opinião pública sobre o divórcio! Uma opinião que perdoa ao homem até o mais monstruoso comporta-

J. W. Rochester

mento, enquanto que para a mulher a sua proteção legal — o divórcio — serve como condenação definitiva. A esposa, além das virtudes, deve possuir os encantos do coquetismo. Será que Marion estava certa, ficando indiferente às traições do marido e, por sua vez, traindo-o?

A jovem mulher passou a noite em claro. Sentia-se doente. Quando Marion foi visitá-la, assustou-se com sua aparência. Mas, Alice disse-lhe que não era nada e que já estava sentindo-se melhor. Depois, dirigindo a conversa para a discussão do dia anterior, contou à amiga as suas dúvidas e preocupações e pediu-lhe uma opinião.

Marion ficou pensativa. Passou-se um certo tempo, antes dela responder com visível vacilação.

— Sim, minha pobre Alice! A sociedade é injusta, cruel e exigente para com a mulher virtuosa, mas infinitamente complacente com todos os vícios. O passado agitado de uma mulher nunca impedirá um homem de casar-se com ela. Mas, este mesmo homem que dá o seu nome a uma mulher de reputação duvidosa, pode condenar sem piedade uma mulher que abandona o marido. Ó! Que péssimo favor nos fazem os pais ensinando-nos os princípios da virtude! Jogam-nos na vida desarmadas e indefesas, pois para viver é preciso ter garras e dentes afiados. Se o Marquês não ignorasse, publicamente, as regras de decência, seria melhor para você não divorciar-se dele e, assim, evitar a terrível luta que a aguarda ... Mas, o que você tem? Sente-se mal?

— Não, não! É só uma pequena vertigem.

Marion olhou-a de modo estranho.

— Êpa! — disse ela. — Pense bem antes de dar início ao processo de divórcio e, o principal, consulte um médico. Você precisa estar bem e absolutamente convicta de que não haverá qualquer complicação.

— Que complicação poderia haver?

— Um herdeiro, por exemplo.

Alice empalideceu, mas, em seguida, soltou uma gargalhada.

— Mas, não! Tenho certeza que não há nada disso.

— Isso é bom, pois um filho é uma corda colocada no pescoço da mulher.

Nos dias seguintes, a Marquesa sentiu-se muito bem e junto com a saúde voltou-lhe também a energia. Quando chegou o Barão, ela decidiu-se firmemente exigir o divórcio. Mesmo que Gunter tivesse vergonha de casar-se com uma mulher divorciada, ela preferiria ficar livre.

O Barão ficou muito surpreso ao encontrar a sobrinha no hotel. Quando Alice contou-lhe tudo o que acontecera, enumerou todas as ofensas que suportara desde o dia do casamento e colocou-o a par de sua inabalável decisão de exigir o divórcio, o velho cavalheiro ficou estarrecido. O imperdoável comportamento do sobrinho indignava-o. O Marquês, entretanto, continuava sendo o último dos Bordele. Se ele se separasse de Alice, nada mais iria protegê-lo dos braços de mulheres depravadas, que fariam o possível e o impossível para conseguir um marido tão nobre e rico. Talvez a própria Mushka, que fazia Berange cometer as mais vergonhosas loucuras, tivesse planejado aquela indecente intriga para levar a Marquesa ao desespero e obrigá-la a separar-se do marido.

Então, terminariam assim todos os seus sonhos — sonhos de ver o filho de Berange, que usaria o seu nome com honradez! Em vez disso, sua antiga e famosa família ia se afogar no abismo de lama e desonra! Só a ideia de Mushka, ou alguém semelhante a ela, tornar-se Marquesa de Bordele fazia o coração do velho aristocrata apertar-se dolorosamente. Por fim, o orgulho superou todos os outros sentimentos e o Barão decidiu usar de todos os meios para fazer Alice desistir daquele intento desesperado.

Após andar bastante pelo quarto, ele parou diante de Alice e disse:

— Minha querida filha! Suas queixas são inteiramente justas. Não há desculpas para o comportamento de Berange. Mas, separar-se, após quatro meses de vida em comum, é uma decisão demasiadamente precipitada. É difícil quebrar tão rapidamente os sagrados grilhões, sem nem mesmo tentar fazer a pessoa amada voltar para o caminho do dever e da virtude. Separando-se, você vai entregá-lo ao poder de inúmeras más influências e o empurrará para a lama, onde ele irá atolar-se definitivamente, perdendo completamente o equilíbrio espiritual.

— Ele não gosta de mulheres honestas! Não consigo suportar as ofensas e nem esperar até que essas criaturas depravadas larguem-no e obriguem-no a voltar para mim— observou Alice com irritação.

— Ligações com pessoas desse tipo são coisas passageiras. Elas logo enjoam, assim que se aprende a valorizar algo melhor. A sua vida conjugal foi breve demais para lhe dar o direito de condenar o seu marido. Por mais que Berange seja culpado, existem situações atenuantes em seu favor. Ele não teve mãe que pudesse dirigi-lo, ensinar-lhe sentimentos nobres e aspiração por altos ideais. A Marquesa faleceu quando Berange ainda era de colo. Privado dessa fiel dirigente, que não pude substituir, ele cresceu entregue a si mesmo. Ele se orgulhava das próprias conquistas. Mulheres sem princípios bajulavam-no e ele foi atraído, cada vez mais, pela sede de prazeres. Em sua alma reinava um caos, no qual ele não conseguia diferenciar o bem do mal. A sua esposa, portanto, deve tentar aquilo que a mãe não pôde fazer. Naturalmente, não é dando-lhe as costas com desprezo que vai conseguir esse objetivo. Reconheço que a tarefa é difícil, pois para agir sobre esse espírito indisciplinado e arrancá-lo do meio do vício, é preciso uma mão tenra, mas firme, uma inesgotável paciência e dedicação. É preciso conduzir esse insensato desleixado passo a passo até que ele avalie toda a beleza da vida familiar e a superioridade de uma mulher inteligente, pura e culta. Somente, então, ele perceberá que a esposa é o anjo da guarda de seu lar, mãe de seus filhos, seu apoio e fiel conselheira nas horas difíceis da vida.

— Mas, tio! Essa tarefa está acima das forças humanas! O senhor quer que eu sacrifique toda a minha vida na tentativa de atingir o impossível! Suportar milhares de traições e ofensas e responder a elas com delicadeza e complacência para não ferir o amor-próprio do marido? Bem, até hoje, segui exatamente esse método. Berange não ouviu de mim qualquer repreensão; eu me calei diante de todos seus atos desonrados. E, o que ganhei com isso? Novas ofensas e o apelido de idiota! — exclamou Alice, tremendo de raiva.

— Isso tudo está correto, minha querida. Mas, onde estaria o mérito de um ato de coragem que não trouxesse consigo grandes sacrifícios? Além disso, o verdadeiro amor tudo suporta e perdoa e nunca se desespera.

— Eu não amo mais Berange! Ele próprio matou em mim esse sentimento.

— Nesse caso, você nunca o amou ou apaixonou-se por outro.

Vendo que a face da Marquesa ficara ruborizada, o Barão empalideceu. Agarrando-a pela mão, ele perguntou com voz surda:

— Alice! O que significa essa sua emoção? Tenho o direito de saber. Imploro-lhe, seja sincera!

— Nada tenho a ocultar— respondeu a jovem com orgulho.

Em seguida, em poucas palavras, ela contou a história inocente de seu conhecimento com Gunter até a sua decisiva aproximação, inclusive.

— Naquela hora, quando aquela ofensa sem precedentes expulsou-me da casa de meu marido, comprometi-me com Gunter e manterei a palavra. Ele me ama. Em seu lar encontrarei paz, felicidade, e um lugar honrado próprio de uma esposa. Ninguém tem o direito de impedir-me de procurar um futuro melhor; todo ser humano tem esse direito! Tio Ernest, peço-lhe que lembre da promessa que me fez quando soube pela primeira vez do comportamento indecente de Berange. Você me prometeu sua ajuda e proteção quando eu apelasse para você. Estou fazendo isso agora e conto com a sua palavra.

O Barão passou a mão pela testa. Ele não previa essa complicação, que destruía todas as suas esperanças de impedir o divórcio. A honestidade inata tapava-lhe a boca e, somente após longo silêncio, ele respondeu com dificuldade:

— Confesso que, se pudesse prever as circunstâncias em que você me lembraria da minha promessa, jamais a teria dado. Mas, uma pessoa honesta deve manter a palavra dada. Se insistir no divórcio, não vou impedi-la e a minha amizade consigo permanecerá a mesma. Agora, como amigo, permita-me fazer uma última observação. Em questões tão importantes, a precipitação costuma ser muito prejudicial. Você corta, precipitadamente, a união com Berange e também, precipitadamente, inicia uma nova. Rentlinguen é muito simpático e, provavelmente, um homem honesto. Mas, você o conhece há pouco tempo e a aparência, infelizmente, costuma enganar bastante. Nesse sentido, o futuro é sempre incerto. Mas, o seu futuro com ele terá, sem dúvida, muitos espinhos. Sua situação como francesa e católica, entrando para uma família alemã e protestante, será muito difícil. Talvez você entre lá a contragosto dos pais dele, destruindo as perspectivas e projetos deles. Você terá de passar por muitas provações antes de obter a aceitação de todos e criar sólidas e agradáveis relações. O que virá depois, ninguém sabe. Rentlinguen pode se arrepender, de repente, após casar-se com você e satisfazer a sua paixão. Por quanto tempo o seu amor e sua proteção irão resguardá-la das espetadas dos parentes dele?

O Barão foi interrompido pelo mordomo, que trouxe numa bandeja de prata um telegrama para a Marquesa. Alice ficou muito surpresa. Quando passou os olhos no telegrama, soltou um grito alto, cambaleou e desmaiou. O Barão correu para ampará-la e ajudado pelo mordomo levou-a até o divã. Depois, com curiosidade e preocupação, leu o seguinte telegrama:

"Hoje pela manhã, o Marquês foi encontrado morto em sua cama. Venha rápido. É urgente tomar as medidas necessárias. Bertrand."

O Barão ficou olhando estarrecido aquelas poucas e lacônicas linhas. Sua mente recusava-se a acreditar que aquele rapaz jovem, cheio de vida e saúde, tivesse morrido. De que teria morrido? O telegrama nada dizia sobre isso.

Com um profundo suspiro, o Barão desabou na poltrona. Seu peito estava comprimido, a cabeça girava e a antiga doença se apoderava dele novamente. Ele, entretanto, dominou a própria fraqueza e sofrimento, pois naquele instante Alice voltava a si do desmaio.

— O destino resolveu a questão em seu favor. Alice, você está livre novamente! Poderia perdoar o falecido o suficiente para ir a Bordele e providenciar o que for necessário? Sinto-me tão mal que não terei forças para fazê-lo — perguntou o Barão com amargura.

— Como se pode falar de raiva numa hora dessas? — respondeu a jovem mulher, coberta de lágrimas. — Vou para lá no primeiro trem, tio. Somente me diga o que fazer.

— Você vai trazer o corpo para cá. Quero sepultá-lo na cripta onde jazem seus pais e onde, um dia, serei sepultado também. Se eu estiver em condições de ir até lá, comunicar-lhe-ei por despacho. Você, naturalmente, deverá me informar quando retornará com o corpo para Paris e os detalhes sobre a morte de Berange.

Duas horas mais tarde, a pálida e desolada Marquesa, instalou-se no vagão, trajando profundo luto.-É difícil descrever o estado emocional da jovem mulher. Aquela morte repentina levantou em sua alma uma tempestade de sentimentos contraditórios. Agora estava livre. Nenhum obstáculo a separava de Gunter, mas, mesmo assim, ela lembrava quase com indiferença do jovem marinheiro. Berange ocupava todos os seus pensamentos. Os sentimentos que ela considerava há muito extintos, encheram o seu coração de tristeza e compaixão.

Diante do caixão aberto, ela quase esqueceu todas as ofensas suportadas. Não se devia ter raiva de um morto! Ela lembrava somente dos bons momentos, dos dias felizes do noivado e das horas de carinho, quando parecia que o Marquês a amava sincera e ardentemente. Agora, tudo estava acabado! A terrível e misteriosa morte tinha cortado com mão gélida os laços sagrados e retirado do seu caminho o homem a quem pertencera o seu primeiro amor virginal e que despertara em sua alma as melhores aspirações e as piores tempestades! Qual seria a causa de sua morte? Ele sempre tivera saúde perfeita. Seria por causa do ferimento na cabeça? Ou talvez ele tivesse resolvido suicidar-se? Entretanto, nem o caráter dele e nem a carta permitiam supor nada parecido.

Bertrand recebeu a Marquesa na estação, em Bordele, e ofereceu-lhe respeitosamente o braço para levá-la à carruagem. Após a habitual troca de cumprimentos, Alice perguntou, preocupada, sobre os detalhes da morte do Marquês.

— O médico supõe ter sido um colapso cardíaco, mas sem a sua autorização não ousou fazer a autópsia para certificar-se. Eu vi Berange na véspera. Apesar dele estar com aparência ruim e parecer muito esgotado, nada havia para pressupor tal catástrofe. Durante à noite, a criada ouviu-o andando pelo quarto. Pela manhã, quando o mordomo, surpreso pelo fato de o Marquês demorar a chamá-lo, entrou no quarto, Berange já estava morto e frio.

— Senhor Bertrand! — disse Alice, olhando-o com seus lindos olhos anuviados de lágrimas. — Diga-me com sinceridade, sem temer ofender os meus sentimentos, a mulher que o senhor conhece estava com ele quando ele faleceu? Ela está implicada nesse trágico acontecimento?

"Que lindos e incomparáveis olhos tem a pequena Marquesa! Que péssimo gosto devia ter alguém para trocá-la por aquela desgastada besta — a Mushka", pensou Bertrand.

Em seguida, ele falou alto, após vacilar por instantes:

— Quanto a isso, Marquesa, correm tantos boatos e histórias estranhas que dá para endoidar. Seus criados afirmam que foram testemunhas de acontecimentos absurdos e podem relatar-lhe isso melhor do que eu. Quanto a mim, só posso lhe dizer que o senhor Renoir, antes de falecer, revelou na confissão ao padre que atraiu a maldita cigana para o pequeno balcão e jogou-a no abismo. A cigana só poderia ser Lajua. O fato foi confirmado pela investigação policial que comprovou ninguém mais ter visto essa pessoa desde o dia do baile. Ela desapareceu, como desaparecem pessoas que têm morte inesperada, pois deixou em casa todas as suas coisas.

Alice ficou muito impressionada. Então, Mushka tinha morrido!

— Acharam o corpo dela? — murmurou a Marquesa.

— Não, até hoje não conseguiram localizá-lo. Pelo jeito, nessa história, existe um certo segredo. Mas que segredo? Não consigo entender.

Na vila reinava um silêncio lúgubre. Todas as cortinas estavam fechadas, os criados passavam como sombras pelos quartos vazios e no ar havia o odor de incenso restante de duas cerimônias religiosas realizadas no local.

A velha Suzanna, de vestido preto e touca de crepe, recebeu em prantos a sua jovem senhora. Alice estava calada; a emoção e as lágrimas a sufocavam. Quando passou pela sala de visitas, a visão do cadafalso ainda vazio e dos maços de velas fê-la estremecer. Ela já ia para o seu dormitório, mas a governanta deteve-a.

J. W. Rochester

— Preparei para a senhora, Marquesa, uma cama no "budoir", perto do gabinete do Marquês. O falecido está na cama do dormitório. Nós imaginávamos que chegaria o Barão e o aguardávamos para passar o corpo à sala de visitas. O caixão acabou de chegar de Klermon.

Apesar de serem apenas oito horas da noite, já estava escuro. Na lareira do "budoir" crepitava um fogo alto. Sobre a mesa estava uma lâmpada acesa e na mesinha do toalete havia duas velas.

O ambiente estava tão silencioso e aconchegante que Alice sentiu, involuntariamente, um certo bem-estar só constrangido pela lembrança do corpo, separado dela somente pelo gabinete do falecido. A jovem mulher sentou-se no divã com um suspiro. Suzanna começou a colocar no armário suas luvas, o sobretudo e o chapéu com longo véu, pois a camareira com a bagagem ainda não tinha chegado.

— Venha cá, Suzanna, e me conte o que sabe sobre a morte do Marquês— disse Alice após um curto silêncio. — Quero saber de tudo e peço-lhe para nada ocultar. O senhor Bertrand me contou sobre estranhos e misteriosos acontecimentos que você e os outros criados testemunharam.

— Ó, Marquesa! Eu mesma nada vi, mas Jack viu. Não há dúvidas que o Marquês fora estrangulado pelo demônio. Mas antes, durante quinze dias, ele recebia para jantar, a cada noite, a visita de uma criatura desprezível que o senhor Renoir jogou no abismo.

— Minha boa Suzanna, o que está dizendo é um completo absurdo. Mortos não vêm jantar com os vivos e, nos tempos atuais, o demônio já não estrangula ninguém.

— Mesmo assim, foi o demônio que torceu o pescoço do nosso amo. Somente ele poderia enxergar através da porta fechada.

Então, ela contou em detalhes como o Marquês trancava-se a cada noite, como os criados passaram a suspeitar de algo estranho e, finalmente, como o cocheiro decidiu descobrir o que estava acontecendo.

— Jack achou por obrigação confessar tudo ao senhor Marquês, mesmo que esse o demitisse. Ele tinha pena de ver como o nosso amo estava destruindo a própria alma. O senhor Marquês riu às lágrimas do seu relato, mas não o demitiu, dizendo que Jack estava bêbado, quando pensou ter visto aquilo. No dia seguinte, encontramo-lo morto na cama.

Apesar do próprio ceticismo e do evidente absurdo daquela história, Alice não conseguia livrar-se da sensação de terror e do tremor supersticioso. Após fazer mais algumas perguntas a

Suzanna, levantou-se do divã.

— Suzanna, se não estiver com medo leve-me, então, ao dormitório, pois quero ver o corpo — disse ela com voz indecisa.

— Quem está velando-o?

— A irmã Brigitte, da irmandade de São Vincenzo, concordou em velar dia e noite o corpo. Dos criados ninguém quis fazê-lo, pois todos têm medo dele.

Superando o tremor nervoso e um terror obscuro, Alice entrou no dormitório. A cama estava no centro do quarto. Em sua cabeceira, sobre duas pequenas mesas, havia velas acesas e, numa terceira mesinha, aos pés da cama, havia um crucifixo e uma jarra com água benta. O cobertor de seda foi substituído por um de fustão, sobre o qual delineava-se claramente o corpo do falecido, coberto por um véu de gaze.

A irmã interrompeu a leitura das preces e fez uma reverência à jovem mulher. Esta, pálida e trêmula, parou a dois passos da cama. Notando a sua indecisão, a monja levantou-se e retirou o véu do corpo.

Berange estava deitado completamente vestido para o funeral. Suas mãos estavam cruzadas no peito e nelas fora colocado um crucifixo. Seu rosto imóvel tinha algo de atraente. As longas e negras sobrancelhas lançavam sombra sobre a face pálida e nos lábios parecia ter se congelado uma expressão de indescritível sofrimento. No geral, ele nada tinha de horrível e parecia dormir.

De repente, Alice teve a impressão que as narinas do defunto moviam-se levemente, que seus cílios tremiam e que todo o seu rosto se deformava como num esforço de vontade impotente. A Marquesa recuou assustada.

— Mas, ele está vivo; ele respira! — exclamou ela.

— Ó, não, minha senhora! Ele morreu mesmo. O médico constatou um colapso cardíaco. Só que quando levantei o véu, o movimento do ar fez moverem-se os cabelos da cabeça e da barba — respondeu Brigitte, recolocando o véu no lugar.

Alice ajoelhou-se e encostou-se na lateral da cama. Ela pretendia orar, mas os pensamentos excitados impediam-na. Ela pensava na morte de Berange e no terrível mistério que cercava os últimos momentos de sua vida. Teria ele lembrado com amor e pena sobre a sua legítima esposa? Isso ela jamais saberia.

Um minuto depois, Alice levantou-se e lançou um último olhar no rosto de Berange, que transparecia fracamente, através do véu. Em seguida, voltou ao "budoir", tomou uma xícara de chá e deitou-se no divã. Ela estava muito entretida com o estranho relato de Suzanna. Que história absurda aquela de que uma morta vinha divertir-se com um vivo e, no fim, matava-o! Tais vampiros existem somente na imaginação do povo simples. Mas,

J. W. Rochester

por onde andaria a cortesã? Onde estaria escondida, obviamente, com a anuência de Berange? Se procurasse na escrivaninha, poderia encontrar alguma indicação, cartas... Mas, como abri-la se tudo fora lacrado? Um desejo irrefreável de desvendar aquele caso tomou conta da jovem mulher.

Repentinamente, ela lembrou que o Marquês sempre guardava a sua correspondência num compartimento secreto e correu para o gabinete. Chegando lá, viu com satisfação que o dificilmente visível buraco da fechadura do compartimento secreto não fora lacrado. Quanto à chave, ela sabia que o Marquês trazia-a sempre pendurada na corrente do relógio, junto com outros berloques. Muitas vezes, ela viu Berange mexer naquela caixa e guardar lá alguns papéis. Daria tudo para saber o que havia lá! Agora era dona de tudo e podia examinar, livremente, a misteriosa caixa.

Alice chamou Suzanna e ordenou-lhe que trouxesse o relógio do Marquês. A chave prateada estava pendurada no lugar entre vários berloques. Após longa procura, Alice encontrou o buraco da fechadura e girou a chave. O fecho deu um estalo e a tampa abriu-se.

A caixa estava apinhada de diversos papéis. Para melhor orientar-se, Alice começou a retirá-los e colocá-los em ordem na mesa. Lá havia uma completa correspondência de Mushka, cartas iniciadas e não enviadas por alguma razão e bilhetinhos marcando locais de encontro. O marido infiel, com incrível desfaçatez escrevia-os a dois passos de sua jovem esposa, quando ela se encontrava no quarto contíguo! A face pálida de Alice explodiu de raiva e, por instantes, ela esqueceu que o autor daquelas correspondências já tinha morrido. Ao ver aquela montanha de contas de restaurantes, modistas, joalheiros, floristas e maços de bilhetes testemunhando diversas intrigas amorosas passageiras, abriu-se diante da jovem mulher toda a vida íntima de Berange, toda a sua vida de depravação e esbanjamento, que não lhe permitia dedicar tempo algum à esposa.

E aquele tipo de vida tivera início há muito tempo! Lá estavam guardados maços inteiros de cartas ainda de sua vida de solteiro, retratos, flores secas, luvas femininas, declarações de amor, às quais ele supostamente não tivera tempo de responder, devido à grande quantidade de intrigas amorosas. A tantas daquelas mulheres sem-vergonha Alice tinha cumprimentado pela mão, considerando-as irrepreensivelmente puras! A jovem mulher, enojada, jogou tudo de volta na caixa e trancou-a. Não encontrou o que procurava; não havia nenhuma indicação de correspondência após o baile. Aliás, aquilo tudo eram restos sobre os quais a morte já colocara a sua cruz.

Alice estava exausta. Reclinou-se na poltrona e esticou os membros, que já sentia pesados. Além disso, já era tarde — o relógio batia meia-noite. A jovem mulher, então, levantou-se para ir deitar, quando repentinamente um sopro gélido tocou o seu rosto. O que significava aquilo? Ao mesmo tempo, ela percebeu que calou-se a voz da monja que lia orações. "Provavelmente, ela adormeceu de cansaço e não percebeu que a janela se abriu. A pobre mulher pode se resfriar", pensou Alice.

Ela sabia que deveria ir despertar a irmã de caridade ou fechar a janela, mas o medo supersticioso de ficar sozinha, junto ao defunto, detinha-a. Por instantes, teve vontade de chamar a camareira e, imediatamente, sentiu vergonha da própria ignorância. Que vergonha ter medo de um defunto e acreditar em boatos idiotas!

Alice levantou decididamente a cortina, entrou no dormitório e, no mesmo instante, estancou estarrecida. A monja dormia, profundamente, na poltrona; o livro de orações estava caído no chão ao seu lado. Junto à cama estava parada uma mulher envolta em um véu negro, que a Marquesa reconhecera, imediatamente, ser Mushka. Seu rosto pálido, emoldurado por mechas de cabelos louros e desgrenhados, estava horrível. Ela tentava inclinar-se para o corpo, parecendo querer beijá-lo, mas a cada vez recuava como se uma força invisível a repelisse. Então, seu rosto se desfigurou, ela começou a serpentear como uma cobra e parecia pairar como uma ave de rapina sobre a sua vítima.

A horrível visitante estava tão entretida com a vontade de aproximar-se do corpo, que não percebera a chegada de Alice. Esta, trêmula de medo, perguntava-se se não estava tendo alucinações. Não conseguia entender se o que via era uma mulher viva ou algum espírito maligno. Se a última hipótese estava correta, então, a cruz nas mãos de Berange estava impedindo o vampiro de aproximar-se! Repentinamente, Alice lembrou que em seu oratório havia um crucifixo de ouro, contendo uma partícula de Santas Relíquias, que ela herdou da avó. Alice nunca ficava longe daquele objeto sagrado de sua família e somente em sua precipitada fuga, na noite do baile, esqueceu-se de levá-lo consigo.

Com a rapidez de um raio correu para o pequeno quarto, junto ao dormitório que lhe servia de oratório. Lá, na parede estava pendurado o antigo crucifixo enfeitado de pérolas e safiras.

Alice retirou a cruz da parede e voltou ao dormitório. Só um pensamento a dominava: se Mushka fosse um espírito maligno, saído do inferno, então, deveria desaparecer diante do símbolo sagrado da redenção. Naquele instante, ela nada temia. A jovem

J. W. Rochester

mulher nem notou que pela porta oposta entrara Jack com um maço de velas na mão. Levantando a cruz com ambas as mãos sobre a cabeça do defunto, ela exclamou alto, com voz alterada:

— Em nome de Deus Todo-Poderoso e Nosso Senhor Jesus Cristo...

Alice não conseguiu completar a frase, quando uma voz rouca e entrecortada interrompeu-a:

— Vade retro, satanás!

Um jato d'água caiu sobre o defunto e a mulher serpenteante. Aquele era o cocheiro. No início, Jack quase morreu de susto; em seguida, decidindo-se rapidamente largou as velas e, agarrando a jarra com água benta, despejou-a sobre o demônio.

Todo aquele episódio, descrito tão longamente, durou apenas alguns segundos. No mesmo instante, um forte estrondo, que mais parecia um tiro de canhão, abalou as paredes; a terra parecia tremer e todo o quarto encheu-se de fumaça. Jack caiu de joelhos e tapou o rosto com a jarra; a monja pulou da poltrona, como se tivesse levado um choque elétrico. O crucifixo escapou das mãos de Alice e caiu na cabeça de Berange. Quase no mesmo instante, ouviu-se uma tríplice exclamação de susto e surpresa e o olhos de todos dirigiram-se para o Marquês. Este levantara-se, lentamente, em seu leito. Seus olhos esbugalhados refletiam o horror e ele exclamou com voz rouca:

— Eu não morri!

O estrondo e os gritos chegaram ao setor da criadagem. Suzanna, camareira de Alice, e dois mordomos vieram correndo ao dormitório. Sua chegada dissipou a paralisia que mantinha no lugar as testemunhas mudas de espanto com aquele incompreensível acontecimento. Ao ver o Marquês — que todos consideravam morto há dois dias — sentado no leito, os criados já queriam correr de volta, quando Alice, que já tinha se recuperado, deteve-os.

— Fiquem aqui! — gritou ela num tom imperativo. — O Marquês estava em sono letárgico. Ele precisa ser retirado, pois aqui apareceu um cheiro insuportável.

Realmente, o quarto fora preenchido por um odor sufocante de corpo em putrefação. Ninguém conseguia entender de onde ele provinha. De repente, a irmã de caridade soltou um novo grito e pulou para trás, apontando com a mão para uma massa disforme no tapete junto à cama. Mesmo naquela massa disforme, coberta de areia, lama e uma espuma esverdeada, todos reconheceram o cadáver de uma mulher. Aquilo era evidente pelos farrapos de cetim, bordados e franjas douradas, como também pelas longas mechas de cabelos louros.

Todos os presentes olhavam com compreensível horror para

aqueles restos mortais putrefatos de um corpo humano que aparecera como por encanto no quarto e era uma evidência de algo misterioso.

Quando Alice, trêmula e transtornada, quis ajudar Berange a descer da cama, ele agarrou a sua mão e murmurou:

— Preciso que me carreguem, pois não consigo andar.

Levaram, então, o Marquês para o quarto de seu tio. Enviaram, imediatamente, um mensageiro para chamar o médico. O dormitório e os dois quartos contíguos foram trancados à chave. Um dos criados, por iniciativa própria, correu para ver o padre e contar-lhe sobre a alucinação demoníaca.

Debilitado, transtornado e pálido, Berange tinha a aparência de moribundo. Alice ordenou que o despissem e o colocassem na cama. Em seguida, deu-lhe para beber um copo de vinho quente. O Marquês cumpria tudo, obedientemente, e só ficava nervoso quando a jovem mulher afastava-se dele. Por fim, ele agarrou-a pela mão, apertou nos lábios seus dedos frios e não a largou mais.

Quando o médico chegou, examinou cuidadosamente o paciente e explicou a Alice que alguma comoção nervosa provocara a letargia e o choque nervoso, cuja consequência fora a paralisia das pernas. Ele não quis fazer nenhum prognóstico quanto à possibilidade de cura e prescreveu ao paciente repouso absoluto. Ao próprio Berange, o médico deu as melhores esperanças. Quando o paciente expressou o desejo de sair imediatamente da vila e mudar para um hotel, o médico concordou, pois para ele ficaria mais fácil visitar o Marquês.

Berange foi colocado numa carruagem e pelas sete horas da manhã levaram-no a Bordele. Alice e o marido ocuparam o melhor apartamento do hotel que, felizmente, estava vago.

Quando Bertrand soube que o seu amigo, que ele tinha visto morto e frio no dia anterior, chegara vivo a Bordele, ficou pasmo e, imediatamente, correu para vê-lo. Mas, percebendo o estado doentio de Berange, limitou-se a expressar a sua alegria em revê-lo e cumprimentá-lo pelo fim da letargia, ocorrido bem a tempo. Em compensação, Bertrand inquiriu em pormenores a Marquesa e os criados. Sem acreditar nos próprios ouvidos, constatou o relato dos incríveis acontecimentos. Todas as testemunhas afirmavam em uníssono que o cadáver que aparecera, repentinamente, no quarto do Marquês era de Mushka.

Bertrand sentiu-se na obrigação de comunicar o ocorrido ao

J. W. Rochester

comissário de polícia e ao investigador. Dois médicos, e ele próprio, juntaram-se à comissão investigadora que decidiu visitar, imediatamente, o local para constatar se o corpo que aparecera junto ao leito do Marquês de Bordele era realmente o de Mushka.

Durante o percurso, todos só falavam do inaudito acontecimento. Os médicos ridicularizavam a ignorância das pessoas que, no limiar do século XX, ainda acreditavam na interferência do demônio. O comissário policial, que se considerava muito inteligente, acompanhava-os apesar de não se sentir bem espiritualmente. Quanto a Bertrand, estava muito emocionado e confuso, pois o que ouvira de Alice contrariava radicalmente todos os conceitos modernos e, apesar disso, ele não tinha dúvidas quanto à sua sanidade e à veracidade de suas palavras.

O boato de que o corpo da mulher desaparecida, que não conseguiam encontrar em lugar algum, aparecera no quarto do Marquês de Bordele se espalhou pelas redondezas e atraiu uma multidão de curiosos, que se juntou em volta da vila. Quanto ao próprio caso, as opiniões divergiam. Uns não tinham dúvidas quanto à interferência do demônio, outros supunham um simples assassinato.

Quando os oficiais da polícia chegaram, os gritos e discussões pararam imediatamente. A multidão fechou-se ainda mais e lotou o jardim e o quintal. A maior aglomeração de pessoas era junto às janelas do dormitório do Marquês. Mas, para grande desilusão do curiosos, todas as janelas estavam de persianas abaixadas.

Na sala de visitas estava sentado um padre conversando com a irmã de caridade. Em volta dele aglomeravam-se os criados perturbados e assustados. Eles contavam tudo o que viram e ouviram e diziam, decididamente, que ninguém iria aceitar trabalhar naquela casa maldita.

— Então, padre? O que me diz dessa história? — perguntou Bertrand, apertando a mão do velho religioso.

— Digo somente que satanás assume qualquer forma para provar que não é fruto de fantasias de pessoas ignorantes — respondeu o padre com seriedade.

Os representantes da lei e da ciência entreolharam-se, significativamente, mas consideraram abaixo de sua dignidade discutir com o velho idiota que tagarelava sobre o seu tema predileto.

— Antes de começar o exame do cadáver, gostaria de saber quem dos presentes conhecia pessoalmente a senhora Lajua d'Arson? — perguntou o investigador.

— Eu! Eu a via todo dia no hotel — declarou Jack, que foi destacado como testemunha principal.

— Eu também a vi no baile e lembro perfeitamente todos os

detalhes de seu traje — acrescentou Bertrand.

— O senhor a conhece?

— Naturalmente.

— Nesse caso, poderia dar o seu depoimento e descrever-nos o mais detalhadamente possível tanto ela quanto o seu traje?

— Com muito prazer. Certamente, os senhores receiam que a minha imaginação influa no depoimento — disse Bertrand soltando uma sonora gargalhada.

— Quando no caso está implícito o demônio, meu caro senhor Bertrand, então, tudo pode acontecer e ninguém é responsável por nada — respondeu o investigador com um sorriso.

Sem dar ouvidos à desaprovação do padre e da monja, ele fez um sinal ao escrivão para anotar o depoimento.

— Lajua d'Arson, apelidada como Mushka, era uma loira alta e elegante. No dia do baile ela, para o próprio azar, estava trajada de cigana. Digo "azar", porque, muito provavelmente, esse traje provocou a demência do pobre Renoir que, como sabem, confessou tê-la matado. Ela estava vestida de cigana espanhola. Usava uma saia de cetim amarelo, com botões dourados, enfeitada com dois babados de bordados pretos, um corpete de veludo negro e, em volta da cintura, estava amarrado um xale listrado com franja dourada, no qual estavam bordados símbolos cabalísticos. Na cabeça, usava uma boina vermelha. Os cabelos estavam ondulados e soltos. Agora vou descrever as jóias. Nas orelhas, usava brincos em forma de duas grandes argolas douradas. Mas, o objeto mais característico que pode atestar a identidade de Mushka é o bracelete que usava sempre. Esse bracelete era composto de duas fileiras de corações. Numa correntinha estava pendurado mais um coração, bem maior que os outros. Nesse coração, foi introduzido o retrato do Marquês de Bordele que, cá entre nós, foi o seu último amante.

— Confirmo tudo que o senhor Bertrand disse— declarou Jack. — A senhora Mushka sempre usava esse bracelete. Eu a vi usando-o, quando ia de braço com o senhor Renoir.

— Ótimo! A clareza do depoimento nada deixa a desejar — disse o investigador. — Agora vamos ao dormitório. Veremos se a descrição combina com o cadáver. Os senhores médicos irão estabelecer o tempo de sua morte.

Assim que a porta se abriu todos sentiram o repugnante e sufocante odor de cadáver em putrefação. O padre, a irmã Brigitte e os criados permaneceram no quarto contíguo. Quanto a Bertrand e Jack, estes deveriam acompanhar os representantes da lei e os médicos.

No tapete, junto à cama, estava a massa disforme que era terrível de se olhar. Mesmo assim, não foi difícil reconhecer os restos de uma saia de cetim amarelo, farrapos de bordados e pedaços de pano listrado; também conservaram-se, nitidamente, as longas mechas de cabelo louro. Não dava para ver o rosto, pois o cadáver estava caído de bruços.

Os médicos ajoelharam-se perto do corpo. Após um breve exame, um deles notou o bracelete citado, composto de duas fileiras de corações. Com uma certa dificuldade, ele retirou-o do braço putrefato e abriu o grande medalhão; lá estava o retrato de Berange.

— Está tudo correto — disse o médico, jogando na mesa o bracelete úmido. — Mas, que diabos! Devo reconhecer que a falecida tinha senso de humor, se realmente trazia consigo uma galeria inteira de amantes. Na minha opinião, essa mulher morreu há quinze dias atrás, no mínimo. Hoje, estamos no dia dez de setembro e o baile aconteceu no fim de agosto. Consequentemente, esses dados também batem. Parece que a causa da morte foi uma queda, pois o crânio está quebrado e a posição anormal dos membros indica a quebra de todos os ossos.

— Além disso, o corpo ficou muito tempo dentro da água. Como veio parar aqui? Isso não consigo entender! — exclamou o outro médico. — Só se o seu último amante, o demônio que lhe torceu o pescoço, trouxe-a à noite para cá! Mas, nesse caso, onde esteve o corpo dela o resto do tempo desde o dia de sua morte?

— Toda noite ela vinha aqui para se encontrar com o Marquês — murmurou o cocheiro, levantando ambas as mãos. — Há dois dias atrás, à noite, vi Mushka sentada à mesa com o nosso amo.

Relatando em poucas palavras a sua aventura, ele acrescentou:

— Quem, senão o diabo, consegue ver através de uma porta? Eu até desmaiei de terror. Todos são testemunhas do estado em que fiquei.

— O senhor está com a razão, meu caro! O estado em que o senhor se encontrava, prova que o medo lhe provocou alucinações. O senhor é muito nervoso. Deveria internar-se numa clínica e fazer um sério tratamento — disse o médico Arnold, batendo-lhe no ombro.

— Doutor! Eu também vi essa mulher viva. Ela estava parada junto à cama e torcia-se diante do crucifixo! Só que eu estava como paralisada e não conseguia mover-me! — exclamou a monja. — Mas, quando a Marquesa levantou sobre ela a cruz com a partícula de Sagradas Relíquias e Jack molhou-a com água benta, ela caiu, como se atingida por um raio. No mesmo instante, ouviu-se um estrondo e toda a casa tremeu.

— Minha cara irmã! Apele para o seu bom senso. Como poderia uma mulher que não tinha nem dois ossos inteiros, andar e comparecer a encontros? Eu já nem estou falando sobre o fato dos mortos não costumarem fazer tais coisas. Seria mais fácil supor que o cadáver que caiu na correnteza acabou voltando à superfície; algum brincalhão que conhecia as relações entre o Marquês e a falecida descobriu o corpo, por acaso, e, pretendendo fazer uma brincadeira com o Marquês, encontrou uma maneira de arrastá-lo para cá.

— Ah, meu senhor! Não tente explicar o inexplicável com suposições ainda mais improváveis! — exclamou o padre. — Trazer um cadáver putrefato para esse quarto, onde se encontrava a irmã Brigitte, a dois passos da Marquesa, que se encontrava no gabinete do marido e trazê-lo de modo que ninguém o tenha percebido, não sentindo o cheiro nem ouvindo o barulho e, tudo isso, sem deixar rastros... o senhor acha isso provável? No entanto, o senhor admite isso somente para ridicularizar e rejeitar um fato comprovado da ira Divina! O senhor já mediu ou pesou o poder do Criador? Consegue entender os terríveis e incompreensíveis caminhos da justiça Divina? Em sua Paris, esta Sodoma moderna, onde floresce todo tipo de vício, onde se permitem quaisquer exageros e admitem-se quaisquer crimes contra a natureza humana, é fácil negar tudo e divulgar o culto do materialismo e a fé na destruição total. Para abrir os olhos daqueles que não desejam continuar cegos, apesar da evidência, a Providência Divina permite que aconteçam eventos semelhantes ao que vemos aqui: uma infeliz mulher que vivia em devassidão. Ela desviava do caminho do dever um homem casado e despertava nele os mais baixos instintos. Ele esqueceu, definitivamente, o seu dever e a sua honra. Para a enorme provocação de todas as pessoas honestas, esses dois dignos representantes da depravação atual entregavam-se a orgias, desafiavam a opinião pública e riam da virtude e pureza da maravilhosa jovem, mulher que vive aqui com discrição e submissão, sem expressar uma única queixa. Não satisfeita com isso, a desonrada e obscena cortesã conseguiu fazer com que o seu cínico e desleixado amante a trouxesse até à casa de sua pura esposa e ao baile que ela organizava. Então, a braço do Senhor Todo-Poderoso caiu sobre ela! O louco a reconheceu entre todos os outros e jogou no precipício essa Jezabel[24] moderna, cuja alma amaldiçoada não encontrou paz nem no túmulo. A força de seus desejos impuros venceu a própria morte! Das profundezas do abismo, ela veio ter com seu amante para deliciar-se, pelo menos por mais alguns momentos, com prazeres infernais, festejar o último sábado dentro dessas paredes. Mas, diante do Santo Sangue e Corpo de

---

24 Jezabel - Esposa de Acab, Rei de Israel e mãe de Atalia. Foi morta por ordem de Jeú e devorada por cães; símbolo da promiscuidade.

J. W. Rochester

Cristo, o demônio foi obrigado a recuar e a abandonar o corpo que ele ressuscitara! E tudo isso aconteceu diante dos olhos de testemunhas, que viram esse cadáver de duas semanas vivo! Esse fato o senhor rejeita, e procura em seu lugar as explicações mais inverossímeis, em vez de bater no próprio peito e exclamar em alto e bom som: Senhor, tenha piedade de nós!

Ninguém interrompeu o ardente e convincente discurso do velho padre. O investigador e Bertrand ouviam-no sérios e pensativos. Quanto ao comissário de polícia, apesar de todo o seu ceticismo, estava coberto de suor frio, provocado pelo medo supersticioso. Somente os médicos permaneceram inabaláveis em sua vaidade científica.

— Então, padre, na sua opinião, o próprio satanás entrou no corpo dessa coquete para comparecer a um encontro amoroso com o senhor Bordele, mas a visão da cruz e a ducha de água benta obrigaram o diabo a fugir e deixar o corpo apodrecer? — observou Arnold, com um sorriso de deboche. — Confesso, meu santo padre, que essa explicação é bastante simples, mas, ao mesmo tempo, incorreta. Aliás, já há muito tempo as opiniões da igreja e da ciência divergem nessa questão. O senhor acredita em demônios e teme o seu mal; enquanto, nós da ciência, há muito tempo o rejeitamos. Sem ousar mostra o nariz em nossas clínicas e laboratórios, ele demonstra as suas forças em outros lugares. Portanto, o senhor precisa concordar, que, por mais incrível que seja o caso que encontramos aqui, estou dando-lhe a única explicação plausível. Todas as testemunhas aqui presentes são pessoas nervosas e foram vítimas de alucinação contagiosa, provocada por histórias de fantasmas: a morte trágica de Renoir, o desaparecimento da moça Lajua e, finalmente, pela morte do Marquês. A junção de todas essas circunstâncias foi capaz de provocar uma alucinação geral simultânea. Esse é um caso patológico de extremo interesse, que deveria ser submetido a uma séria pesquisa médica.

— Então, esse cadáver foi trazido para cá nas asas da alucinação? — perguntou o padre com ironia.

— A tentativa de explicação de como esse cadáver foi parar aqui é função do senhor investigador.

Ao ouvir a referência ao seu nome, o investigador teve um gesto de impaciência. Apesar de toda a sua descrença e ateísmo, sentia-se muito mal na companhia de um cadáver que viajava misteriosamente.

— Naturalmente, não deixarei de realizar uma criteriosa investigação. Mas, para começar, é preciso retirar daqui esse corpo em putrefação, pois ele está contaminando o ar. Os senhores permitem sepultá-lo, imediatamente, ou será preciso enviá-lo para a clínica?

— O corpo vai para a clínica! Pode ser que a autópsia nos revele alguma coisa.

— Muito bem! Senhores, vou tomar as devidas providências e, em seguida, vamos protocolar tudo isso.

— Espero que no protocolo o senhor cite os depoimentos de Brigitte e Jack em que eles citam que, há algumas horas atrás, viram a falecida moça Lajua viva, parada junto à cama do Marquês. A Marquesa também confirma esse depoimento — observou o padre.

— Sim, senhor! Podemos jurar isso pela nossa eterna salvação.

— Só faltava essa! Não vai querer que nós escrevamos que o padre Bastian constatou que o próprio satanás introduziu-se no cadáver, o qual, devido à ducha de água benta, caiu no chão já putrefato? — disse um dos médicos com irritação. O outro médico acrescentou num tom severo:

— Nem na ciência, nem nos protocolos, são admitidas bobagens desse tipo. A senhora, irmã Brigitte, e o senhor, Jack, farão muito bem se não falarem a ninguém sobre isso. Pessoas que afirmam ter visto mortos de quinze dias passearem são loucos ou doentes mentais, cujo lugar é no hospício. Quanto ao senhor, padre Bastian, ninguém vai impedi-lo de acalmar a própria consciência, rezando algumas missas fúnebres pela falecida.

— Não, temo mexer com coisas do demônio, e também não vou discutir com os senhores, pois não existem pessoas mais surdas e cegas do que aqueles que não querem ouvir nem enxergar.

Na tarde do mesmo dia, o estado de saúde de Berange piorou muito. Ele foi dominado por uma sonolência febril que obrigou o médico a temer uma febre nervosa. O médico insistia em aconselhar a Marquesa a voltar para Paris, enquanto isso era ainda possível, porque lá não somente todos os remédios, mas também todas as celebridades médicas estariam à disposição do paciente. Como o Barão enviara-lhe um telegrama, manifestando o mesmo desejo, Alice decidiu viajar naquela mesma noite. Junto com ela, iriam a irmã de caridade e Bertrand, que se ofereceu amavelmente para acompanhar a Marquesa até Paris.

A viagem ocorreu sem maiores percalços. Com sentimento misto de alegria e tristeza, o Barão recebeu o seu sobrinho, que a morte parecia ter largado somente para novamente dominá-lo. Na noite seguinte, Berange começou a delirar e os médicos disseram que ele estava tendo uma das mais perigosas febres nervosas.

Dias difíceis e noites ainda piores seguiram-se para Alice. Alguns sentimentos novos e contraditórios enchiam a sua alma. Temendo ficar seriamente doente, o que a impediria de cuidar do marido, ela decidiu consultar-se com um médico. Para sua surpresa e horror, ele constatou que ela estava grávida. Quando passou o primeiro choque, a jovem mulher pediu ao médico que não contasse aquilo a ninguém, nem mesmo ao tio, até um momento mais propício. O médico, naturalmente, prometeu atender ao seu pedido.

A notícia de que iria ser mãe causou uma profunda impressão em Alice e obrigou-a a reavaliar a situação. Teria ela o direito de dispor de si agora, quando novos laços, ainda mais fortes que os da igreja, ligavam-na ao homem de quem ela pretendia se separar, se sobrevivesse?

Pálida e calada, Alice, junto com a madre, cuidava do paciente que piorava a cada dia. Ele ou ficava deitado num esquecimento parecido com a morte ou era dominado por terríveis delírios. Naquela hora, Berange rolava na cama com gritos e gemidos, tentando afastar algum ser invisível ou afirmava que não estava morto e implorava para não ser sepultado vivo.

Às vezes, ele via a mulher fatal, que amava contrariando a honra e o dever, querendo pular sobre ele e estrangulá-lo em seus braços. Às vezes, parecia que às costas de Mushka surgia um homem vermelho, como metal em brasa, e começava a judiá-la. Mas, quando ele queria afastá-la daquele homem, Mushka resistia com força sobre-humana e, agarrando a ele próprio, sugava o seu sangue e a sua força vital. Após aquelas visões, reveladas pelo delírio, Berange esfriava e ficava deitado imóvel, balbuciando de vez em quando:

— Alice, Alice! Perdoe-me! Salve-me!

Nenhum remédio dos médicos fazia qualquer efeito. O paciente piorava a cada dia. Somente quando Alice ou a monja enxugavam-lhe o rosto com água benta, Berange acalmava-se um pouco. Frequentemente, o susto e o medo faziam surgir o suor frio na testa de ambas as fiéis ajudantes, mas, mesmo assim, elas não abandonavam o seu posto.

Percebendo que o seu marido criminoso estava sendo terrivelmente castigado pela Justiça Divina, Alice já não pensava em si mesma. A imagem de Gunter empalideceu e afastou-se para uma distante penumbra. Restara à jovem mulher somente a compaixão por Berange, um grande desejo de salvá-lo da morte definitiva e livrá-lo do poder do espírito maligno, a quem ele estava ligado de forma fatídica.

Certa noite, o paciente parecia estar numa situação desesperadora. Após um terrível delírio, ele caiu em total esquecimento. Sua respiração era quase imperceptível e podia-se considerá-lo morto. Os médicos foram embora, prometendo voltar pela manhã. Suas respostas evasivas às perguntas temerosas da Marquesa comprovavam que eles tinham perdido qualquer esperança e que toda a sua arte de curar a matéria, mas não o espírito, revelava-se, ridiculamente, impotente.

Exausta e desolada, Alice jogou-se no encosto da poltrona e caiu num estado de torpor. De repente, o paciente abriu os olhos e levantou o corpo com força inesperada. Um terror insano refletia-se em seu rosto, repentinamente, corado. Seus olhos ardiam, as mãos tremiam. Agarrando a mão de Alice, ele exclamou com voz abafada:

— Veja, veja! Ela chegou! Paira sobre mim como uma nuvem negra para agarrar-me e sugar o que sobrou de minha vida. Um cordão vermelho que está enrolado em mim me sufoca. Ele impede-me de respirar e congela meus membros. Reze, Alice! Salve-me! Só você pode fazer isso, pois é pura. Quando você reza, aparece uma flecha brilhante, que afasta o monstro e me permite respirar um pouco!

Ele, então, calou-se e caiu nas almofadas, defendendo-se, desesperadamente, de um invisível abraço.

Por instantes, ambas as mulheres ficaram imóveis, paralisadas pelo terror supersticioso. Mas, repentinamente, um arroubo de compaixão, amor e profunda fé encheu o coração de Alice. Ela, então, esqueceu completamente todos os males e ofensas que sofrera. Foi dominada somente por um grande desejo de aliviar e salvar da morte aquela alma pecaminosa, que se debatia indefesa na rede de leis misteriosas que transgredira. Caindo de joelhos junto à cama, Alice levantou as mãos postas e exclamou com fervor:

— Deus Todo-Poderoso e Misericordioso Salvador, Jesus! Tende compaixão desse infeliz doente! Afastai as horríveis visões de espíritos impuros que o perseguem. Tu, que foste pregado na cruz, que perdoaste os seus algozes, e para quem não existe um ser tão desprezível a dar as costas, concede um olhar misericordioso sobre esse leito de terrível agonia! Não entregue essa alma ao inferno, que está disputando-a com o Bem! Se é chegada a sua hora, então, compadece-te dela e traze-a para perto de ti. Mas, se a Tua Misericórdia, que uma vez já te arrancou do túmulo, lhe conceder a vida, então, prometo-te, meu Senhor Jesus Cristo, que dedicarei toda a minha vida a Berange e ao meu filho. A um vou ensinar a amar e respeitar Tuas leis, e a outro vou orar sempre para que o arrependimento e a fé iluminem a sua alma obscura. Dedicarei toda a minha vida na tentativa de conduzi-lo a Ti e um dia conseguir ouvir os seus criminosos lábios proferirem com fé e amor o Teu Sagrado Nome!

À medida que orava, uma expressão de alegria e profunda fé iluminava o rosto da jovem mulher. Com seu olhar claro, puro e inocente, que refletia todo o seu ser, ela parecia um gênio do Bem, diante do qual deveriam recuar todas as forças do mal que disputavam o corpo e a alma do paciente.

O ardente e puro arroubo da alma inocente de Alice alcançou o divino trono do Redentor, conhecedor de todas as fraquezas do coração humano, que luta cruelmente com os rudes instintos da carne. Que oração poderia ser mais agradável ao Salvador do que aquela que se elevava para Ele pura e isenta de qualquer egoísmo? Naquele momento solene, Alice não podia pagar amor com amor, pois ela não era amada e somente recebia ofensas. A pessoa que defendia e pela qual sacrificava seu futuro e suas esperanças de felicidade, não lhe era nem fiel e nem um amoroso marido. Ele entregara-se totalmente a outra mulher. Mas foram exatamente a abnegação e o esquecimento de todas as ofensas, que tornaram a oração de Alice mais elevada e agradável a Jesus Cristo, concedendo à jovem mulher a Sua ajuda e a Misericórdia Divina.

Inteiramente entregue à calorosa prece, ela esqueceu tudo a sua volta e, por instantes, pareceu ter-se livrado das correntes físicas que nos aprisionam, o que permitiu-lhe enxergar o mundo invisível. Então, de repente, Alice percebeu que o quarto em penumbra iluminava-se com uma luz azulada, fazendo-a enxergar novamente a mulher que tinha visto antes junto à cabeceira de Berange. Como uma nuvem negra salpicada de raios sangrentos, ela serpenteava sobre o paciente. Um cordão fosforescente, metade preto e metade vermelho, ligava-a ao Marquês.

Seu rosto pálido, de lábios vermelhos como sangue, refletia todas as paixões não saciadas e desejos impuros, que dilaceravam aquele espírito imperfeito. Seus olhos, cheios de fúria e horror, passavam do paciente para o estranho e terrível ser que estava parado, orgulhoso e ameaçador, diante dela, envolto em capa vermelha como lava incandescente. O sorriso impiedoso e cruel iluminava o seu rosto de uma beleza lúgubre. O olhar cruel e penetrante, como uma lâmina de aço, estava dirigido para o espírito imperfeito que tremia, escurecia e, em seguida, caía a seus pés com um silvo, começando a serpentear como uma cobra.

Naquele instante, o quarto foi atravessado por um raio de

luz intensa, parecido com um fio prateado, que separou o grupo de espíritos impuros da parte restante do quarto. Nos pés da cama surgiu um ser resplandecente de uma beleza pura e séria, que trajava um túnica prateada e usava uma couraça brilhante que protegia o seu peito. As mechas sedosas dos cabelos negros caíam sobre os ombros, por trás dos quais viam-se duas asas de brancura ofuscante. Daquelas asas saía uma luz que enchia todo o quarto. Em sua mão levantada, ele segurava uma espada, cuja lâmina parecia um relâmpago.

Por instantes, o olhar claro e profundo do enviado celestial parou com bondade e amor em Alice e dirigiu-se, imperativamente, para o espírito do mal, que recuou, levando consigo o monstro deitado a seus pés.

De repente, Berange, que até então estava deitado imóvel, levantou-se em seu leito. Os olhos bem abertos olhavam com perplexidade o enviado celestial e o grupo maléfico, separado dele pelo fio prateado.

Em seguida, com uma calorosa prece, ele estendeu as mãos para o ser resplandecente e naquele coração obscurecido, naquele abismo indevassável, que se chama alma humana, acendeu-se uma luz de arrependimento; surgiu um arrebatamento para o bem e uma verdadeira oração ao Pai. Apesar daquele arroubo ter sido mais curto e rápido do que uma lufada de vento, foi suficiente para que a luz triunfasse sobre o caos, no qual estava mergulhada a alma do pecador.

O espírito das trevas recuou como sob pressão do ar e abriu espaço para o espírito de luz, que levantando o braço parecia afastá-lo. Naquele momento, a espada de fogo soltou um raio e o cordão que ligava Berange ao espírito impuro arrebentou. O grupo horrível empalideceu e desapareceu rapidamente. Um segundo raio atingiu Berange, que caiu nas almofadas. Então, a luz apagou-se e o quarto assumiu a sua aparência habitual.

Recuperando-se, Alice debruçou-se com relutância sobre o marido.

— Irmã Brigitte! Ele morreu! — exclamou ela horrorizada.

A monja, que nada tinha visto e orava em silêncio, levantou--se do seu lugar.

— Ó, não, senhora! Isso é só um desmaio — disse ela, levando um frasco com sais ao nariz do Marquês.

Logo, o Marquês abriu os olhos e, por instantes, olhou com uma expressão indescritível para a esposa, mas devido a fraqueza ou a forte emoção, não disse uma palavra. Minutos mais tarde, ele adormeceu num sono profundo.

Alice, mais calma, sentou-se na poltrona e ficou pensando sobre o que tinha acontecido. O momento de êxtase que elevou-a acima de todas as desgraças e interesses terrenos ainda soava em sua alma, enchendo-a de agradável paz. Com extraordinária clareza, veio-lhe à mente o dia de seu casamento e em seus ouvidos ainda soava a voz solene do padre: "Partilharás com ele a felicidade, a desgraça, a alegria e a tristeza."

Naquele minuto solene, ela respondera "sim" diante de testemunhas invisíveis, às quais mais cedo ou mais tarde teria de prestar conta do seu desempenho de amor e fidelidade em relação a Berange. Para Alice aquelas testemunhas celestiais olhavam-na com aprovação. Ela sentia, por antecipação, a alegria que teria quando liberta do corpo entrasse no mundo invisível e em alma se dirigisse ao seu anjo da guarda e dissesse: "Eu venci a matéria. Desisti do desejo pessoal e sacrifiquei a minha felicidade pelo dever. Eu perdoei, em vez de vingar-me. Trago aos pés do nosso Pai Celestial duas almas: a de meu filho, em cujo coração depositei os princípios da Verdade Eterna, e a de meu marido, que durante tanto tempo vacilou e foi obscurecida pela sede de delícias terrenas. Com bondade, paciência e amor, purifiquei-a, apoiei-a, revelei a ela o verdadeiro significado da vida e coloquei-a no caminho da salvação."

— O nosso paciente está dormindo profundamente. A senhora também deveria descansar um pouco — disse a monja, arrancando Alice de seus pensamentos.

A jovem mulher estava realmente sentindo-se quebrada de cansaço. Como Berange dormia profundamente e seu rosto demonstrava tranquilidade absoluta, a Marquesa foi para o seu quarto, deitou-se na cama e, quase imediatamente, adormeceu.

Acordou muito tarde e censurou a camareira por não tê-la chamado.

— O senhor Barão proibiu-nos de incomodá-la, senhora, pois os médicos declararam que essa noite aconteceu uma crise benéfica e que a vida do Marquês já não corre perigo.

Durante a refeição matinal, antes de ir ver o marido, Alice ficou pensativa. Ela descansou e sentia-se mais fresca. Mas seu entusiasmo caíra e, junto com ele, todas as ilusões que faziam parecer fácil e agradável a empreitada que assumira. Ela não estava arrependida com a decisão tomada. Agora, assim como no momento em que jurou dedicar sua vida a Berange, ela encarava aquela tarefa como um dever. Mas seus olhos se abriram e ela já não se iludia em relação às dificuldades do caminho à sua frente.

Para cumprir com verdadeira paciência e amor a promessa dada a Deus era preciso esquecer, definitivamente, o passado e abastecer-se novamente de afeto e respeito pelo marido, que pisoteou os seus melhores sentimentos. Também era necessário afastar a imagem de Gunter, que agora mais do que nunca parecia-lhe digno de ser amado.

Um agudo sentimento de vazio e amargura encheu o coração da jovem mulher. De repente, sentiu como se estivesse num campo pedregoso, arrasado por um furacão e abarrotado de entulho. Percebeu, então, que, do mesmo modo como fora feito no seu velho castelo, antes de erguer um novo edifício, era preciso eliminar, energicamente, as ruínas do passado.

Alice foi ao seu oratório e mergulhou em profunda oração. Implorou ao Pai Celestial para dar-lhe forças, a fim de concluir aquela tarefa, e para ajudá-la a alcançar a paz e a felicidade espiritual, que se adquire com a consciência de dever honestamente cumprido.

O seu apelo não fora em vão. À medida que a pura e fervorosa prece de Alice elevava-se em direção à Fonte de Infinita Misericórdia, sua alma enchia-se de profunda paz e alegre confiança no futuro. Quando ela se levantou, já tinha recuperado a tranquilidade e a força de vontade. Com um sentimento de compaixão e verdadeiro amor, dirigiu-se ao quarto de Berange. O paciente acordou plenamente consciente. Estava tão debilitado que mal tinha forças para balbuciar que sentia-se bem, quando Alice inclinou-se sobre ele e perguntou-lhe, com carinho e bondade, como se sentia; mas o olhar que dirigiu a ela estava cheio de amor e reconhecimento.

No dia seguinte, Berange sentiu-se mais forte. Para grande surpresa e alegria da esposa e do tio, ele expressou o desejo de confessar e comungar. O Barão chamou, imediatamente, o velho padre, que era o seu confessor, e comungou o Marquês pela primeira vez. Após uma longa conversa com ele, Berange, com profunda fé e veneração, recebeu a Santa Comunhão.

— Implorei a Deus para ele aceitar o meu arrependimento e me proteger do mal que invoquei com meus pecados — disse o Marquês a Alice, quando ela o parabenizou pela sua volta à religião.

A partir daquele dia, a saúde do Marquês passou a melhorar rapidamente. Os médicos ficaram muito surpresos com aquela repentina mudança, mas a melhora era evidente e eles foram obrigados a reconhecer que o paciente estava completamente curado, exceto pela grande fraqueza e paralisia das pernas.

Berange suportava, com extraordinária paciência e submissão, a sua situação e a perspectiva de ficar aleijado pelo resto

J. W. Rochester

da vida. Ele somente tornava-se, às vezes, muito pensativo e concentrado e, durante horas, ficava deitado em silêncio. Alice estava quase sempre ao seu lado e jamais, nem com uma palavra ou um olhar, revelava lembrar do sofrimento que ele obrigara-a a suportar.

Quando o paciente fechava os olhos, a jovem mulher também entregava-se por horas aos próprios pensamentos, sem suspeitar que, exatamente naqueles momentos, Berange fingia dormir e observava-a para melhor captar os sentimentos transmitidos pelo seu rosto expressivo.

O Marquês estudava com novo sentimento o rosto empalidecido e emagrecido da jovem mulher e não podia deixar de notar a expressão de fadiga e profunda tristeza refletida em seus olhos, quando ela pensava que ele estava dormindo.

A cada vez, ele se perguntava que eclipse mental e sentimental tinha caído sobre ele, ao trocar aquela pura e encantadora criatura por uma desavergonhada e caída frequentadora de bares, que o roubava e traía. Só a lembrança de Mushka fazia um gélido calafrio passar pelo seu corpo e ele procurava Alice com o olhar temeroso. Parecia que aquela inocente, nobre e magnânima mulher separava-o como uma parede salvadora do passado vergonhoso .

Frequentemente ele pensava com tristeza no futuro. Como seria ele? Alice continuaria a pertencer-lhe como antes? O Marquês reconhecia, perfeitamente, a sua culpa diante da esposa. Após tantos males e ofensas, seria inteiramente justo que ela sentisse somente indiferença e desprezo por ele. Se ela insistisse na separação, não poderia negar-lhe, especialmente agora que tinha ficado aleijado. Mas, também sentia que, sem ela, estaria acabado.

Durante longas noites, ele acostumou-se a vê-la à sua cabeceira, a sentir a pequena mão em sua testa ardente, a ouvir seus leves passos e a deliciar-se com a delicada atenção com que ela o cercava. Quando estava são, fugia da companhia dela para esbanjar sua vida e sua força com uma outra. Agora, que sentia-se quebrado e tinha consciência de que talvez nunca mais voltasse a ser o brilhante cavalheiro perseguido por frívolas coquetes, Berange agarrava-se temeroso à jovem mulher que lhe pertencia por lei, mas não pelo coração.

Certa dia, Berange fingiu novamente estar dormindo e, aproveitando a penumbra que reinava no quarto, começou a observar Alice. Ele viu quando a camareira entrou no quarto e, entregando a ela um cartão, informou a meia-voz que havia chegado o Barão Rentlinguen e pedia-lhe alguns minutos para conversar.

O sangue subiu ao coração da jovem mulher. Pálida como o "pegnoir" de casimira que vestia, ela olhou por instantes para o cartão de visitas que segurava na mão.

— Acompanhe o Barão ao meu "budoir" e peça-lhe para me aguardar lá — respondeu Alice também a meia-voz, sufocando energicamente a emoção. — Depois, venha substituir-me aqui e me chame assim que o Marquês acordar.

Parando um pouco para coordenar os próprios pensamentos e pedir a Deus inspiração e ajuda no difícil diálogo que teria pela frente, ela entrou no "budoir". Gunter, andava pelo quarto pálido e muito nervoso. Ao ver Alice, aproximou-se dela, rapidamente, e, beijando-lhe a mão, perguntou com visível preocupação:

— Alice! O que está acontecendo? Explique-me, pelo amor de Deus, essa confusão que não consigo entender! Marion escreveu-me dizendo que o Marquês tinha falecido. Infelizmente, eu estava em Kiel e não recebi a carta a tempo. Mas, quando a li, vim imediatamente para cá ajudá-la nessa difícil situação e combinar tudo para o futuro. De repente, soube, por seus criados, que o Marquês estava vivo! O que significa essa mistificação?

Em poucas e concretas palavras, Alice contou-lhe tudo o que acontecera desde que eles se viram pela última vez, e acrescentou:

— Gunter, o senhor entende que após o que lhe contei, devemos desistir da ideia de nos casar. O destino e o dever interpuseram-se entre nós. Eu me separaria de qualquer forma de um folião, que somente procurasse prazeres e se sentisse bem na companhia de estranhos. Mas, agora que o Senhor castigou o meu marido, não posso largá-lo, pois jurei diante do altar dividir com ele as alegrias e as tristezas, especialmente as tristezas. A própria Providência está me indicando o caminho a seguir.

— Mas, Alice! A senhora está deixando-se levar pelo entusiasmo e pela bondade. Por mais alto que seja o seu sacrifício, ele está acima das forças de uma mulher. Como é possível desistir de todos os direitos humanos, da vida e do amor, para vegetar como enfermeira de um homem que não pode nem amar e nem respeitar? Afinal de contas, eu também tenho algum direito! É justo sacrificar-me assim?

Alice baixou a cabeça; seus lábios tremiam nervosamente. Mas, quase imediatamente endireitou-se e respondeu baixinho:

— Não aumente ainda mais a dificuldade desse momento! Gunter, não pense que para mim não seria mais agradável optar por viver com você, ser feliz e amada, em vez de sacrificar-me pelo dever. Mas, nesse caso, qual teria sido o meu mérito? A minha existência, como enfermeira ao lado do marido doente, irá livrá-lo do ciúme. Quanto a mim, encontrarei forças e paz para o meu coração destruído na consciência do dever cumprido. Além disso, existe mais um importante motivo que me obriga a desistir de...

— Que motivo? Tenho o direito de saber — interrompeu o Barão.

Alice vacilou por instantes e ficou ruborizada. Em seguida, inclinando-se para Gunter, ela disse:

— O senhor tem razão. Devo contar-lhe toda a verdade e confiar-lhe algo que nem Berange sabe ainda. Eu logo vou ser mãe... E quero livrar esse ser inocente, que se prepara para vir ao mundo, da triste e falsa situação em que ficam as crianças de pais separados.

Gunter soltou um grito abafado e afastou-se para a janela. Ficou calado por alguns minutos. A jovem mulher olhava-o com preocupação, mas não ousava interromper o seu silêncio. Quando ele voltou-se, estava pálido mas com um ar tranquilo e decidido.

— Tem razão, Alice! Só me resta conformar-me — disse ele com voz surda, mas firme. — O destino está contra mim, pois criou entre a senhora e o Marquês um elo indestrutível. Portanto, adeus! Vou implorar a Deus para que lhe dê a felicidade que merece e que o seu marido algum dia perceba o tesouro que possui.

Agarrando as duas mãos de Alice, ele, por várias vezes, levou-as aos lábios.

— Gunter, prometa-me que tentará esquecer esse lamentável episódio! O senhor é jovem, bonito e nobre! Irá se apaixonar por uma outra mulher, que o amará como bem o merece.

O rapaz balançou a cabeça.

— Mulheres como a senhora nunca são esquecidas. Continuarei solteiro, Alice, e vou voltar a navegar pelos oceanos. O mar é muito ciumento. Ele não tolera rivais no coração do marinheiro. Por isso, serei fiel a ele pelo resto de minha vida.

Gunter apertou, pela última vez, a mão fria e trêmula de Alice e foi embora sem esperar resposta. Alice desabou na cadeira e tapou o rosto com as mãos. Sentia-se completamente quebrada. As lágrimas sufocavam-na. Mas, a jovem mulher tinha consciência da necessidade de ocultar aquela emoção do paciente e dos criados e, por isso, sufocou-a corajosamente.

Quando entrou no quarto de Berange, seu rosto não o deixou adivinhar o que acontecera. Mas, Alice precisava de algumas horas de privacidade. Assim, alegando forte dor de cabeça, pediu ao tio para substituí-la junto ao paciente. O Barão concordou imediatamente, dizendo que para o plantão noturno era suficiente só uma enfermeira e, por isso, recomendou à jovem mulher descansar até a manhã seguinte.

Alice não sabia que o tio tinha ouvido parte de sua conversa com Gunter. O Barão resolvera visitar a sobrinha. Pelo caminho cruzou com a camareira, que lhe informou da visita do Barão Rentlinguen. O velho cavalheiro dirigiu-se imediatamente ao "budoir" para cumprimentar o visitante, mas o som das vozes emocionadas dos jovens fê-lo parar e ficar ouvindo, imaginando que a seriedade do assunto dava-lhe aquele direito. O magnânimo sacrifício da jovem mulher e a inesperada novidade sobre a sua gravidez encheram o coração do Barão de alegria, reconhecimento e novas esperanças.

Então, tudo ainda poderia acabar bem e seus sonhos, baseados no casamento do sobrinho, começaram aos poucos a se realizar! Berange sofrera uma grande mudança e o nascimento de um filho poderia amarrá-lo à família e concluir a sua conversão. Quanto a Alice, ela logo esqueceria aquele amor passageiro. O amor à criança faria renascer também o amor ao pai.

Ocupado com aqueles pensamentos, o Barão foi ao quarto do paciente e nem notou a irritação de Berange e o olhar sombrio com que seguia a esposa. Aquela última hora fora muito difícil para o Marquês. A chegada de Rentlinguen reavivou, imediatamente, todas as suas antigas suspeitas e despertou em seu coração um enorme ciúme. Sobre o que conversariam, enquanto ele ficava deitado ali feito um animal ferido? Sem dúvida, iriam discutir a melhor forma de livrar-se dele!

Alice queria o divórcio somente para unir-se a Gunter. Sua paciência e delicada atenção eram uma farsa fácil de desempenhar, porque não seria duradoura! Os piores e injustos pensamentos enchiam a sua mente, abafando a voz da consciência que gritava alto: "Você mereceu ser abandonado! Que direito tem ao amor e à fidelidade de uma mulher, cujo coração ofendeu tão impiedosamente?" Ficando a sós com o tio, Berange não conseguiu conter a sua irritação. Perguntou ao Barão se ele soubera da visita de Rentlinguen. Em seguida, com palavras cheias de amargura, expôs as suas suspeitas, quanto ao motivo e resultado daquela visita.

O Barão ouviu-o em silêncio. Naquele momento, ele pensava se deveria ou não contar ao sobrinho o que tinha ouvido. Após uma madura reflexão, decidiu contar tudo, exceto sobre a gravidez de Alice, respeitando o desejo da jovem mulher. Assim, ele contou a Berange como acabou sendo testemunha da conversa e

J. W. Rochester

repetiu, com bastante precisão, o que ouviu, abrandando somente aquilo que poderia ofender o amor-próprio do rapaz.

Apesar dos cuidados que tomou, aquele relato despertara uma tempestade na alma de Berange. A raiva impotente, o ciúme e o amor-próprio feridos dominaram-no. Mesmo que a voz incorruptível da consciência soprasse-lhe que Alice não podia nem amá-lo e nem respeitá-lo, a notícia de que ela resolvera ficar com ele e sacrificar-se pelo senso do dever, era tão difícil para o orgulhoso rapaz que, por instantes, ele quase preferiu entregá-la a Gunter.

Passaram-se cerca de três semanas. Berange já podia ser considerado completamente curado, se as pernas não estivessem paralisadas. A impossibilidade de movimentar-se, à qual estava condenado, a dependência de terceiros, o medo de ficar aleijado pelo resto da vida e, por último, a luta interior consigo mesmo, tudo isso agia de forma deprimente no agitado rapaz. Seu nervosismo e impaciência febril levavam os médicos ao desespero. Eles tentavam, sem resultado, convencer o Marquês de que a cura seria possível somente em repouso absoluto e paz espiritual.

Alice e o Barão tentavam de todas as maneiras distrair o paciente, sem sucesso, e nem a mais delicada atenção da jovem mulher obtinha qualquer resultado. Berange permanecia preocupado e nervoso e, durante horas inteiras, entregava-se aos seus sombrios pensamentos.

Certa vez, o médico disse ao Barão que, na sua opinião, o Marquês precisava mudar de ares.

— É preciso levá-lo para algum local isolado e montanhoso. Lá eu quero experimentar um tratamento com água fria, conforme um método do pastor Kleil. Sei de experiência própria que Kleil conseguiu resultados realmente extraordinários. Mesmo que a cura seja incompleta, o organismo e o sistema nervoso do paciente se fortalecerão o suficiente para podermos apelar para a hipnose. De minha parte, estou convencido que, após uns seis meses, o senhor Marquês voltará a andar como antes.

Aquele projeto foi aprovado por todos. Além disso, ficou decidido que o Marquês seria acompanhado por um estudante de medicina, parente do médico, que teria a responsabilidade de seguir o andamento do tratamento e informar ao Barão os resultados. A viagem foi marcada para dali a quinze dias.

O Marquês não se manifestou nem contra e nem a favor, mas também não protestou, permanecendo sombrio, pensativo e calado.

Num determinado dia, levaram o paciente numa poltrona ao "budoir" e Alice começou a conversar com ele sobre os preparativos para a viagem, mas o Marquês pegou-a pela mão e disse:

— Alice! Quero conversar com você sobre algo importante. Em primeiro lugar, peço-lhe para não ir comigo à Suíça.

— Mas, como? Você quer ir sem mim? Mas, isso é totalmente impossível!

— Pelo contrário, é bem possível. O meu mordomo e Jack são suficientes para me servir. O senhor Vanlo irá acompanhar o meu tratamento e o próprio tio quer me acompanhar até o local onde me hospedarei. Portanto, você não precisa temer pelo meu bem-estar. Depois de tudo o que aconteceu, sinto a necessidade de ficar sozinho, concentrar-me e pensar sobre o passado e o futuro. Suportei um terrível abalo espiritual e vi o mundo invisível...

Berange estremeceu e calou-se por instantes.

— Então, percebi que lá existem leis terríveis, que não podem ser ignoradas impunemente e que o meu estado atual é o resultado da transgressão dessas leis. Só Deus sabe se irei sarar ou carregar, pelo resto da vida, o resultado de meus erros! Portanto, quero pensar sobre tudo isso e preparar-me para suportar com resignação o que Deus me impuser. Você, Alice, também precisa de paz e de isolamento para testar e inquirir o seu coração. Antes da minha doença, você expressou o desejo de obter o divórcio. Não, não me interrompa! O seu desejo é justo. O meu comportamento em relação a você foi vergonhoso e indigno. O meu dever é conceder-lhe a liberdade de decidir o próprio futuro. Se estiver em condições de amar-me novamente, ficar-lhe-ei profundamente grato. Mas, se quiser ficar comigo somente por cumprimento do dever, não aceitarei tal sacrifício.

Um forte rubor cobriu o rosto de Alice:

— Berange! O que está dizendo? Em algum momento manifestei impaciência ou raiva pelo passado? Alguma vez lhe falei que estava me sacrificando ao ficar com você? Não, não mereço isso que está me dizendo!

O Marquês levou a mão de Alice aos lábios.

— Não, minha querida e generosa esposa, você nunca disse nada disso. Isso me foi contado por outra pessoa e que falou a verdade. Você já não me ama e nem me respeita. Está amarrada a mim somente por pena e sentimento do dever. Mas, você é jovem, tem direito à vida e à felicidade! Antes de assumir essa pesada carga deve refletir muito bem e colocar nos pratos da balança a mim e ao Rentingluen. Quando eu voltar, daqui a seis meses, você me informará da sua decisão. Se o seu coração pender a balança para o meu lado, continuaremos a nossa vida juntos; caso contrário, não aceitarei o seu sacrifício e lhe darei o divórcio.

Alice ouvia-o de cabeça baixa.

— Está bem, será como você quer! Vá sozinho e eu ficarei aqui, já que pensa que preciso testar as minhas forças.

Alguns dias depois, o Marquês viajou. Na véspera de sua viagem, o Barão, conversando com Alice, confessou que sabia de sua gravidez e perguntou porque ela insistia em ocultar do marido aquela boa notícia, que agiria de forma muito benéfica sobre ele. Alice ficou vermelha.

— No início, não conseguia decidir-me, tio. Mas, após uma conversa muito séria que tive com Berange, achei melhor que ele nada soubesse sobre isso até voltar. Está havendo uma grande luta em seu espírito. Ele percebeu que a vida é concedida não somente para prazeres, e que ela é um rigoroso teste das forças espirituais, na qual cada passo é uma tentação e cada erro, uma queda no abismo. A neblina que se acumulou em seu espírito, devido à vida devassa, está começando a dissipar-se e despertando nele uma aspiração para ideais mais elevados. Me parece que, enquanto acontece esse importante processo espiritual, Berange não deve ser incomodado. Quando ele voltar, a criança já terá nascido. Se ele voltar curado, esse pequeno lhe dará novas e puras alegrias, irá ajudá-lo a seguir o novo caminho e o fará apegar-se à família. Se voltar doente, então, talvez a inesperada alegria de encontrar o filho, herdeiro de seu nome, poderá provocar aquela forte emoção que os médicos desejam e que pode devolver-lhe a capacidade de andar.

— Está bem, minha filha! Ficarei calado. Talvez o próprio Deus tenha-lhe inspirado essas ideias!

Passaram-se seis meses e meio, desde a partida de Berange. Já era mês de maio. Durante todo aquele tempo, só tinha acontecido um fato importante no hotel dos Bordele. Para enorme alegria do Barão, Alice dera à luz a um menino.

Na ausência do marido, Alice levava uma vida bastante reclusa. Ela mal saía de casa e não recebia quase ninguém. Raramente escrevia a Berange. O Marquês escrevia-lhe sobre sua saúde e informava que sentia-se renascer. Tinha esperanças de poder andar novamente. Na última carta, ele informava sobre a sua chegada. Por isso, a jovem mulher passou a semana aguardando a chegada do marido a qualquer momento com uma crescente e febril impaciência.

Desde o nascimento da criança, Alice sentia-se completamente feliz. Todos os outros pensamentos foram abandonados, exceto a esperança de converter o Marquês a uma nova vida. Como poderia ele, ao ver aquela pequena criatura, não encontrar junto à ela os melhores divertimentos? Mas, por que demorava tanto a chegar? Ele nem sabia o que o aguardava ali!

O verdadeiro motivo da demora de Berange era o obscuro temor do que o aguardava em casa. E se Alice, apesar de tudo, tivesse escolhido Gunter? É verdade que o tio escrevera-lhe contando que sua esposa levava uma vida reclusa e, provavelmente, não recebia nenhuma notícia do jovem marinheiro. Apesar de tudo, o Marquês estava muito preocupado. Ele aprendera a dar valor à esposa e temia sobremaneira, perdê-la, apesar de estar completamente curado.

O Marquês decidiu chegar de repente. Ordenando aos criados que viajassem com a bagagem no trem seguinte, Berange viajou sozinho a Paris, alugou uma carruagem e chegou ao hotel. Ali ninguém o esperava e seu aparecimento repentino assustou o mordomo. Sem ligar para aquilo, Berange ordenou que ninguém se mexesse do lugar e disse que ele próprio iria anunciar a sua chegada.

Baixando a cabeça, o Marquês dirigiu-se pensativo ao quarto da esposa. O "budoir" estava vazio, mas o livro aberto sobre a mesa e o trabalho manual, jogado no divã, indicavam que a dona da casa passava o tempo naquele local.

"Ela deve estar no dormitório", pensou Berange, passando pelo "budoir" e levantando a cortina baixada.

Berange estancou na soleira da porta do dormitório. Alice estava sentada numa larga poltrona junto ao berço enfeitado de rendas; em seu colo havia uma criança que ela amamentava. Junto à poltrona estava a babá num traje alsaciano. Apesar da palidez, a jovem mãe estava encantadora no "pegnoir" branco e magníficos cabelos trançados. Com um alegre sorriso, ela inclinava-se para o pequenino a quem dera a vida.

As mulheres não notaram a chegada do Marquês, pois o espesso tapete abafou os seus passos. O rapaz olhava aquela grandiosa cena com profunda emoção. Teria ele estado cego ao partir? Aquele era o seu filho! Como ousaram ocultar dele aquela enorme alegria?

Foi tomado por um sentimento de raiva, que desapareceu tão rapidamente quanto tinha vindo. Um novo e estranho sentimento apoderou-se dele, obrigando seu coração a bater mais forte. Ele correu para a jovem mulher e exclamou:

— Alice! Como você é má! Como pôde ocultar isso de mim? Alice endireitou-se, rapidamente.

— Berange?! — Finalmente, você chegou! Veja quem estava esperando-o!

Com brilho no olhar e vermelha de felicidade e de orgulho, ela entregou o filho ao marido. O Marquês pegou a criança e cobriu-a de beijos. Em seguida, devolvendo-a à mãe caiu de joelhos e continuou a olhar encantado o pequenino que abriu os seus grandes e surpresos olhinhos e esticava, prazerosamente, os pequeninos braços. Aquela criatura encantadora era dele! Era o seu filho e herdeiro, o portador do seu antigo nome, a dádiva do Céu, enviada para ajudá-lo a apagar os erros do passado e programar o futuro!

— Alice! — balbuciou, de repente, Berange, com voz suplicante e abraçando a jovem mulher. — Não nos abandone! Perdoe-me e esqueça tudo! Juro que dedicarei a você e ao menino toda a vida e a saúde que Deus me devolveu!

Alice levantou para ele o seu olhar bondoso e úmido.

— Aceito a sua promessa, Berange, e espero que, nesse instante, estejamos realizando a nossa verdadeira união. Que o passado seja riscado para sempre de nossa memória! Você deverá mostrar sempre somente exemplos de virtude ao seu filho.

Berange abraçou Alice e um longo e ardente beijo selou a sua reconciliação.

O aparecimento do Barão que, com ar de felicidade, veio correndo abraçar o sobrinho, interrompeu aquela cena, mas, quando, após o jantar, o casal ficou novamente a sós, voltaram a falar do assunto. Berange expôs seus planos para o futuro. Ele queria iniciar algo importante e decidiu optar por uma carreira diplomática ou dedicar-se, exclusivamente, à administração de suas propriedades. O Marquês queria remendar as mazelas causadas por suas loucuras e deixar ao filho uma grande fortuna, digna do nome Bordele.

Alice preferia a última opção. Ela gostava de aldeias e da vida livre no castelo. Quando ela observou timidamente recear que ele ficasse logo entediado com a vida no campo, o Marquês balançou a cabeça.

— Não tema, minha querida! — respondeu ele, sério. — Entendo que lhe é difícil acreditar nessa minha mudança radical e, principalmente, na solidez de minhas decisões. Mas, se soubesse o inferno que passei durante os três dias de minha letargia, entenderia que após tal agonia é impossível voltar a ser um frívolo folião.

— Você poderia me contar o que lhe aconteceu e o que sentiu? Queria perguntar-lhe sobre isso naquela hora, mas temia que as lúgubres lembranças o perturbassem ainda mais.

— Exatamente lúgubres! Agora que estou tranquilo e saudável, sinto-me capaz de repassar mentalmente aqueles dias horríveis. A quem mais a não ser ao meu anjo da guarda posso confiar o que suportei e o que foi a base de minha transformação?

Ele ficou pensativo por instantes e, então, começou a contar com uma voz baixa e emocionada:

— Perdoe-me por iniciar o relato, citando a mulher, cujo nome tenho vergonha de proferir agora, mas que teve sobre mim essa estranha e fatal influência.

Quando, após a sua partida de Bordele, Mushka passou a visitar-me, senti pela primeira vez na vida um terror inexplicável e, em seguida, uma louca excitação que jamais havia experimentado antes. Tudo isso resultava na minha fraqueza mortal.

No início, atribuí a fraqueza ao ferimento e à perda de sangue, mas logo percebi que a cada beijo daquela mulher saía de mim uma parte da força vital. Quando ela ia embora, eu caía num estado de exaustão próximo ao desmaio.

Quando ouvi os boatos que aquela desprezível criatura havia desaparecido e que teria sido jogada no precipício por Renoir, fui tomado por um sentimento de terror e incredulidade. Mas, era cético e não acreditava em fantasmas, especialmente num fantasma numa forma tão material. Apesar disso, repito-lhe, eu era torturado pelo horror e incredulidade, que aumentavam a cada dia. Entretanto, eu temia e tinha vergonha de expressar esses sentimentos diante de Mushka, que parecia adivinhá-lo, pois, a cada vez que eu pensava sobre os boatos de sua morte, uma expressão estranha e repugnante deformava o seu rosto.

Certa manhã, Jack, pálido e desolado, veio confessar ter-me espionado na noite anterior. Apesar do risco de ser despedido, ele achava seu dever avisar que eu era visitado pelo próprio demônio, que no final das contas iria torcer o meu pescoço e arrastar a minha alma para o inferno.

Senti um calafrio passar pelo corpo, quando Jack reforçou a sua opinião com uma série de argumentos realmente inexplicáveis. Mas, a maldita falsa vergonha de acreditar no demônio e, principalmente, partilhar da opinião do próprio criado, obrigou-me a ridicularizar a sua ideia de convidar um padre e apelar para a ajuda Divina. Soltei uma risada na cara do cocheiro, disse-lhe que ele era um imbecil e que o perdoava somente porque ele estava bêbado quando vira o demônio.

À noite, a terrível criatura apareceu novamente. Sentou-se ao meu lado, me abraçou pelo pescoço e encostou os seus lábios gelados nos meus. Senti imediatamente o escoar da força vital, só que num grau muito maior. Além disso, senti um insuperável asco por aquela misteriosa mulher. Quis empurrá-la, afastá-la de mim, mas ela segurou-me com força sobrenatural! Provavelmente, a minha força vital já era insuficiente para manter a sua existência aparente, pois para o meu indescritível horror, vi como se inclinava para mim um rosto em putrefação. A pele enegrecida era uma massa disforme, através da qual entreviam-se os contornos do crânio. "Deixe-me! — gritei horrorizado. — Você realmente morreu! Tenho medo de você!"

Mal pronunciei essas palavras, quando o monstro soltou um silvo e agarrou-me pelo pescoço. Apertando sua repugnante boca à minha, ele sugava de mim algo que se arrancava com dor aguda do meu ser, enquanto seu hálito malcheiroso impedia-me de respirar.

Eu me debatia, loucamente, tentando livrar-me dela, mas em vão! Os dedos ossudos apertavam com força o meu pescoço, o odor de putrefação sufocava-me e os olhos do monstro, a única coisa viva naquele rosto disforme, paralisavam meus movimentos com seu terrível olhar.

Senti que estava morrendo e, quase instintivamente, pensei: "Deus, tenha piedade de mim!" No mesmo instante, as garras que me prendiam soltaram-se, o ser asqueroso empalideceu e rolou pesadamente da cama para o chão.

Tremendo de horror, tentei pular da cama e correr para fora do quarto, mas não consegui mover-me. Queria gritar, mas a língua pesada como chumbo, não me obedecia. Nenhuma fibra movia-se em mim. O frio da morte corria pelos membros, fui tomado por uma sonolência apática; em seguida, tudo escureceu e desmaiei.

Não sei dizer quanto tempo fiquei nesse estado. Uma sensação de frio e o barulho de vozes distantes despertou-me. Ouvi o doutor Arnold dizer: "Ele faleceu, muito provavelmente, de ataque cardíaco. Mas, somente a autópsia poderá esclarecer a causa exata de sua morte." A voz de Bertrand respondeu: "Não podemos abrir o corpo sem a autorização dos parentes. Vou agora mesmo mandar um telegrama à Marquesa para vir imediatamente. Pobre Berange! Nos últimos tempos ele estava com uma aparência bem doentia, mas eu nunca imaginaria que a sua morte estava tão próxima", acrescentou ele com tristeza. "Para a sua natureza nervosa, ele abusava demais da vida, respondeu o médico. Mas agora, senhores, preciso fazer o atestado de óbito e vocês deverão colocar nele os seus carimbos."

Em seguida, ouvi passos se distanciarem e fiquei só.

Nego-me a descrever o que passei durante essa conversa! No início, quis gritar que estava vivo, mas vendo que não conseguia fazer um único movimento, compreendi que estava num sono letárgico. Então, algo apertou-se dentro de mim e parecia que um suor frio aparecia por todo o corpo. Eu ficava imaginando e sofrendo todas as terríveis sensações de alguém enterrado vivo.

Então, o meu destino era sufocar debaixo da terra se não sufocasse antes sob a tampa do caixão! Simplesmente não entendo como não enlouqueci!

O Marquês calou-se. Seu peito levantava-se alto e ele passou a mão trêmula na testa úmida.

— Chega! Não precisa continuar! Essas lembranças perturbam-no demais— disse Alice, apertando a mão do marido.

— Ó, não! Para mim é bom recordar, de vez em quando, essas horas terríveis. Não há remédio melhor para me manter longe de quaisquer loucuras — respondeu o Marquês, com um sorriso forçado.

— O estranho — prosseguiu Berange o seu relato — é que quando tudo isso acontecia, a minha mente estava absolutamente clara, exceto no momento em que desmaiei. Eu pensava, ponderava, entendia tudo o que se passava à minha volta e os meus sentidos estavam, particularmente, aguçados. Ouvia cada ruído, cada palavra pronunciada nos quartos vizinhos. O meu olfato estava tão sensível, que distinguia o odor de diversos pratos apesar da cozinha, como sabe, estar localizada longe do dormitório.

Agora vou passar para o momento em que começaram a me vestir para o funeral. Para esse espetáculo interessante, reuniram-se todos os criados. Cada um deles discutia a minha morte e a minha vida passada. Ó, Alice! O que escutei ali me curou imediatamente da vaidade! Os criados julgavam a nós dois e esse inclemente julgamento pode ser resumido numa única e cruel frase: "Ele viveu como um pecador e morreu como um amaldiçoado."

Aquelas pessoas estavam certas! Realmente, fui amaldiçoado e suportei sofrimentos infernais naquelas horas mortais. Ao mesmo tempo, a minha alma iluminou-se de repente. Compreendi toda a podridão do meu comportamento passado. Deus me concedeu uma vida maravilhosa que eu esbanjava em orgias, evitando o trabalho sério e zombando da virtude e dos ideais! Agora, colhia o resultado daquela vida criminosa. Fiquei só e não havia por perto nenhum parente! Um sentimento de amarga pena apertou-me o coração. Se eu, com ofensas e esquecimento, não a tivesse afastado de mim, você poderia ter percebido, com o instinto do coração e a clarividência do amor, que eu não estava morto, apesar da letargia. Mas, estava deitado só, pois até os meus criados saíram do quarto rapidamente. Eles temiam o defunto que, na opinião da cozinheira, morreu como um cão, sem extrema-unção.

Colocaram-me na cama, cobriram-me com um véu de gaze que me parecia uma tampa de chumbo e acenderam velas. Chegou a irmã de caridade e passou a ler orações monótonas. Mais tarde, apareceu o padre e começou um ofício fúnebre, durante o qual perdi os sentidos.

Ao voltar a mim, ouvi o relógio bater meia-noite. Era a hora fatídica quando ela vinha me ver! Eu estava tão abatido pelo sofrimento desumano que pensei que sentia uma paz relativa, graças ao benfazejo torpor.

De repente, uma luz azulada surgiu à minha volta e começou a crescer aos poucos. Senti que aquelas ondas fosforescentes me levantavam e agitavam. Em seguida, a cortina pareceu dissipar-se e me vi num lugar bem iluminado. Eu já não estava mais no meu quarto, mas num espaço cinzento e nebuloso, do qual surgiu a cortesã e passou a esfregar-se em mim. Seu rosto putrefato e disforme estava asqueroso; seus olhos com expressão de animal feroz me fitavam. Ela veio para tirar o que me restava de vida! Um terrível ódio tomou conta de mim, eu estava disposto a matá-la, mas não conseguia mover um músculo.

Para extrema surpresa, quando aquele ser repulsivo inclinou-se sobre mim, recuou, de repente, como se repelido pela luz brilhante que saía de mim e impedia a sua aproximação. Naquele instante, apareceram duas novas figuras. Uma delas era uma mulher envolta num véu negro, a outra, um homem alto, envolto numa capa vermelha. Seu belo rosto possuía um caráter particularmente maléfico e indiferente. Nunca antes havia visto uma expressão de crueldade tão gelada e inclemente, que refletia em seu olhar ardente e vagava pelos lábios zombeteiros.

Parando a alguns passos de minha perseguidora, ele levantou a mão vermelha, como se ensanguentada, e dirigiu a ela um olhar realmente terrível. O ser repulsivo estremeceu, imediatamente, encarquilhou-se e seus olhos, cheios de mudo horror, dirigiram-se ao seu senhor. Depois, feito cobra, ela arrastou-se para ele. Então, notei que um cordão negro e vermelho ligava-me ao ser infernal, que o homem vermelho atraía. A mulher em véu negro, num gesto de gratidão, estendia-lhe as mãos juntas. Ele respondeu com um aceno de cabeça e desapareceu junto com a sua prisioneira. Então, a mulher retirou o véu e reconheci nela a minha própria mãe! Ela estava exatamente como eu a havia visto pela última vez no caixão. Eu a amava muito e, talvez, aquele tenha sido meu único sentimento puro na vida. Ao vê-la, fiquei muito contente. "Reze, Berange! Repita as palavras que vou dizer. Não vou deixá-lo até o último minuto de sua libertação!", disse ela, com voz carinhosa e melódica, que até agora soa em meus ouvidos. Levantando as mãos sobre a minha cabeça, ela recitou uma oração. Agora esqueci as palavras da oração, mas naquela hora eu as repeti obedientemente. Tremia de medo, pois a libertação à qual minha mãe se referia só podia ser a morte! A fervorosa oração elevou-se do meu coração torturado para o Pai Celestial. Eu implorava a Ele enviar-me a morte, antes que me fechassem vivo no caixão.

Nunca antes, como naquele momento, tinha sentido antes a própria insignificância e a criminosa obscenidade com que transgredia as leis do desconhecido, entregando-me ao poder da força bruta, que agora me dominava. À medida que orava, a minha alma perturbada ia-se acalmando. Uma sensação de calor luminoso corria pelas minhas veias e caí, então, num torpor sonolento. Não vou descrever em pormenores aqueles dois terríveis dias e noites ainda piores, cheios dos mesmos sofrimentos espirituais e total esquecimento. Só digo que a clareza da minha mente começou a reduzir-se e eu já não conseguia me dar conta de onde estava e o que acontecia à minha volta.

Encontrava-me exatamente naquele estado, quando a sua voz me fez voltar a mim. Você inclinou-se sobre mim e senti a sua respiração em meu rosto. De repente, fui tomado por um insano desespero! Queria chorar, implorar o seu perdão, gritar-lhe: "Alice! Estou vivo!" Fiz frenéticos esforços, tentando mover-me, dar um mínimo sinal de vida, mas foi tudo em vão! O corpo imóvel não me obedecia! Entretanto, você captou algo de minhas tentativas, pois exclamou: "Não, ele não morreu!"

Em seguida, você ajoelhou-se e, provavelmente, começou a rezar, pois o rosto transparente de minha mãe iluminou-se de alegria. "Não perca as esperanças! A libertação está próxima", sussurrou-me ela. Pensei que, naquele instante, iria romper-se a minha linha de vida, pois um estranho tremor tomou conta de mim e senti passar pelos meus membros um calor ardente e um gélido frio. Eu fiquei extremamente feliz por não ser enterrado vivo. A libertação daquele tipo de execução era para mim a maior das graças.

Mergulhei, então, nos próprios pensamentos.

De repente, a chegada do monstro, ao qual estava ligado de forma tão fatídica, tirou-me as esperanças de libertação. O ser repulsivo parecia extremamente furioso. Jogava-se sobre mim como um animal predador, mas a cada vez uma força invisível repelia-o. Tudo o mais aconteceu com uma velocidade tão

J. W. Rochester

desconcertante que não consigo descrevê-lo em detalhes. Em primeiro lugar, vi uma luz ofuscante que envolvia, como uma auréola, a um majestoso ancião, que tinha numa das mãos um crucifixo e na outra, uma taça que emitia fortes raios. Naquele momento, ouvi vozes gritarem *Vade retro*! e "Nosso Senhor Jesus Cristo!" Algo gelado molhou-me. Houve um forte estrondo no ar. Agulhadas de fogo correram pelo meu corpo, e abri os olhos! Lá estava você, pálida como a morte.

Jack caiu de joelhos, enquanto a irmã de caridade pôs as mãos na cabeça. Eu vi que estava salvo! Mas, o último ato daquele drama aconteceu aqui, pois a minha perseguidora seguiu-me até Paris. Toda noite e, às vezes, até de dia ela me aparecia cheia de fúria e ódio. Com o olhar ardendo de raiva infernal, jogava-se sobre mim tentando matar-me. Me sufocava com seu hálito cadavérico e apertava com tanta força o cordão que nos unia e que ela passou em volta de meu peito, que eu chegava a desmaiar.

Somente quando você orava e limpava o meu rosto com água benta ou punha a mão em minha testa, surgia, não sei de onde, uma flecha faiscante e feria o monstro. Então, o homem de vermelho caía sobre ele e o levava embora.

Na noite em que esse ser repulsivo me apareceu pela última vez, houve entre nós uma luta desesperada. Senti que estava morrendo. Até os meus ouvidos chegava, vagamente, a sua voz; eu não entendia, mas sabia que estava orando. De repente, senti um alívio, pois apareceu o homem de vermelho e caiu sobre o vampiro. No mesmo instante, vi nos pés da cama o resplandecente enviado Divino. Do fundo do coração, implorei-lhe que me salvasse. Quase no mesmo instante, um raio brilhante atingiu-me e cortou o cordão fosforescente que me ligava à criatura infernal. Senti uma dor terrível. Parecia que algo pesado estava sendo arrancado de meu ser. Em seguida, um novo raio atravessou-me, pregando-me ao leito e desmaiei.

Quando voltei a mim, estava livre daquilo tudo. Mas compreendi que a vida foi-me devolvida para me testar e que a qualquer momento poderia cair novamente em poder da força fatídica, da qual me livrei por milagre. Agora você entende, Alice, que conhecendo o mundo invisível e sabendo que existem terríveis e misteriosas leis, que somente cegos transgrediriam, nunca esquecerei o que houve comigo. Jurei tornar-me um novo homem.

Profundamente emocionada, Alice abraçou Berange e beijou-o com ardor.

— Vamos juntos implorar a Deus para que Ele o ajude nesse bom caminho. Eu e o nosso filho vamos amá-lo tanto que você nunca mais vai lembrar das frívolas diversões mundanas.

— Nunca! A vida no lar, na companhia da esposa e do adorado filho, sob a égide de Nosso Senhor é a única verdadeira e concreta felicidade, cujo prazer não traz consigo nem amarguras e nem lamentações!

Epílogo

Passaram-se dois anos. Num lindo dia de julho, havia uma alegre animação no velho castelo e nas adjacências. Festejava-se a bênção da fábrica. A multidão de trabalhadores com roupa de domingo e um grande número de convidados dirigia-se para a arcaica capela do castelo. Ali, tudo mudou desde o fatídico baile. No lugar da antiga abadia elevaram-se as amplas dependências da fábrica, cercadas por um povoado de casas populares dos trabalhadores, destacando-se as belas residências do diretor e de outros funcionários. Tudo ali respirava satisfação e conforto total. O Marquês e seu tio fizeram o possível para proteger os interesses e o futuro dos trabalhadores.

A vila foi transformada em abrigo para velhos trabalhadores solteiros e para aqueles que algum acidente não mais permitia trabalhar. Berange não queria de jeito nenhum pisar mais nem na soleira daquela casa. Ele comprou dos herdeiros, a vila de Renoir junto com o parque, e dias antes da solenidade mudou-se para lá com a família.

O cimo da colina também alterou-se na aparência. Desapareceram os montes de pedras, as fossas foram fechadas e, naquele espaço amplo, foi construído um jardim. Por entre a vegetação abundante, foram distribuídas algumas confortáveis e luxuosas casas. Numa foi instalado o presbitério, a outra foi ocupada por uma entidade beneficiente, e a última foi destinada à escola e residência do professor com sua família.

Contrastando completamente com as frágeis edificações modernas, a Torre do Diabo elevava a sua extremidade dentada e suas vigas estreitas. Por ocasião da solenidade, sobre ela estava desfraldada a grande bandeira com o brasão de Bordele.

A velha capela foi ampliada com o quarto contíguo e totalmente reformada. Sobre o altar estava o antigo crucifixo de prata. Pelas paredes foram distribuídas grande parte das lápides tumulares retiradas da cripta familiar. O mausoléu de Angela ocupava um lugar de honra e à sua frente foi colocada a estátua do cavaleiro de Savari, cujo caixão com o crânio quebrado fora encontrado durante as escavações. Ambos os túmulos estavam enfeitados com flores e o padre aspergiu-os com água benta antes do início da missa.

A missa aproximava-se do fim. Nos degraus do altar estava um venerável padre que, da mesma forma que os antigos capelães, pertencia à Ordem dos Beneditinos. Como nos tempos de padre Ambrósio, a igreja estava repleta de fiéis, mas em vez de rudes soldados trêmulos e infelizes vassalos agora oravam trabalhadores satisfeitos. Junto ao túmulo de Angela de Bordele estavam Berange, Alice com o filho e o velho Barão.

O rosto do Marquês tinha uma expressão de tranquila seriedade e toda a sua figura transpirava força e energia, própria da velha raça de guerreiros. O rosto encantador de Alice refletia felicidade e absoluta paz. De tempos em tempos, seu olhar passava com amor da alta e orgulhosa figura do marido para o pequeno garoto, retrato vivo do pai.

O jovem casal ouvia com profunda emoção o sermão do padre aos presentes. Recordando, em poucas palavras, os sangrentos acontecimentos que um dia aconteceram naquele local, o venerável padre saudou a infinita misericórdia do Senhor que, em troca do triste passado, concedeu-lhes uma época de luz e liberdade.

No mesmo local, de onde outrora provinha a opressão, surgiu um centro de trabalho livre. Agora dependia de cada um a possibilidade de criar para si uma vida feliz e pacífica. Quando a multidão foi se dispersando, muitos olhares pensativos foram dirigidos para a torre dentada, que outrora elevava-se como uma nuvem negra sobre o vale. Agora, o velho gigante, enfeitado de guirlandas e coberto de hera, parecia sorrir como sorri um velho aos seus bisnetos, cujos costumes e ideias ficaram-lhe estranhos.

Na noite do mesmo dia, Alice e Marion estavam sentadas no "budoir" da Marquesa. Ambas as mulheres tinham muito o que contar uma à outra, pois a Marquesa de Bordele passara dois anos em Turim, só de vez em quando voltando a Paris. Passaram a falar sobre a solenidade matinal, sobre o pobre Renoir e o trágico passado, que tinha uma ligação tão estranha com o louco.

— Se as almas de Angela, do capelão e dos outros protagonistas daquele drama estão vendo o que acontece aqui na Terra, então, creio que hoje eles se sentem felizes! — exclamou Marion. — Sua memória foi restaurada e eles estão sendo lembrados com piedade e amor. Todos vão rezar por eles como o desejou o velho capelão.

— Sim! Sem dúvida iremos orar por eles. Hoje, pela manhã, Berange foi comigo visitar o túmulo de Renoir. Ele visita-o toda vez que vem por aqui.

— Quem poderia imaginar que o Marquês fosse capaz de mudar tanto! Um folião, amante de mulheres e completo ateu, transformou-se repentinamente num marido exemplar e num homem empreendedor e temente a Deus! Você está tão feliz Alice, que isso transparece em seu rosto. Vou escrever a Gunter para desiludi-lo definitivamente.

Um leve rubor passou pela face de Alice.

— Você viu o Barão Rentlinguen? — perguntou ela.

— Não! Ele está há dois anos navegando no mar Mediterrâneo. Parece que quer permanecer solteiro e leva ao desespero a sua família, especialmente a pequena Thea. Ela está perdidamente apaixonada por ele e rejeita todos os outros candidatos.

Gunter deve voltar na próxima primavera. Então, será atacado novamente para obrigá-lo a fazer a felicidade do pequeno coração que sofre por ele, já que ele mesmo não consegue ser feliz.

— Desejo do fundo do coração que ele esqueça o nosso encontro e encontre a felicidade nesse casamento. Quem, além desse bondoso e nobre rapaz, merece mais as alegrias da vida em família, que ele tanto sabe valorizar? Quando todas essas velhas histórias forem, definitivamente, sepultadas, poderemos ser amigos novamente — acrescentou ela com um sorriso.

Marion também riu. Em seguida, encostando a cabeça nas almofadas do divã, ela ficou pensativa. Por instantes, Alice ficou observando-a e depois perguntou:

— O que você tem, Marion? Está com profundas olheiras e uma aparência não muito boa. Está doente ou simplesmente amargurada? Parece que separou-se de Nerval?

— Ah! Ele me perturbava muito e me traía. Simplesmente mandei-o embora, mas não é isso que me entristece. Não me custa nada arrumar um substituto. Acontece que estou terrivelmente exausta e não tenho um momento de paz. Assim que levanto da cama, a modista já está à minha espera e começa uma corrida maluca: visitas, almoços, teatros, bailes; isso sem contar as exposições, os bazares, os concertos beneficientes etc. Repito: é um furacão. Quando volto para casa, pelas quatro horas da manhã, sinto-me totalmente quebrada e não adormeço, mas caio numa espécie de esquecimento.

— Santo Deus! Por que se sujeita a essa tortura? Ela está

destruindo seu corpo e nada acrescenta ao seu espírito. Não me diga que toda essa asquerosa e frívola multidão que a cerca vale você sacrificar a sua vida por ela? Seus triunfos aparentes satisfazem a sua vaidade por alguns minutos, e depois você paga um preço alto por eles.

Marion baixou a cabeça e uma lágrima involuntária escorreu de seus longos e negros cílios. As palavras da Marquesa trouxeram-lhe à mente muitas cenas pesadas, com as quais ela obtinha o dinheiro que precisava e muitas horas de humilhação, com as quais ela pagava os trajes e brilhantes que provocavam a inveja geral.

— Tem razão, Alice! Essa corrida maluca nada traz além de indiferença, mas procuro nela o esquecimento de mim mesma! Não pode imaginar como é horrível ficar em casa quando não se tem mais ninguém! Para evitar isso e para não pensar, fico passando de divertimento em divertimento.

Alice balançou a cabeça.

— Você está errada! A vida não foi dada para ser loucamente esbanjada. Não me diga que nunca pensou sobre o inevitável fim e o que a espera além-túmulo?

— Ó! Depois de mim, o dilúvio! Veja bem, o inferno saiu de moda e o Céu, por enquanto, está fora de alcance. Por isso, o verdadeiro paraíso é a completa inexistência que consome igualmente a fatalidade e a virtude.

— Você está muito enganada! O inferno existe, mas não no sentido vulgar da palavra. Ele consiste de forças fatais que derretem à nossa volta como a eletricidade na atmosfera. Essas forças cercam-nos e aguardam o momento em que transgredimos as misteriosas leis que nos dirigem para nos atingir e destruir. O que estou dizendo, nesse momento, não é uma hipótese, mas um fato que eu mesma testemunhei. Vou contar-lhe tudo em detalhes. Se não o fiz antes, foi porque Berange não gosta de lembrar desse acontecimento. Mas nesse instante, considero meu dever ignorar a escrupulosidade dele.

Então, ela contou em detalhes sobre a morte de Mushka, sobre as visitas que a falecida fazia a Berange e o que viu e sofreu o seu marido durante a letargia.

— Marion, juro pela minha salvação — prosseguiu Alice, inspirada — que vi com meus próprios olhos aquela repugnante criatura viva! Ela arremetia contra Berange como uma ave de rapina. Além de mim, mais três pessoas a viram. Diante de nossos olhos, ela caiu como se atingida por um raio, quando a tocaram com água benta e viu a santa cruz. Naturalmente, ainda somos ignorantes demais para explicar racionalmente esse evento, mas o próprio fato comprovado pelo cadáver, que caiu putrefato diante de nossos olhos, nos confirma a existência de leis que, nesse caso, foram abaladas por circunstâncias por nós desconhecidas. Mas, se o mal existe numa forma tão substancial, então, naturalmente, deve existir o bem na mesma forma. Jesus Cristo expulsa os demônios. Todos os santos, quando se encontram em estado de êxtase, vêem seres puros e resplandescentes. Foi suficiente uma única simples e sincera oração para atrair à cabeceira de Berange um desses enviados celestiais e expulsar os espíritos infernais que disputavam o seu corpo e a sua alma.

Marion empalideceu, ouvindo-a muito emocionada.

— Então, você acredita que existe a Nêmesis e que Deus se vinga e nos castiga por nossas transgressões?

— Deus? Não, Deus não castiga e nem julga, pois Ele é o amor e a misericórdia infinitos! Nós mesmos nos castigamos e nos condenamos a muitos sofrimentos, infringindo as leis imutáveis estabelecidas pelo Pai Celestial. Após o momento em que foi concedido a mim dar uma olhada no mundo invisível, fui tomada de grande desejo de compreendê-lo e estudá-lo. Graças aos livros que Renoir deixou, descobri uma rica e interessante literatura que trata dessa questão. A ciência antiga estudou esse problema; a ciência atual só se refere a esse problema, a contragosto. A multidão ignorante e grosseira odeia e zomba dessa ciência, pois esta professa a vida além-túmulo e responsabilidade pelos próprios atos. Estudando essa ciência ridicularizada, compreendi o significado sério que a vida possui e as consequências que traz sobre nós, cada boa ou má ação que praticamos. Tudo está ligado numa corrente geral e vibra à nossa volta como uma rede invisível composta de correntezas fluídicas e ligações elétricas. Nós mesmos tecemos essa rede, como aranhas tecem a sua teia e como a lagarta do bicho-da-seda tece o próprio casulo. O Bem significa correntezas puras, que nos cercam de uma atmosfera transparente e que facilitam a nossa passagem para outra vida; o Mal excita os fluidos pesados e contaminados, que nos acorrentam à matéria e nos ligam a seres impuros, invisíveis parceiros de nossos erros.

— Acredito em você, Alice e começo a compreender alguma coisa. Mas, para mim, está tudo acabado! Estou tão enlameada no pecado que não conseguirei livrar-me dele — balbuciou com amargura Marion.

Ela sentiu uma terrível inveja da amiga, que não vacilou em sua virtude e não se sujou com a vingança por suas decepções. Alice não notou essa impressão e exclamou, apertando calorosamente a mão da amiga:

— Nunca, Marion! Nunca é tarde para desistir de suas ilusões! Toda aspiração da alma para o Bem nos eleva, nos purifica e nos aproxima do momento em que abandonaremos essa sórdida terra para nos elevarmos a um mundo melhor, onde o corpo, com seus baixos instintos, já não será o nosso senhor, mas um obediente escravo! Apenas tome uma firme decisão, abandone a vaidade vazia, que lhe oferece somente enfado, e feche a sua porta à invejosa, má e devassa multidão que vê em você somente uma rival ou amante. Use as horas que você tão frivolamente esbanja para matar o tédio, para o estudo e leitura e verá como irão se abrir os seus horizontes. Você vai amar o seu lar, o raciocínio e a pura paz espiritual; esquecerá o significado do tédio, pois o mundo misterioso e invisível que nos cerca contém tantos milagres, que uma vida inteira não é suficiente para estudar o pouco que nos é permitido.

Um rubor cobriu a face de Alice. Sua voz soava com tanta sinceridade e profundo convencimento, que Marion foi vencida e atraída. Abraçando a amiga, ela murmurou, sorrindo através das lágrimas:

—Está bem, vou tentar, pois você está dizendo que o Senhor espera a conversão do pecador e não a sua morte!

FIM

Os Últimos Dias de Pompéia

EDWARD BULWER-LYTTON

ISBN 85-7618-042-1 • Formato 14 x 21 cm • 512 pp.

Em meio à tragédia que se abate sobre a cidade de Pompéia no ano de 79 d.C., quando as lavas do adormecido Vesúvio ressurgem petrificando para sempre o cotidiano e as riquezas de seus habitantes (aliás, uma alegre e imponente engrenagem de prazer!), ganha vida a atribulada história de amor entre o rico ateniense Glauco e a bela napolitana Ione. O romance surge num ambiente marcado pela inveja e pela maldade de Arbaces, cujo gélido semblante parece entristecer o próprio Sol. A qualquer preço o astuto mago egípcio pretende possuir sua jovem tutelada, e acaba por envolvê-la num plano sórdido e macabro que choca pela crueldade.

Pontuada por intrincados lances de puro lirismo, fé e feitiçaria, a trama envolve ainda os primórdios do cristianismo, que busca se afirmar numa cultura marcada pelo panteísmo e pela selvageria das arenas e sua sede de sangue.

Narrado brilhantemente por Edward Bulwer-Lytton, numa perspectiva presente, este instigante romance histórico, aqui condensado em um único volume, revela que a eterna busca do homem pelos valores superiores ultrapassa a própria História e até as grandiosas manifestações da natureza.

Com toda certeza, *Os Últimos Dias de Pompéia* é obra de enorme valor literário que vai conquistar o leitor brasileiro, assim como ocorreu em inúmeros países onde foi traduzido e se fez best-seller.

Haiawatha
O mestre da raça vermelha

MARILÉA DE CASTRO / ROGER FERAUDY
• Formato 14 x 21 cm • 320 pp.

Este capítulo inédito e autêntico da história oculta do continente americano foi retirado dos registros suprafísicos e recontado fielmente pelos autores

Haiawatha, o grande mestre da raça vermelha — que o mundo já conheceu sob outros nomes célebres — encarnou entre o povo iroquês para concretizar um extraordinário projeto de paz e universalismo, que se materializou na Federação Iroquesa, com a união das cinco nações desse povo. Ele deveria ser estendido a todas as nações e povos da Terra.

Os elevados valores espirituais e éticos da raça vermelha — os toltecas emigrados da Atlântida — e a sua avançada organização socialista e fraterna, seu respeito inigualado à mãe-terra e todas as formas de vida, seu xamanismo e a visão espiritual, enfim, tudo o que a raça branca ignorou e ignora é resgatado nesta obra.

Relatos de amor e ódio, nobre coragem e traições, forças xamânicas e magia das sombras, tecem, com o quotidiano do povo iroquês, o pano de fundo da luta pela Federação, no cenário de beleza intocada da Terra da Neve Branca — a América do Norte de séculos atrás.

Esta obra desvenda a verdade sobre a extraordinária cultura dos peles-vermelhas, os filhos do Grande Espírito, que nunca olvidaram sua origem divina. Imprescindível a todos os espiritualistas bem informados, esse relato mostra a dimensão de uma futura proposta de convivência que aguarda a humanidade terrestre.

O CASTELO ENCANTADO
foi confeccionado em impressão digital, em maio de 2023
Conhecimento Editorial Ltda
(19) 3451-5440 — conhecimento@edconhecimento.com.br
Impresso em Luxcreamt 70g., StoraEnso